KB261932

아이 읽기,
책 읽기

조월레 지음

사미계절

어린이책 여행을
시작하면서

오랫동안 어린이책 여행을 하는 즐거움에 빠져 있습니다. 현재 진행형인 이 즐거운 여행에 더 많은 이들과 함께하고 싶은 마음을 조심스럽게 드러내봅니다.

어린이책을 읽으면서 참 많은 걸 배웠습니다. 세상에 존재하는 모든 것은 저마다 가치가 있다는 소중한 깨달음을 얻었고, 둘레 사람들과 함께 살아가는 기쁨을 발견한 것도 어린이책을 통해서였습니다.

무엇보다 어린 동무들을 만난 것은 또다른 행운이었습니다. 그들은 나와 함께 놀아주었고, 흔들리는 내 마음을 잡아주기도 했고, 때론 말끄러미 바라보면서 너는 누구냐 묻기도 했습니다. 『강아지 똥』에 나오는 강아지 똥이, 『몽실 언니』에 나오는 몽실이가, 『마당을 나온 암탉』에 나오는 암탉 잎싹이, 『나쁜 어린이 표』에 나오는 건우가 그랬습니다. 말괄량이 삐삐와는 태고의 숲을 누비며 상상의 세계에 빠지기도 했습니다. 『루카-루카』에 나오는 루카와 파니를 따라 첫사랑의 설렘에 흠뻑 젖어보기도 했습니다.

　이 밖에도 아주 많은 어린이책과 함께 즐겁고 기쁜 여행을 하고 있습니다. 그러는 동안 권하고 싶은 책은 자꾸만 쌓입니다. 이 책은 처음 어린이책을 읽는 사람들 그리고 이미 어린이책 여행의 즐거움에 빠진 이들과 함께 또다른 어린이책 여행을 떠나보고자 하는 마음의 표현입니다.

　이 책을 좀더 효과적으로 읽을 수 있도록 하기 위해서 4부로 나눠보았습니다. 많은 엄마들이 아이의 나이에 맞게 책을 고르는 것을 가장 어려워합니다. 그래서 1부에서는 아이들의 나이별 특징과 그에 맞는 책은 어떤 종류가 있는지 살펴보았습니다.

　2부에서는 갈래별로 책을 선택하는 기준과 아이들에게 권하고 싶은 책을 다루었습니다. 옛이야기, 우리 창작동화, 다른 나라 동화, 동시, 글모음, 인물이야기, 놀이·노래, 전통문화, 환경, 도감, 만화 등이 그것입니다. 책마다 갖고 있는 즐거움을 고루 누렸으면 하는 바람에서 이렇게 두루 소개하기는 했습니다만, 결코 이 모든 책을 다 읽어야 한다는 생각은 하지 말았으면 합니다. 어떤 아이한테는 재미있지만 다른 아이한테는 재미없을 수도 있으니까요. 어떤 책도 모든 사람에게 절대적일 수 없으므로, 아이의 수준과 관심영역에 맞춰 책을 골라줄 때 참고하면 되겠지요.

　3부에서는 주제별로 책을 골라보았습니다. 가족, 가치관, 늙음과 죽음, 따돌림, 성교육, 평등한 여성상, 장애아, 평화, 우정 등 아이들 세계에도 수많은 문제가 있고 그것 때문에 부대끼는 것은 어른과 다르지 않습니다. 따라서 아이들이 다양한 주제의 책을 읽으면서 살아가는 이유를 발견하기도 하고, 우리 둘레 사람들을 이해할 수 있는 힘도 생겼으면 하는 바람입니다. 더 나아가 다른 분야의 책을 읽게 하는 계기가 된다면 더욱 좋겠지요.

4부는 그동안 강의를 하면서, 매체에 연재를 하면서, 어린이도서연구회 상담실을 운영하면서 아이를 키우는 어른들로부터 받았던 질문과 그에 답한 글들입니다. 명작이나 전집에 대한 문제, 책을 읽어주는 방법에 대한 문제, 책과 친해지는 방법에 대한 교사와 부모들의 궁금증은 아이들이 세상에 대해 갖는 호기심만큼이나 다양했습니다. 여기에서 다룬 내용이 처음 엄마가 된 사람들, 아이들과 씨름하면서 교육을 생각해야 하는 사람들, 입시라는 커다란 장애물과 싸우면서 바른 책읽기를 실천하고자 하는 어른들의 고민을 조금이나마 풀어줄 수 있었으면 좋겠습니다.

내가 만난 어린이책, 어린이책 때문에 만난 숱한 사람들, 어린이책 문화가 풍성한 동화읽는어른 모임, 어린이책을 처음 만나게 한 어린이도서연구회 회원들…… 모든 이들이 이 책의 주인입니다. 그들과 함께 이제 나는 또다른 어린이책 여행을 꿈꿉니다.

—어린이책 여행자 조월례

1부 나이에 맞는 책을 주세요

2부 갈래별 책읽기

나이에 맞는 책을 주세요

1부

어떤 책을 어떻게 골라야 하나요

　"우리 아이가 백일이 되었는데, 어떤 위인전을 사주면 좋을까요?", "세 살 짜리 아기인데 풀에 관심이 많아요. 어떤 책이 좋을까요?", "우리 아이는 다섯 살 됐거든요……", "우리 아이는 2학년인데요……."

　어린이책과 오랜 시간 함께하면서 얻은 경험에 따르면, 엄마들이 가장 궁금해하는 것은 아이들 나이에 따라 어떤 책을 어떻게 골라야 하는가, 어떻게 지도해야 하는가였습니다. 이제 막 세상에 태어난 아이를 위해 위인전집, 과학전집, 세계명작을 사야겠는데 어느 출판사 책이 좋은지 소개해 달라는 엄마들도 많습니다.

　엄마들의 이런 구체적 요구와 달리 우리나라는 어린이에 대한 연구가 몹시 빈약합니다. 아이들의 성장단계에 따른 특징을 연구한 자료가 구축되어 있어야겠지만 아직까지 그런 자료는 보지 못했습니다. 아동 발달이나 아동 심리에 관한 번역서는 많아도, 그건 어디까지나 서양 아이들을 대상으로 한 것이기 때문에 참고는 할지언정 우리 아이들에게 그대로 들이

댈 수는 없습니다. 또한 그런 이론이 나온다고 해도 반드시 그대로 적용된다고 보기는 어렵습니다. 아이들마다 처해 있는 환경이나 관심을 갖는 문제, 사고하는 방식이 다르고, 그에 따라 책을 선택하는 기준과 방법이 달라지기 때문입니다.

책을 권하는 전문가들도 한 아이의 정서나 심리적 특성을 정확히 알고 있는 것은 아닙니다. 다만 아이들의 공통적 정서와 심리, 세상에 대한 이해력에 바탕을 두고 그림과 글의 내용, 편집, 디자인 등 여러 요소를 토대로 이 정도면 이 나이의 아이에게 가장 근접하겠다고 판단할 뿐입니다. 따라서 전문가가 권한 책이라고 해도 어떤 아이에게는 잘 맞지 않을 수 있습니다.

아이들에 따라서는 1학년밖에 안 되었어도 2·3학년들이 읽을 만한 책을 소화해내기도 하며, 5·6학년이어도 낮은 학년이 읽을 만한 그림책을 즐겁게 볼 수 있습니다. 이렇듯 아이들은 지적 능력이나 관심과 흥미가 저마다 다르기 때문에 독서능력에 대해 단호하게 선을 긋는 것은 위험한 일이 되겠지요. 따라서 좀더 효과적인 책읽기를 위해서는 아이들 개개인의 성향과 독서력, 관심사 등을 반영하여 책을 고르고 지도해야 합니다.

이제 아이들의 연령에 따라 어떤 책읽기가 필요한지 구체적으로 살펴볼까요?

책읽기의 첫걸음, 영유아 어린이와 책읽기

우리 옛 어른들은 아이가 잉태된 순간부터 어머니로 하여금 바른 것만 보고 좋은 것만 생각하게 했습니다. 음식도 행동도 보는 것도 듣는 것도, 바르지 않은 것은 그 어떤 것도 금했습니다. 그것은 뱃속에 있는 아이를 인격적인 존재로 인식했기 때문입니다.

따라서 아이를 잉태한 순간부터 어머니는 좋은 그림책을 부드러운 목소리로 소리내어 읽거나 보면서 감흥을 느끼고 즐기는 것이 좋습니다. 뱃속에 있는 동안 아이는 어머니의 목소리를 통해 이야기의 세계를 경험하고, 세상 밖으로 나와서는 눈으로 보고 귀로 듣는 그림책의 세계로 자연스럽게 들어가게 될 것입니다.

운율이 있는 노래 그림책

어머니가 좋은 책을 보면서 즐거워하는 것, 좋은 책을 따스하고 부드러운 목소리로 읽는 것, 운율이 있는 노래책을 읽으며 노래하는 것, 이 모두가 아이를 위한 책읽기 교육입니다. 엄마가 즐겨 읽던 그림책을 그대로 두었다가 아이가 세상에 태어났을 때 보여주고 읽어준다면 아이는 무척 반가워할 것입니다. 이 때는 운율을 살려서 정확한 발음으로 부드럽고 다정하게 읽어주는 것이 좋겠지요.

엄마는 아이가 세상에 나와 처음 만나는 선생님입니다. 아이는 엄마가 하는 말과 분위기를 전적으로 받아들입니다. 엄마가 읽어주는 책, 엄마가 불러주는 노래는 아이가 말을 배우고 리듬감을 익히는 기초가 됩니다. 또한 그것은 책이 주는 즐거움을 알아가는 첫걸음이 될 것입니다.

장난감 같은 사물 그림책

아이는 대개 사물을 인식하는 순간부터 그림책을 봅니다. 그러나 그 때는 책의 내용을 이해한다기보다 수많은 사물 가운데 하나인 장난감의 개념으로 인식합니다.

요즘에는 장난감처럼 된 책이 많이 나옵니다. 입체감 있는 책, 촉감을 자극하는 책, 소리나는 책, 헝겊으로 만든 책, 비닐로 되어 있어 물 속에서 갖고 노는 책 등 종류가 참 다양합니다. 이런 책들은 아이들이 다양한 놀이를 즐길 수 있게 하는 훌륭한 장난감입니다.

그런데도 성급한 엄마들은 그림책을 그저 글자를 빨리 익히기 위한 도구로 여기는 경우가 많습니다. 하지만 책을 학습의 도구로만 생각하면 위험합니다. 영유아 아이들은 학습하기 위해서가 아니라 놀기 위해서 책을 보는 중이니까요. 아이는 놀이가 삶이고 삶이 놀이이며, 그것이 또한 학습이 됩니다. 책이라는 장난감을 가지고 놀면서 책의 모양, 색깔, 크기 등 외형적인 이미지를 인식하면서 책에 친근감을 느끼게 되지요. 이러한 친근감은 또다른 책을 찾게 하는 연결고리가 되어줍니다.

친숙한 생활 그림책

일하는 며느리 대신 아이를 돌보는 할머니에게서 독서상담 전화를 받은 적이 있습니다. 서울 근교에 사는데, 문을 열고 나가면 들판이라고 했습니다. 며느리는 아이에게 풀이나 꽃에 관한 책을 읽어주라는데, 아이는 도통 책에는 관심이 없고 자꾸 밖으로만 나가자고 한답니다. 할미가 뭘 몰라서 아이를 바보로 만드는 것은 아닌지 모르겠다고 걱정하면서 풀이나 꽃 같은 식물에 관한 책을 소개해달라고 했습니다.

저는 할머니에게 들판에 나가서 아이가 마음껏 돌아다니고 풀이나 꽃을 친구삼아 놀게 해주라고 말했습니다. 책은 필요한 것이긴 하지만 절대적인 것은 아니니까요. 바로 곁에 실제 사물이 있는데 굳이 책으로 볼 이유는 없습니다. 책은 단지 2차적인 것이니까요.

눈으로 보고 몸으로 겪은 것이 많은 아이일수록 배경 지식이 많아져 책을 더 잘 이해할 수 있습니다. 또한 우리 둘레에서 본 것이나 친숙하게 접하는 사물이 책에 나올 때 아이들은 흥미를 느낍니다. 말로 다 설명할 수는 없지만 자연이 주는 정서는 아이의 감성을 풍부하게 할 것입니다. 풀 냄새, 바람 냄새, 꽃향기 등에는 무엇으로도 대신할 수 없는 우주의 신비가 담겨 있으니까요.

아이들은 자기가 좋아하는 책은 열 번이고 스무 번이고 책이 너덜너덜해질 때까지 읽어달라고 합니다. 다 아는 이야기인데도 아예 옆구리에 끼고 살면서 자꾸 읽어달라고 합니다. 그래서 읽어주면 처음 듣는 이야기처럼 즐거워합니다. 이것은 거의 모든 아이들에게서 공통으로 나타나는 현상입니다. 이 때 엄마가 힘들고 귀찮지만 아이를 위해서, 아이가 읽어달라고 하니까, 아이의 바른 교육을 위하여 의무감으로 읽어준다면 아이는 엄마 눈치를 보게 됩니다. 아이들은 말보다 몸으로 먼저 엄마의 분위기를 파악하거든요.

그러니까 아이가 읽어달라고 할 때는 여러 번 읽어서 다 아는 이야기라 할지라도 즐거운 마음으로 읽어주세요. 자연스러운 목소리로 그림책을 읽어주세요. 목소리를 꾸미거나 평소 목소리와 다르게 하면 아이는 그 '다름'에 주목하느라 그림책의 내용을 제대로 즐기지 못할 수 있습니다.

책을 읽어주는 과정은 아이가 엄마와 정서적인 교감을 나누는 기회가 되어 엄마와 떨어지게 되면 불안해하는 아이의 심리를 해소시켜줍니다. 귀찮다고 대충 넘어가거나 내용을 알려주기에 바빠서 글자 읽기만 마치고 다음 장으로 서둘러 넘어가지 말고, 아이와 함께 그림책을 즐기세요.

아이는 귀로 엄마의 이야기를 들으면서 동시에 그림을 읽습니다. 이러한 아이들의 시선에 맞춰주세요. 아이가 궁금해서 물어볼 때는 충분히 대답해주고 다음 장면으로 넘어가세요. 아이의 말을 무시하거나 대충 넘어가면 아이는 어른을 믿지 못하고 마음을 닫아버릴 수 있습니다. 잠자리에 들기 전이나 오후 서너시 경 등 일정한 시간에 규칙적으로 책을 읽어주면 아이는 책읽기를 기대하게 됩니다. 아이와 함께 그림책이 주는 즐거움의 세계를 풍부하게 누리세요. 그것이 영유아 아이를 위한 책읽기 지도의 시작이자 완성입니다.

세상의 주인, 저학년 어린이와 책읽기

저학년 아이들은 가족 중심의 생활에서 보호받고 사랑받으면서 응석받이로 살아왔기 때문에 세상을 자기 중심으로 생각하는 성향이 강합니다. 그러나 이제 학교라는 제도 속으로 들어갔고, 거기서 세상의 질서를 배워야 합니다. 스스로 생각하고 판단하고 해결해야 할 일들이 생깁니다. 주변 사람들과 함께 해야 하는 일도 많아집니다. 친구들과 서로 마음이 맞지 않아서 갈등을 겪기도 할 것이고, 자기 뜻이 무조건 통하지 않는다는 사실도 알게 될 것입니다. 때로는 타협도 해야 하고 내 뜻이 꺾이는 냉정한 현실도 맞이할 것입니다. 다시 말해 사람 사는 세상의 질서를 배우며 홀로서기를 시작하는 때인 것이지요.

아이들은 본능적으로 알고자 하는 욕구가 있기 때문에 주변의 모든 일에 관심이 있고 호기심이 있습니다. 이런 저학년 아이들은 자신의 존재감을 서서히 인식해가는 과정에 있고, 가족, 친구, 학교 등 자기 둘레의 삶에 관심이 있기 때문에, 가족이나 형제 사이에 일어나는 이야기, 자기 주변에서 일어날 법한 내용을 다룬 동화를 좋아합니다. 그러므로 동화 속 인물이 자기 주변에 있음직한 보편적인 인물, 우리 주변 어디에선가 만날 수 있을 것 같은 인물일 때 아이들은 공감하며 즐거워합니다. '그래 맞아. 이거 내

애기잖아', '나도 그러고 싶다……'와 같은 생각을 하면서 점점 책읽기에 흥미를 느낍니다.

또한 아이들은 만화영화나 동화의 주인공이 '좋은 편'인가 '나쁜 편'인가에 관심을 갖습니다. 그리고 옳은 편이 이길 때 자기도 옳은 주인공처럼 되어야겠다고 생각합니다. 권선징악적인 요소가 강한 옛이야기를 좋아하는 것, 주변 사물에도 생명이 있다고 생각하는 것은 저학년 아이들의 심리적인 특성입니다. 그래서 이 시기에는 착한 사람은 복을 받고 나쁜 사람은 벌을 받는 옛이야기나 아이들의 생활을 다룬 이야기, 의인동화와 같은 책들을 좋아하는 것입니다. 좀더 구체적으로 저학년 어린이를 위한 책을 갈래별로 살펴볼까요?

그림책

1학년 아이들은 읽기에 그리 익숙하지 않은데도 엄마들은 아이의 능력을 훨씬 뛰어넘는 책읽기를 요구합니다. 인물이야기도 읽어야 하고, 역사책도 읽어야 하고, 수학이나 경제와 관련된 책도 읽었으면 좋겠다고 생각합니다. 그렇지만 우선 아이가 그림책을 충분히 읽을 수 있도록 배려해주세요. 활자가 많은 책보다는 쉽게 이해하고 공감할 수 있는 책, 운율이 있는 책, 그림의 선과 색, 스토리, 배경 등을 한눈에 보고 즐길 수 있는 그림책은 옆에서 강요하지 않아도 아이 스스로 읽고 싶은 마음이 들 것입니다. 그림책은 아이부터 노인에 이르기까지 누구나 즐길 수 있는 즐거운 읽기 자료입니다.

옛이야기

아이들은 현실에서나 이야기 속에서나 대체로 편가르기를 좋아합니다.

그리고 어느 한 편이 이기기를 바랍니다. 착한 사람은 복을 받고 나쁜 사람은 벌을 받는다는 가장 기본적인 덕목을 터득하게 하는 게 옛이야기입니다.

우리 옛이야기에는 살아가면서 겪게 되는 온갖 부당한 일을 조상들의 힘과 꾀로 물리치는 모습이 담겨 있습니다. 우리 조상들이 오랫동안 살아오면서 형성된 생활 감정과 지혜가 곳곳에 숨어 있습니다. 그것을 날것으로 들이밀지 않습니다. 풍자와 해학과 재치로 웃음 속에 버무려 은근하게 가르칩니다. 책에서 도덕적인 내용을 드러내면 아이들은 금방 식상해하지만, 옛이야기는 아무리 먹어도 질리지 않는 밥처럼 우리 아이들의 마음을 살찌워줍니다.

우리 창작동화

아이들은 자기 또래의 동무들이나 자기가 좋아하는 캐릭터가 있는 이야기를 좋아합니다. 여전히 자기 중심적인 사고가 남아 있기 때문에 이야기 속의 인물과 자신을 동일시하면서 나쁜 사람을 물리치기도 하고, 동무들의 처지에 자기를 대비시키면서 이야기에 몰입하기도 합니다. 이처럼 아이들은 일상적인 생활이야기에 등장하는 인물을 통해 자기 자신을 보고 자기 행동을 정당화하기도 하며 새로운 사실을 배웁니다.

또 아이들은 사물에 자기 감정을 대입합니다. '물고기가 너무 불쌍해', '오리네 엄마는 왜 오지 않을까?'라고 생각합니다. 죽은 벌레도 땅에 묻어 주고, 강아지나 고양이가 죽으면 고통스러워합니다. 그래서 사물이나 동물, 식물을 의인화한 동화를 읽으며 자기 둘레의 사물과 사람, 삶과 자연현상을 이해하고 동무와 세상을 이해하게 됩니다.

저학년 아이들을 위한 창작동화는 나와 이웃, 자연과 생명 등 기초적이고 기본적인 삶을 이해하게 하는 창입니다. 아이들은 그 속에서 동무도 만나고 이웃도 만나고 세상살이의 이치를 깨닫기도 합니다.

다른 나라 동화

세상에는 참 많은 사람들이 있습니다. 문학은 그들의 삶을 바탕으로 태어납니다. 각기 다른 자연환경과 먹는 것과 입는 것, 살아가는 곳이 다르기 때문에 그 나라만의 독특한 삶과 문화와 역사가 형성됩니다. 그리고 문학은 그 모든 것을 반영하여 태어납니다. 이처럼 저마다 다른 문화가 반영된 작품을 다른 나라 사람이 읽으면 정서적인 충돌을 겪을 수밖에 없습니다.

그러나 살아가는 조건은 달라도 인간으로서 기본적으로 추구하는 공통분모가 있습니다. 이렇게 인간의 보편적인 삶, 보편적인 가치를 다룬 다른 나라 동화는 아이들에게 색다른 느낌을 주면서 세상을 이해하는 폭을 넓혀줍니다.

동요·동시·글모음

동시는 다양하게 살아가는 사람들의 삶과 세상 이야기를 절제된 언어로 표현합니다. 사람들의 온갖 감정과 정서와 자연을 표현합니다. 아이들은 시를 통해 언어가 주는 즐거움을 느낍니다. 미적 감수성을 키우기도 합니다. 부당한 세상에 분노하기도 합니다.

시는 표현 방식이 다른 문학 영역으로, 아이들에게 아름다운 언어로 삶의 진실성을 추구하게 합니다. 그렇지만 저학년 아이들을 위한 동시집은 그리 많지 않기 때문에 어린이가 직접 쓴 글모음을 읽게 하는 것도 좋습니다.

많은 학부모가 인물이나 역사에 관한 좋은 어린이책을 소개해달라고 합니다. 그렇지만 저학년에게는 지식교육보다 정서교육이 더 필요한 시기이기 때문에 그림동화, 옛이야기, 우리나라 동화를 더 많이 읽혔으면 합니다. 저학년 아이들의 관심사는 아직 자기 둘레에 머물러 있어서, 아이들의 생활을 다룬 동화라든가 선과 악의 개념을 인식하게 하는 옛이야기가 훨씬 크게 와닿는 시기이기 때문입니다.

저학년 아이들에게는 책읽기가 즐거운 놀이라는 사실을 알려주는 것이 중요합니다. 사실 저학년 아이들은 글을 읽어내는 힘, 논리적으로 말하거나 글을 쓰는 일에 능숙하지 않습니다. 그렇지만 활자를 보면 읽으려는 마음이 앞섭니다. 자기가 알고 있는 지식으로 글을 읽는다는 사실이 즐겁기 때문이지요. 따라서 이 시기 아이들에게는 책읽기가 동무들과 하는 운동시합이나 전자오락보다 더 즐거운 놀이라는 사실을 깨닫게 하는 것이 좋습니다.

어른들은 공부를 잘하게 된다거나 지식을 얻게 된다거나 독후감을 잘 쓰기 위해서라거나 하는 이유를 들어 책을 권하지만, 아이들은 재미를 위해서만 책을 읽습니다. 즉 '책읽기는 즐겁다, 뭔가 새로운 사실을 알게 된다'와 같은 느낌이 들면서 즐겁고 신나는 놀이로 인식하게 하는 것, 이것이 이 시기 독서교육의 목표가 되어야 합니다.

그러자면 이야기를 많이 들려주는 것이 가장 좋은 방법입니다. 멋을 부리거나 특이한 방법을 구사하지 않아도 됩니다. 그냥 평소 모습으로 편안하게 이야기를 들려주면 됩니다. 옛이야기, 그림책, 창작동화 등 아이에게 권하고 싶은 책이라면 먼저 이야기로 들려주는 것이 아이가 책을 좋아하

게 하는 가장 확실한 방법입니다. 이 시기에 책을 좋아하게 되는가 그렇지
않은가에 따라 평생의 책읽기가 좌우된다고 해도 지나친 말은 아닙니다.

독립성이 싹트는 중학년 어린이와 책읽기

중학년이 되면 어른들에게 의존하던 태도가 자주적으로 바뀌어갑니다. 저학년 때까지만 해도 엄마를 따라나서던 아이가 어느 순간부터 또래들끼리 어울리는 것을 더 좋아하게 되지요. 부모의 관심을 간섭이라 여기면서 자기만의 세계를 만들어가려고 합니다. 경쟁심이 강해져서 같은 또래들과 무엇이든 비교하려 하는 것도 이 시기의 특징입니다.

이 시기의 아이들은 책 속에 나오는 이야기와 현실을 구분하는 힘이 약해서 책에 나오는 인물과 닮은 행동을 하거나 책에 있는 사실을 그대로 받아들이는 경향도 있습니다.

이렇게 현실감이 없는 아이들이지만 이 시기에는 개인의 독서 경향이 형성되기도 합니다. 과학책을 유난히 좋아한다거나 음악 또는 미술에 관한 책, 식물에 관한 책 따위를 유난히 좋아한다거나 하는 식으로 말이지요. 이런 개인적인 관심을 충족시킬 수 있는 책을 좀더 깊이 있게 보는 것도 좋습니다.

특히 이 시기에는 만화에 집중하는 현상을 보이는 만화 독서기를 겪기도 합니다. 이 때문에 어른들이 염려를 많이 하는데, 만화라는 장르 자체는 문제가 아니라고 봅니다. 만화의 폭력성이나 선정성 따위가 문제지만,

사실 그것은 동화의 경우도 마찬가지입니다. 따라서 만화를 문제삼기보다는 그 안에 담긴 내용을 함께 보면서 비판력을 길러줄 필요가 있습니다. 나쁜 만화는 토론하기에 가장 좋은 교재입니다. 만화에서 가장 큰 문제인 폭력성이나 선정성 등은 아이들이 가진 상식만으로도 판단할 수 있는 경우가 많습니다.

큰 서점에서 판매하는 만화 중에는 어려운 내용을 쉽게 이해시키기 위해 활자도서를 만화로 만든 것도 있는데, 이미 만화로 만든 것은 원작을 훼손할 위험이 있으니 주의해야 합니다. 만화는 독서력이 약한 아이들에게 글자와 친해지게 하는 징검다리 구실을 하기도 하며, 책을 싫어하는 아이들에게 책 읽는 재미를 붙여주기도 합니다. 다만 만화에 길들여지면 만화만 읽으려 하고 다른 책들은 보지 않으려는 경향이 생겨날 수 있습니다. 따라서 다양한 세계를 경험하면서 지적인 세계를 넘나들어야 할 아이들이 어느 한 분야에만 빠지지 않도록 경계해야겠습니다. 중학년 어린이를 위한 책을 살펴보겠습니다.

옛 이 야 기

이제 중학년쯤 되었으니 옛이야기는 그만 봐도 좋을까요? 그렇지 않습니다. 옛이야기는 나이와 시대를 뛰어넘어 즐거움을 주는 책입니다. 옛이야기는 다 아는 것 같아도 재미있습니다. 그것은 옛이야기가 지니고 있는 보편성 때문입니다. 선을 권하고 악을 벌한다는 보편적인 주제는 시대와 나이를 뛰어넘어 남녀노소 누구에게나 즐거움을 주는 요소입니다.

현실에서는 불가능한 일도 옛이야기에서는 가능합니다. 이런 이야기를 통해서 힘없는 사람들은 희망을 갖고 살아갈 힘을 얻습니다.

우리 아이들이 사는 세상에도 악이 있고 선이 있고, 강자가 있고 약자가 있습니다. 정의가 있고 불의가 있습니다. 따라서 세상의 모순을 극복할 힘과 지혜가 필요합니다. 옛이야기는 익살과 재치와 풍자를 통해 세상을 살아가는 지혜를 줍니다. 아이들이 다 알면서도 옛이야기를 즐기는 이유는 바로 그런 보편적인 진리가 들어 있기 때문입니다. 옛이야기의 맛을 모르는 것은 맛없는 음식을 먹는 것과 같습니다. 아이들로 하여금 옛이야기에 담긴 풍부한 지혜를 얻고 유머와 풍자를 즐기도록 해주세요.

우리 창작동화

창작동화, 말하자면 '문학'은 인간 삶의 본질을 다룹니다. 아이의 관심이 자기 둘레에서 차츰 사회로 넓어지는 것에 맞추어 삶과 사회, 역사를 반영한 책이 필요합니다. 어른들이 알게 모르게 아이들은 자기들만의 세계에서 무수히 부대낍니다. 공부 문제, 친구 문제, 왕따 문제, 경제적인 문제, 가정 내 어른들의 문제, 선생님과의 문제 등으로 갈등을 겪습니다. 문학은 동시대 아이들의 삶과 문화를 반영합니다. 아이들은 등장인물과 자신을 동일시하면서 자기 문제를 바라보고 해결의 실마리를 찾기도 하지요. 미래에 대한 희망을 보기도 하고 좌절의 순간에 희망의 빛을 보기도 합니다.

그러기에 지금 여기서 살아가는 아이들의 절실한 이야기를 다룬 우리 창작동화는 아이들 마음의 성장을 돕는 영양소와도 같습니다. 무엇보다 중요한 것은 우리 창작동화를 통해서 우리말을 풍부하게 배울 수 있다는 점입니다. 우리말에 담긴 우리 정서는 바로 우리의 정신적 유산을 지켜가는 열쇠가 될 것입니다.

다 른 나 라 동 화

지금까지 우리 아이들은 공주와 왕자가 주인공으로 나오는 옛 서구 동화에 길들여진 엄마들을 통해 『보물섬』, 『소공녀』 같은 세계명작을 대물림하듯 읽어왔습니다. 세계화 시대라고 일컬어지는 21세기를 맞이하면서 우리는 더욱 강도 높은 서구 중심 문화에 길들여지고 있습니다. 이러한 때에 세계인들과 동등한 인격체로 설 수 있게 하는 보편적인 진리가 담긴 외국 동화를 찾아 읽게 하는 것은 우리 아이들이 힘의 논리에 좌우되지 않고 독자적인 주체로 설 수 있도록 도와주는 일입니다.

동 요 · 동 시 · 글 모 음

동요·동시는 아이들의 눈으로, 아이들의 언어로, 아이들의 마음으로 부르는 노래이자 시입니다. 거기에는 어린이의 눈으로 본 삶과 세상 이야기가 담겨 있습니다.

아이들은 동시를 읽으면서 아름다운 언어를 배우고 세상에 대한 다양한 관심을 넓혀갑니다. 우리 겨레와 민족의 정서를 인식하게 되고, 우리 둘레의 수많은 생명체에 관심을 갖게 됩니다. 말로 다 설명할 수 없는 세상사의 다양한 문제들을 인식하게 됩니다.

글모음은 대개 아이들이 쓴 생활글·시·일기글·독후감 따위를 모은 책입니다. 학교 생활, 가정 생활, 친구 관계에서 생기는 크고 작은 일을 소재로 한 아이들의 글에는 그 사이에서 벌어지는 갈등과 그로 인한 고민 그리고 꿈과 소망이 담겨 있습니다. 도시며 농촌, 어촌 아이들이 쓴 글에는 저마다의 생활이 생생하게 녹아 있습니다. 이처럼 또래들의 글을 읽으면 억눌린 마음이 풀리고, 다른 사람들을 이해하게 됩니다.

인물 이야기

우리 아이들은 다양한 꿈을 가지고 있습니다. 그 꿈을 키워가는 길목에서 인물이야기는 큰 역할을 합니다. 인물이야기를 읽으면 '나도 그렇게 되고 싶다', '그런 인물이 되고 싶다'는 생각이 들지요.

흔히 인물이야기라고 하면 왕이나 장군 같은 인물을 떠올립니다. 하지만 요즘 아이들에게 제시되는 인물상(像)은 많이 달라졌습니다. 노동자, 새 연구가, 물고기 연구가, 나비 연구가, 학자, 거지 등 다양한 분야에서 최선을 다하며 살아가는 사람이 바람직한 인물상으로 제시되고 있습니다.

여성들의 활발한 사회 진출을 반영하는 인물이야기, 다양한 삶의 현장에서 자신의 개성을 내뿜으며 살아가는 사람들, 우리 역사의 주체로 살아온 인물들을 다룬 책을 통해 아이들이 폭넓은 삶을 경험할 수 있게 해주세요.

지식을 주는 책

아이들은 세상 모든 일에 호기심이 많고 알고 싶은 것도 많습니다. 그러한 호기심을 충족시켜주는 방법 가운데 하나가 책을 읽는 것입니다. 환경, 문화 등 다양한 지식과 정보를 다룬 책은 모르는 것을 알아가는 즐거움을 느끼게 하는 동시에 살아가는 데 필요한 지식을 쌓게 합니다. 따라서 아이의 관심사나 호기심에 따른 다양한 지식책을 권해주세요.

중학년 시기 아이들의 책읽기를 지도할 때는 다음과 같은 점을 고려하면 좋겠습니다.

첫째, 아이들 스스로 좋은 책을 고르는 안목을 길러주어야 합니다.

그러나 현실에서 아이들이 폭넓게 책을 고를 수 있는 길은 막혀 있습니다. 도서관의 부족, 어린이책 전문서점의 부족 등 환경적인 요인이 가장 큽니다. 가정에서 책을 읽지 않는 풍토, 소비문화의 범람, 학습 위주의 교육방향도 문제입니다. 무엇보다도 아이들에게만 맡기면 나쁜 책을 고를 거라는 어른들의 편견이 아이들 스스로 책을 선택할 기회를 가로막고 있습니다. 아이들 스스로 책을 고를 기회가 없으면 온갖 상업주의 출판물의 홍수에 빠질 수 있는데도 말입니다.

관념적이고 추상적인 내용으로 시간만 허비하게 하는 책, 죽은 남편의 원한을 갚는다는 따위의 허황된 귀신 이야기, 어른들의 삼류 애정소설을 방불케 하는 자극적이고 흥미 위주인 명랑동화·성교육동화들은 아무 감흥도 주지 못할 뿐 아니라 오히려 독소가 됩니다. 이런 책에 길들여진 아이들은 깊은 사고력을 요하는 문학책을 읽어낼 힘을 키우지 못합니다. 자극의 강도가 더 높은 책만을 찾게 되기 때문이지요.

둘째, 다양한 영역의 책을 보게 합니다.

현대는 개성을 중시하는 사회입니다. 문학을 기본으로 하여 다양한 세계의 다양한 사람들의 삶에 대한 이해를 돕는 책, 우리 겨레의 역사와 문화를 알 수 있는 책, 자연 현상에 대한 이해를 돕는 책, 미술이나 음악 같은 예술적인 감수성을 자극하는 책 등 다양한 지식을 쌓을 수 있는 책을 권합니다.

저학년 시기에 단편 중심의 책을 읽어왔다면, 이제 호흡이 긴 장편동화를 읽어 사고력·합리성·판단력·가치관 등을 길러주는 것이 좋습니다.

셋째, 글을 읽고 작가의 의도를 파악할 수 있도록 합니다.

책을 많이 읽다 보면 때때로 가슴을 울리는 책을 만날 수 있습니다. 그런 책이라면 작가의 의도, 주제, 인물의 성격, 사건의 흐름, 작품의 배경 등을 이해하고 즐길 수 있습니다. 따라서 그저 그런 책을 많이 읽기보다 좋은 책을 골라 반복해 읽는 것이 훨씬 이롭습니다.

　책을 읽으면서 그때 그때 떠오르는 생각들을 여백에 적어가면서 읽는 습관을 들이면 내용을 파악하는 힘은 물론 비판력을 기르는 데도 도움이 됩니다. 사실 책을 읽다 보면 앞의 내용을 잊을 때도 있습니다. 한 번 읽어서 제대로 이해되지 않으면 두 번이고 세 번이고 반복해서 읽도록 합니다. 물론 좋은 책인 경우에 한해서이지요.

　넷째, 좋은 책을 친구에게 권해보게 합니다.

　자기가 감명 깊게 읽은 책을 친구에게 권해주는 태도는 책에 친근감을 갖게 하고 정보를 나눈다는 의미에서 아주 바람직합니다. 친구에게 책을 추천하면서 자기도 모르게 그 책의 내용이나 주제를 요약, 정리하게 됩니다. 그러면 자연스레 그 책에 대한 이해와 관심도 높아지지요.

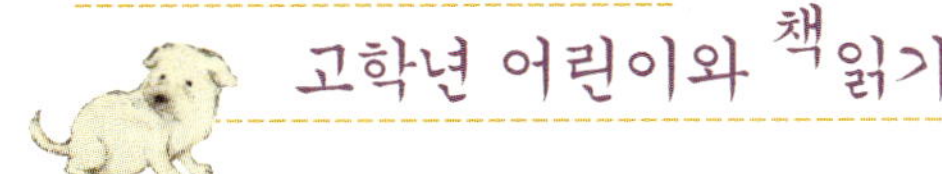

청소년기로 접어드는
고학년 어린이와 책읽기

고학년이 되면 몸과 마음의 변화가 급격하게 이루어집니다. 어린이의 껍질을 벗고 서서히 청소년기로 들어갈 준비를 하는 시기입니다. 어른 문화에 관심이 많아져서 대중소설을 읽으며 어른들의 세계를 기웃거리기도 합니다. 작품을 읽으면서 자기가 영웅이 되기도 하고 어려운 형편에 처하기도 하는 등 주인공과 자신을 동일시하며 즐기기도 합니다. 반항심, 예민함, 과묵함, 필요 이상의 침묵, 외모에 신경을 쓰는 현상 등은 아이들이 통과의례로 겪는 마음의 성장통 같은 것이기도 합니다.

이러한 심리 변화는 흔히 이성에 대한 관심, 외모에 대한 관심으로 나타납니다. 전화기를 방에 가지고 들어가 자기들끼리만 통하는 이야기를 오랫동안 주고받기도 합니다. 좋아하는 운동선수나 연예인 사진을 간직하기도 하고, 더 적극적인 아이들은 공연장을 찾아가기도 합니다. 팬클럽에 가입하거나 인터넷과 전화 등 다양한 매체를 통해 자신의 욕구를 적극적으로 발산합니다.

이 시기에는 자기가 좋아하는 일에는 집중하는 힘이 대단하지만, 자기와 관련이 없거나 관심 없는 일에는 전혀 신경을 쓰지 않습니다. 책읽기도 자기가 관심 있는 분야의 책이라면 열심히 읽습니다. 사회의식이 싹트면서 자신이 누구인지 알고 싶어하고, 어른들의 권위에 반발심이 생기기도 합니다. 논리적인 사고가 발달하면서 어른들의 불합리한 태도를 무조건 수용하기보다 근거를 들어가며 따지기도 합니다. 이러한 현상은 그만큼 자아가 성장하고 있다는 증거라고 할 수 있습니다.

따라서 아이들의 심리적 변화에 따라 책을 고르고 권장하는 것이 좋겠습니다. 깊이 있는 내용을 다룬 장편동화, 왕성한 지적 욕구를 충족시켜줄 수 있는 책, 간접 경험을 두루 할 수 있도록 도와주는 다른 나라 책 등이 필요합니다. 특별한 관심 분야가 있는 아이라면 그에 알맞은 책을 읽게 하는 것도 필요합니다.

옛이야기

옛이야기에는 삶의 경험에서 우러나온 지혜가 녹아 있습니다. 살아가는 일이 결코 만만치 않지만, 살아볼 만하다는 희망을 줍니다. 밝은 면이 있고 어두운 면도 있으며, 선이 있고 악이 있으며, 태어남이 있고 죽음이 있다는 인간 실존의 문제를 오랜 삶의 경험에서 우러난 지혜로 깨닫게 하는 것입니다. 나아가 살아가면서 해야 할 일과 하지 않아야 할 일을 분별하는 힘을 길러주기도 합니다.

가장 단순한 것 같으면서도 가장 심오한 철학을 심어주는 것이 바로 옛이야기입니다. 신화에 담긴 우리 겨레의 웅대한 기상, 난관을 극복하는 슬기로움, 사람들의 다양한 심리, 삶의 철학, 삶의 질서는 아이들의 삶을 풍요롭게 가꾸어주는 보물창고 같은 것입니다. 세상이 아무리 발전한다 할지라도 이만한 지식을 주는 책이 또 있을까요? 오래도록 두고두고 읽어야 할 책은 단연코 옛이야기 책입니다.

현대 사회는 매우 복잡합니다. 여성의 사회활동이 활발해지면서 경제적인 지위도 높아졌습니다. 이에 따라 가족 형태도 과거 가부장제에서 민주적인 형태로 바뀌고 있습니다. 이혼율이 높아 편부, 편모 가정의 아이들도 많지요. 그래서인지 최근 들어 어른들의 이혼을 소재로 한 동화도 빈번하게 나오고 있습니다. 또 집단 따돌림으로 고통받는 아이들의 문제를 다룬 작품도 많아졌습니다. 따라서 이 시기 아이들의 현실을 다룬 이야기, 역사적인 사실을 소재로 한 동화, 사회문제를 다룬 동화 등 다양한 독서 경험을 함으로써 사고의 폭을 넓히도록 도와주어야 합니다.

오늘날 우리나라 단행본 시장에는 1970, 80년대의 세계 명작동화 대신 현대의 외국 동화들이 많아지고 있습니다. 21세기의 세계관이 반영된 동화는 오늘날을 살아가는 우리 아이들로 하여금 서로 다른 삶과 문화를 존중하면서 인류가 추구하는 공동의 가치를 공유하게 한다는 점에서 의미가 있습니다.

문학은 인간 삶의 본질적인 문제에 대한 탐구심을 키워주면서 부당한 사회질서를 바로잡아 평화로운 세상을 만들어가려는 정신을 일깨워줍니다. 다양한 다른 나라의 동화를 읽어 세상을 보는 눈을 갖고 여러가지 간접 경험을 하면 좋겠지요.

지식이 머리를 움직이는 힘이라면 감성은 마음을 움직여 여러가지 기쁨을 선사합니다. 시는 아이들을 둘러싼 세계에 대한 호기심을 유발하고 관찰하게 합니다. "이거야!"라고 말할 수 있는 시라면 아이의 가슴은 벌써 기쁨과 감동으로 출렁일 것입니다.

좋은 시는 마음을 움직입니다. 아이들이 살아가는 모습이 배어 있습니다. 세상의 참된 모습을 보게 합니다. 아름다움에 눈뜨게 합니다. 좋은 동시를 읽다 보면 감성이 풍부해집니다.

글모음은 아이들이 자신의 삶과 경험과 생각을 쓴 글입니다. 이런 글모음은 또래들끼리 삶과 생각을 공유할 수 있게 합니다. 사람은 말과 글로 의사소통을 하며 살아가는 존재인만큼 말하고 글 쓰는 힘을 길러야 합니다.

글모음의 매력은 비슷한 또래 아이들이 쓴 글이어서 공감의 폭이 크고 아이들이 쓰는 언어라서 쉽게 이해가 된다는 것입니다. 여러 지역에서 살아가는 동무들의 형편을 알고, 내 생각을 전달하는 능력을 키워주는데다 남의 글을 훔쳐보는 듯한 짜릿한 즐거움까지 줍니다.

역사 · 인물 이야기

고학년 아이들이 한 나라가 형성되어온 과정, 민중이 이끌어온 역사의 흐름을 아는 것은 자신이 속한 사회와 국가의 구성원으로서 정체성을 정립하는 데 도움을 줍니다. 한 가지 잊지 말아야 할 것은 역사란 대부분 지배자의 관점에서 쓰여지기 때문에 반드시 역사의 주인이 민중이라는 사실을 바탕으로 쓴 책, 우리의 주체적 역사관을 바탕으로 쓴 책을 찾아 읽도록 해야 한다는 점입니다.

역사책이나 인물이야기는 역사에 대한 지식과 함께 역사를 바라보는 눈을 갖게 합니다. 인물이야기는 당대 역사의 주인으로 살아간 인물의 사상과 철학을 이어받는다는 의미도 있습니다.

지 식 과 정 보 를 얻 는 책

현대 사회를 살아가는 데에 꼭 필요한 지식과 정보를 주는 책도 읽어야
합니다. 현대인들은 텔레비전이나 신문 등 온갖 대중매체에서 쏟아내는
갖가지 정보의 홍수 속에 살고 있습니다. 그 많은 정보 속에서 내게 필요
한 정보를 취사선택하고 활용하는 능력은 필수적입니다. 또한 정보의 객
관성을 자세히 따져볼 줄 알아야 하며, 그 정보를 그저 머릿속 지식으로
남겨두기보다는 삶에서 활용할 수 있도록 내 것으로 만드는 지혜가 필요
합니다.

아이들을 위한 정보에는 여러 분야가 있습니다. 아이들의 지적인 욕구
를 채워주고 필요한 정보를 찾기 위해서는 백과사전을 활용하는 것도 좋
지만 인터넷, 신문, 잡지 등을 활용하여 새로운 정보를 취사선택하는 태도
를 기르는 것이 좋습니다.

문 화 · 예 술 에 관 한 책

서양에 있는 나라들을 가볼 때마다 느꼈던 것은 그들은 자기 문화를 가
꾸어가는 데 막대한 에너지를 쏟아붓는다는 것이었습니다. 그 나라의 고
전작품을 거리 무대에서 상영하고, 동화 속 인물을 캐릭터로 만들어 마을
에 세워놓은 덕분에 아이들과 부모들이 일상 속에서 늘 접하고 있었습니
다. 작가의 이름을 딴 공원이나 기념관 따위를 놀랍도록 잘 지켜내고 있었
고, 각종 박물관과 미술관에서는 유치원 때부터 그림을 놓고 토론을 벌이
는 모습도 흔히 볼 수 있었습니다. 이러한 것들은 아이들이 자기 나라의
문화적인 정서를 고스란히 이어받게 하고, 나아가 그네들의 정체성을 확
립하는 굳건한 토대가 됩니다.

이러한 문화 토양 위에서 살아가는 아이들은 당연히 미적인 감수성이

뛰어날 것이고, 그것이야말로 수준 높은 문화와 예술을 이끌어가는 국민
으로 키워내는 힘이라는 사실도 어렴풋하게 느낄 수 있었습니다.

그런데 우리에게는 그네들 못지않은 문화가 있으면서도 서양 문화에 눌
려 아이들에게 다가가지 못하고 있습니다. 책은 이런 문화적 감수성을 키
워주고 문화에 대한 호기심을 자극합니다. 그래서 우리 문화의 소중함을
깨닫고 잘 보존하고 지켜나가게 하지요.

고학년 아이들의 책읽기를 지도할 때는 다음과 같은 점을 고려하면 좋
겠습니다.

첫째, 책을 즐겨 읽을 수 있도록 도와주세요.

시험을 잘 보기 위해서, 공부를 잘하기 위해서 따위의 이유로 책을 읽는
것이 아니라 스스로 좋은 책을 선택해 책이 주는 즐거움을 느끼며 읽어야
합니다. 그것은 평생 책과 함께할 수 있는 바탕이 될 것입니다.

둘째, 분석적이고 비판적인 책읽기가 되어야 합니다.

책을 읽으면서 내용을 따져보고 비판하면 논리적인 사고가 형성됩니다.
우리 아이들은 토론보다 주입식 교육에 익숙해져 있지만, 책을 읽고 토론
하면 좋은 책에 대한 판단력을 키울 수 있을 것입니다. 세상을 폭넓게 바
라보는 눈을 갖게 될 것입니다. 새로운 지식이나 정보를 얻기도 할 것입니
다. 이러한 모든 것은 책에 있는 내용을 무조건 받아들이기보다 주관적인
책읽기를 할 때 가능한 일입니다. 그렇게 할 때 비로소 자기 논리가 생기
는 것입니다.

셋째, 올바른 가치관과 세계관을 갖게 합니다.

교육은 아이들로 하여금 한 인간으로 성장하면서 마음의 중심을 어디에
둘 것인지를 찾아가게 하는 일이며, 책읽기도 마찬가지입니다. 서로의 존

재 가치를 인정하고 자유와 평등과 평화를 추구하게 하는 것, 그것이 이
시기 독서 교육의 목표가 되어야 합니다.

2부

갈래별
책읽기

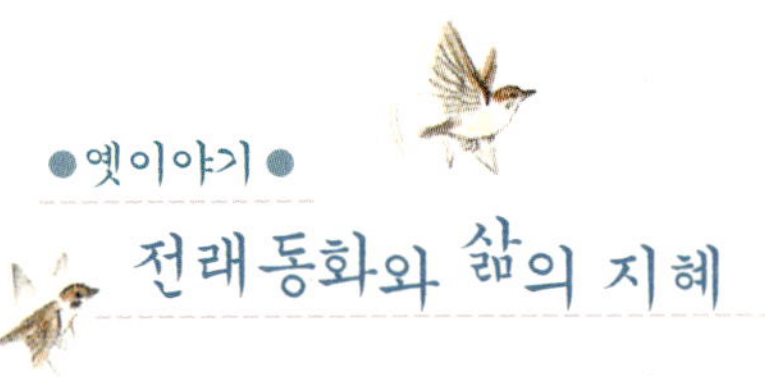

  "옛날 옛날, 호랑이 담배 먹던 시절에……." 이렇게 시작하는 우리 옛이야기는 시간과 공간을 뛰어넘어 모든 아이들이 즐기는 이야기입니다. 이런 옛이야기는 우리 조상들이 오랜 세월에 걸쳐 온몸으로 엮어낸 것으로, 지천으로 널린 돌멩이만큼이나 많습니다. 콩쥐 팥쥐, 흥부와 놀부, 해와 달이 된 오누이, 땅 속 나라 도둑 귀신, 반쪽이, 혹부리 영감, 재주 많은 다섯 친구 등은 우리 옛 사람들과 오랫동안 함께 호흡하면서 겨레의 정신을 이어온 옛이야기의 주인공들입니다.

  이 이야기들은 착한 사람은 복을 받고 악한 사람은 벌을 받는다는 보편적인 가르침을 전합니다. 힘과 권력으로 폭정을 일삼은 지배자들을 풍자하기도 합니다. 사람의 도리를 비켜나는 이들을 은근슬쩍 놀리거나 꼬집기도 합니다. 우리 겨레 특유의 유머와 재치와 풍자가 녹아 있어서 읽는 이의 마음을 후련하게도 합니다. 특정한 작가 없이 모든 백성들에 의해 탄생했다가 사라지기도 하고, 그 시대의 가치관을 반영하여 다시 태어나기도 합니다.

  옛이야기는 삶에서 우러났기에, 사람의 도리를 우선하는 옛 사람들의 가치관이 담겨 있기에, 맺힌 마음을 대신 풀어주기에, 언젠가는 잘될 거라는 희망을 품게 하기에, 머리를 탁! 치는 깨달음을 주기에 더없이 친숙합니다. 이런 옛이야기는 학년에 상관 없이, 나이에 상관 없이 때와 장소를 가리지 않고 읽고 들려줄 수 있습니다.

할아버지가 산에 갔다 똥을 눴는데, 할머니가 된장인 줄 알고 주워다가 국을 끓여 맛나게 먹었다는 '똥 이야기'는 아무리 들어도 처음 듣는 것처럼 우습고 재미있습니다. 이런 옛이야기는 말을 알아들을 수 있으면 누구나 즐길 수 있고 글을 알면 누구나 읽을 수 있습니다. 이야기를 들려줄 때나 읽어줄 때 특별한 재주가 필요한 것도 아닙니다. 옛날 할머니나 할아버지들만큼 구수하게 들려주기는 힘들겠지만 특별한 기교 부리지 않고 그냥 자연스럽게 말하듯이 들려주고 읽어주면 되겠습니다. 좀더 구체적으로 살펴볼까요?

우리의 뿌리를 알게 하는 신화

우리 겨레가 처음 세운 나라 고조선의 건국과정을 알려주는 단군 신화는 우리 민족의 정체성을 일깨우고 민족을 결집시키는 구심점 역할을 해왔습니다. 보림에서 나온 『단군신화』 이야기에는 씨를 뿌려 농사를 짓고 무리를 지어 살아온 우리 겨레의 삶과 문화가 잘 나타나 있습니다.

김장성이 쓴 『세상이 생겨난 이야기』를 보면 이 세상은 하느님이 만든 게 아닙니다. 미륵님이 어둠 속에 묻힌 땅을 뚫고 나와 하늘과 땅을 떼어놓지요. 또 저승과 이승을 다스리는 「대별왕과 소별왕」, 제주도 창세설화인 「설문대 할망」과 같은 이야기가 실려 있어 저학년 아이들이 즐겁고 쉽게 읽을 수 있습니다.

우리나라 신화는 대개 남성 신들이 주인공입니다. 이런 가부장적인 분위기에서 정근이 쓴 『마고 할미』 이야기는 단연 돋보입니다. 한라산을 베

고 누워 한 발은 동해 바다에, 또 한 발은 서해 바다
에 담그고 물장구를 칠 만큼 거대한 마고 할미는 가
로 석 장, 세로 석 장의 펼침 그림 속에서 거대한 여
신으로 살아납니다. 접혀진 양쪽 면을 펼치면 마치
영화를 보듯 한민족의 진취적이고도 웅대한 기상
이 느껴집니다. 부드러운 곡선과 화려한 색감이 한
국인의 해학과 정서를 전하면서, 남성의 그늘에 가
려져 있던 여성에 대한 인식을 새롭게 합니다.

강자와 약자의 대결

우리 옛이야기에는 호랑이처럼 커다란 동물이
토끼나 까치처럼 작고 힘없는 동물에게 속아 쩔쩔
매는 모습이 자주 나옵니다. 그것은 가난하고 힘없
는 백성들의 목숨을 쥐락펴락하면서 위세를 부리
는 호랑이 같은 지배자들을 이야기에서나마 민중
의 지혜로 통쾌하게 물리치고 싶다는 소망을 나타
냅니다.

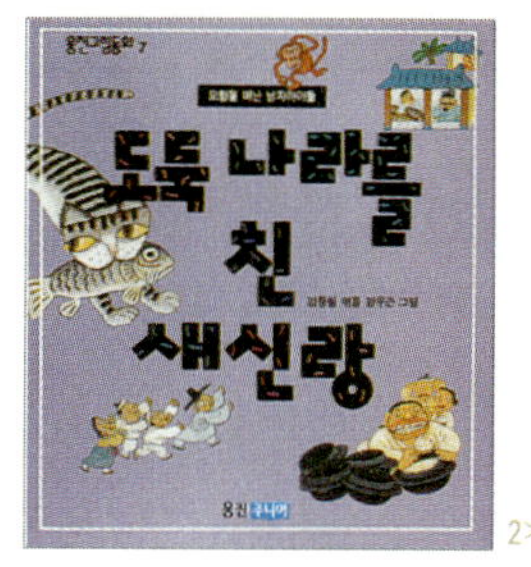

팥밭을 일구며 사는 할머니를 잡아먹으려는 호
랑이를 밤톨, 맷돌, 쇠똥, 지게, 멍석이 통쾌하게
물리친다는 『팥죽 할멈과 호랑이』는 민중이 힘을
합치면 포악한 지배자도 물리칠 수 있다는 희망을
줍니다. 배경이 된 우리 시골 동네, 그 곳에서 쓰는
물건들, 할머니의 표정과 몸짓 등을 나타내는 그림
은 바로 우리 땅의 이야기임을 명확히 알게 합니다.

1. 『세상이 생겨난 이야기』
김장성 글, 노기동 그림, 사계절

2. 『도둑 나라를 친 새신랑』
김중철 글, 강우근 그림, 웅진닷컴

연극으로도 만들어져 많은 아이들에게 즐거움을 주는 『똥벼락』은 옛이야기 형식을 빌려 쓴 창작 그림책입니다. 돌쇠 아버지를 30년이나 부려 먹고 못쓰는 돌밭 한 뙈기를 준 김부자는 돌쇠 아버지가 도깨비의 도움으로 농사를 잘 지어 곡식을 거두자 그것마저 빼앗으려 욕심을 부립니다. 그러자 화가 난 도깨비가 김부자에게 어마어마한 똥벼락을 내리지요. 쉽고 재미있는 글만큼 우리 옛 정서를 잘 드러낸 해학적인 그림이 웃음을 자아내게 합니다.

못된 것으로 치면 『도둑 나라를 친 새신랑』에 나오는 도둑 나라의 괴수도 만만치 않습니다. 혼례를 마친 새신랑은 색시를 괴수에게 빼앗깁니다. 새신랑은 도둑 나라를 찾아가 괴수와 맞붙어 싸운 끝에 색시를 구해내지요. 괴수와 신랑이 싸우는 과정은 손에 땀을 쥐게 할 정도로 팽팽한 긴장

『똥벼락』 김회경 글, 조혜란 그림, 사계절

「도둑 나라를 친 새신랑」에서

감이 감돌고 역동적입니다. 아슬아슬한 위기를 여러 차례 넘긴 끝에 신랑
은 드디어 괴수를 물리칩니다. 아이들은 이를 통해 불의에 맞서는 정신과
어려움을 극복하는 슬기를 배웁니다.

익 살 과   재 치 와   풍 자 의   세 계

옛이야기는 재치와 웃음의 세계입니다. 웃음은 만국의 공통 언어로, 어
떤 아픔도 치유할 수 있는 힘이 됩니다. '남북 어린이가 함께 보는 전래동
화' 시리즈는 북한과 남한, 옌볜의 옛이야기 모음입니다. 지역은 달라도 옛
이야기의 주제는 크게 다르지 않습니다. 부모에게 효도하라, 재물에 마음
을 두지 마라, 어려움에 처하면 지혜를 발휘하라, 어려울수록 도와라 등
가장 기본적인 삶의 잣대들을 우리 정서로 풀어냅니다. 폭정을 일삼는 지
배자에 대한 저항이나 풍자도 비슷합니다. 마을에서 큰일을 치를 때 쓰는

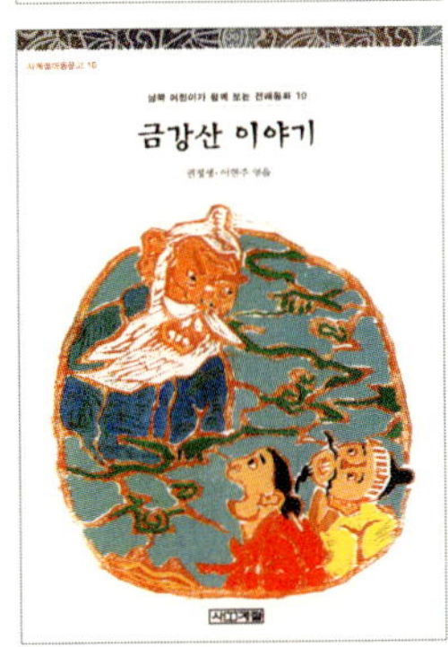

'남북 어린이가 함께 보는
전래동화' 시리즈(전10권)
권정생 외 엮음, 사계절

값진 그릇을 훔쳐간 도둑을 백 년 묵은 두꺼비가 들어 있다는 물동이를 이용해 잡아낸 마을 촌장의 지혜와 신중함이 돋보이는 「도둑 잡는 두꺼비」, 개똥참외를 당나귀 알이라고 속여 욕심 많은 성주를 골탕먹이는 「당나귀 알」 등 남과 북의 어린이가 함께 읽으면 좋을 듯한 이야기가 실려 있습니다.

창비에서 펴낸 '한국전래동화집'에 나오는 「불쌍한 서울 사람」에서는 서울 구경 온 시골 사람이 "우리 고을에는 관복을 입은 사람이 원님 한 분뿐인데도 온 고을이 무서워 벌벌 떠는데, 서울에는 여기에도 저기에도 관복 입은 벼슬아치가 득시글거리니 서울 사람 참 불쌍타"며 관리들의 폭정을 풍자하고 있습니다.

조호상이 쓴 『재치가 배꼽잡는 이야기』는 이러한 익살과 재치가 담긴 이야기만 모아 펴낸 책입니다. 강아지 한 마리로 한꺼번에 호랑이를 여럿 잡은 젊은이, 어처구니없는 억지를 부리는 주막집 주인을 맞받아친 아이 이야기 등 어떤 어려움이 닥쳐도, 아무리 골치 아픈 문제가 있어도 서두르지 않고 문제를 풀어가는 우리 조상들의 슬기와 지혜가 담겨 있습니다.

이런 옛이야기들은 뭐니뭐니해도 이야기로 들어야 제 맛이 나지요. 비록 문자에 갇히긴 했지만 읽기만 하면 그대로 들려주는 이야기가 되도록 구어

체로 쓴 책이 보리에서 나온 '옛이야기 보따리' 시리즈입니다. "옛날에 옛날에"로 시작해서 "그랬다지 뭐야, 그랬대잖아, 도로 들어가더란다, 그랬지 뭐" 하면서 끝나는 이야기가 친근감을 줍니다. 이 시리즈는 정의감에 불끈 주먹도 쥐어보고, 착한 주인공이 불행에 빠질 때는 안타까워하고, 때로는 배꼽 빠지게 웃기도 하며 옛이야기의 세계를 즐기게 합니다.

오늘날의 가치관에 맞는 것으로

옛이야기는 웃음과 지혜를 주며 선과 악, 아름다움과 추함의 세계를 알게 하지만 오늘날의 가치관에 맞지 않는 것도 있습니다. 「산삼동자」 같은 옛이야기를 예로 들어볼까요? 시아버지가 병이 들어 죽어가자 지나가던 스님이 어린 아기를 삶아 먹이면 낫는다고 합니다. 며느리는 아기야 또 낳으면 되지만 시아버지는 돌아가시면 마지막이라며 아기를 희생시킵니다. 아무리 효를 중요한 덕목으로 친다 해도 사람의 목숨, 그것도 어린아이의 목숨을 이렇게 희생시킬 수는 없지요. 오늘날의 가치관에 맞지 않는 이런 옛이야기는 비판적인 안목으로 읽어야겠습니다.

또 우리 아이들이 널리 읽어온 「나무꾼과 선녀」는 이원수 선생님이 지적했듯이, 나무꾼과 선녀가 서로 사랑해서 결혼한 것이 아니라 나무꾼이 선녀의 옷을 감추어 결혼했기 때문에 도덕적으로 옳다고 볼 수 없습니다. 꾀를 낸다는 이름으로 다른 사람을 골탕먹이는 모습은 옳지 않지요. 꾀도 지혜도 그 바탕에는 모두 사람을 존중하는 마음이 깔려 있어야 합니다.

이야기에 소개한 작품

단군신화 이형구 글, 홍성찬 그림, 보림 | **세상이 생겨난 이야기** 김장성 글, 노기동 그림, 사계절 | **마고 할미** 정근 글, 조선경 그림, 보림 | **팥죽 할멈과 호랑이** 서정오 글, 박경진 그림, 보리 | **똥벼락** 김회경 글, 조혜란 그림, 사계절 | **도둑 나라를 친 새신랑** 김중철 글, 강우근 그림, 웅진닷컴 | **남북 어린이가 함께 보는 전래동화**(전10권) 권정생 외 엮음, 윤정주 외 그림, 사계절 | **한국전래동화집**(전15권) 이원수 외 엮음, 장양선 외 그림, 창비 | **재치가 배꼽잡는 이야기** 조호상 글, 김성민 그림, 사계절 | **옛이야기 보따리**(전10권) 서정오 글, 김환영 외 그림, 보리

더 읽어볼 책

바리공주, 강남국 일곱 쌍둥이 허은미 글, 이현미 그림, 한겨레신문사
일곱째 딸로 태어나 부모한테 버려진 뒤 저승세계로 가서 온갖 고난 끝에 약수를 구해다가 아버지를 구하는 바리공주 이야기. 고난 속에서도 꺾이지 않는 씩씩한 여성상을 보여준다.

별난 재주꾼 이야기 조호상 글, 권사우 그림, 사계절
오줌을 강처럼 누는 사람, 밥을 엄청나게 먹는 사람 등 나름의 재주를 가진 사람들이 어떤 기지를 발휘하며 살아가는지를 풀어놓은 이야기보따리.

새 하늘을 연 영웅들 정하섭 글, 이억배 그림, 창비
고조선을 세운 단군, 북부여를 세운 천왕랑 해모수, 고구려를 세운 주몽의 이야기. 드넓은 시공간을 넘나들면서 세상을 이롭게 한다는 홍익인간의 이념을 전한다.

연오랑 세오녀 조호상 글, 류재수 그림, 산하
돈과 권세와 힘으로 약한 사람들을 괴롭히는 부당한 질서를 비판하고, 가난하고 힘없는 백성들이 착하고 평화롭게 살기를 바라는 염원이 담겨 있다.

천냥짜리 거짓말 서정오 글, 고후식 그림, 중앙M&B
권력을 함부로 사용하여 힘없는 백성을 괴롭히는 원님에게 꾀로 맞서면서 위기를 극복하는 이야기들을 통하여 제 욕심만 부리는 사람들을 은근슬쩍 골려주는 이야기.

토끼 불알을 만진 노루 어린이도서연구회 엮음, 강우근 그림, 우리교육
마음껏 웃게 하면서 서로를 인정하고, 욕심내지 않으면서 더불어 살아가는 정신을 일깨워준다.

위인전 다시 보기

위인전은 초등학교 3학년쯤 되었을 때부터 읽는 것이 좋습니다. 대다수 부모님들이 위인전을 선호하는 것은 아이가 인물전의 주인공처럼 훌륭하게 되기를 바라는 기대 때문일 것입니다. 하지만 이제까지 발간된 많은 '위인전'의 주인공들은 대부분 태어날 때부터 남다른 '훌륭함'을 갖추고 태어나 훌륭하게 살면서 훌륭한 업적을 남긴 사람으로 그려져 있어서 아이들이 강박관념을 갖기 쉽습니다.

더구나 여러 차례 지적된 문제이지만, 위인전집에 빠지지 않고 들어가는 단골 위인들은 나라에 충성하고 부모에게 효도하는 고전적인 덕목을 제시합니다. 우주를 넘나드는 첨단 과학시대에 사는 아이들에게 몇백 년 전의 가치관을 강요하는 것은 피해야겠지요. 운동선수나 연예인, 빌 게이츠처럼 대중적인 선망을 받는 인물을 선호하는 요즘 아이들에게는 더더욱 그렇습니다.

이런 뜻에서 1990년대를 전후하여 '위인전'을 '인물이야기'라는 이름으로 바꾸어 사용하기 시작했습니다. 그리고 장군이나 왕을 주로 다루었던 고전적인 목록에 아동문학가, 요리사, 거지, 의사, 기업인, 나비 연구가, 옥수수 연구가, 물고기 연구가, 성직자, 노동운동가 등 다양한 분야의 인물들이 포함되면서 그 폭 또한 넓어졌습니다. 한 인물의 업적을 미화하는 한계가 여전히 남아 있긴 하지만, 자기 영역을 개척하면서 살아가는 삶을 제시한다는 점에서 최근에 출간되는 인물이야기의 의미를 찾을 수 있습니다.

인물이야기는 작가가 아무리 객관성을 유지하고자 해도 어느 정도 '훌륭함'이 부각될 수밖에 없는 한계를 지니고 있습니다. 이런 한계를 극복하려면, 인물이 지닌 훌륭함보다 살아가면서 무엇에 가치를 두고 어떻게 살았는지를 생각하며 책을 읽으면 좋겠습니다.

인물이야기는 다음과 같은 점을 생각하며 골라야 합니다.

첫째, 현대의 가치관에 맞는 인물과 내용이어야 합니다. 시대에 따라 가치관이 달라지고 인물상이 달라지기 때문에 너무 오래된 인물은 새로운 미래상을 제시하는 데 한계가 있습니다.

둘째, 태어나는 인물보다는 만들어지는 인물이어야 합니다. 태어날 때부터 비범한 요소를 가진 인물보다 자기 분야에서 최선을 다해 살아간 모습을 그린 인물이야기가 좋습니다. 누구나 위인이 되기 위해서 살아가는 것이 아닐뿐더러, 자신의 신념에 따라 살아가는 것이 더 소중하니까요.

셋째, 인간적인 약점과 한계를 극복하고 진실되게 살아가는 동안 차곡차곡 쌓인 훌륭함이 느껴져야겠습니다. 우리 아이들은 저마다 장점이 있고, 그 장점의 계발을 통해 위인이 될 수도 있기 때문입니다.

넷째, 내용이나 그림이 사실에 맞는지 살펴봅니다. 인물이야기는 역사서이기도 하므로, 시대상을 제대로 그리지 않으면 아이들에게 잘못된 지식을 전달할 수도 있습니다.

다섯째, 글쓴이를 분명하게 밝힌 책을 골라야 합니다. 지은이가 분명하지 않고 '편집부'라고 모호하게 표시된 것은 내용에 책임을 지지 않겠다는 말입니다.

여섯째, 모든 책이 그렇겠지만 특히 어린이책은 쉽고 명쾌하고 편안한 문장을 갖추고 있어야 합니다. 역사책이면서 문학책이기도 한 인물이야기의 문장도 마찬가지입니다.

어린이를 위해 일한 사람들

어린이가 사회 구성원의 한 사람으로 존중받으며 자유와 권리를 누릴 수 있도록 애쓴 사람들, 어린이를 위한 문학을 했던 사람들이 인물이야기의 주인공으로 자리잡은 것은 겨우 몇 년 전의 일입니다. 우리나라의 뜨거운 교육열에 견주어보면 정작 어린이 운동을 하는 사람들의 사회적인 위상은 형편 없이 낮습니다. 어린이와 관련된 소비문화는 호황을 누리지만 어린이 문화와 관련된 일을 하는 이들은 전혀 주목받지 못하고 있습니다.

어린이 문화운동의 아버지 방정환 선생은 어린이만 생각하면서 어린이가 사회적 존재로 대접받는 사회를 만들기 위해 일했습니다. 불꽃 같은 삶을 살았던 방정환 선생의 생애를 그린 『뚱보 방정환 선생님 이야기』는 그늘에서 소리 없이 일하는 사람들이 사회를 변화시킨다는 사실을 알게 합니다.

어린이문학을 바로 세운 이원수 선생의 삶을 다룬 『물오리 이원수 선생님 이야기』에서는 글쓰기에 관심이 많았던 소년 이원수가 방정환 선생을 만나는 일부터, 해방과 6·25 전쟁을 겪으며 어렵게 사는 가운데에도 어린이들을 위해 동요와 동화를 쓰는 모습이 자세히 나옵니다. 어린이들이 겨울 들판의 나무처럼 꿋꿋하게 살기를 바라는 마음으로 글을 썼다는 선생님의 생애가 감동을 줍니다.

고통받는 이웃과 함께한 사람들

인물이야기는 한 사람이 전 생애를 통해 자신의 이상과 신념을 어떻게 지켜냈는가를 보여줍니다.

『인권 변호사 조영래』에 나오는 조영래 변호사는 27세 때 민청학련 사건으로 수배되어 숨어다니며 전태일 평전을 써서 유명해집니다. 조영래는 일류 대학을 나온 변호사로, 사회적으로 높은 지위와 부를 누리며 편안하게 살 수 있었지만 스스로 그 기회를 버립니다. 그리고 힘없고 가난한 사람들의 권리를 찾아주기 위해 생애를 바치면서 '인권 변호사'라는 이름을 얻습니다. 너나없이 자기 하나 감당하기도 힘들다고 하는 세상, 자기가 획득한 기득권을 놓치지 않기 위해 부정과 쉽게 타협하는 세상에서 힘없고 가난한 이들을 위해 자기 자신을 던진 조영래의 삶은 새로운 의미의 '훌륭함'으로 제시될 수 있습니다.

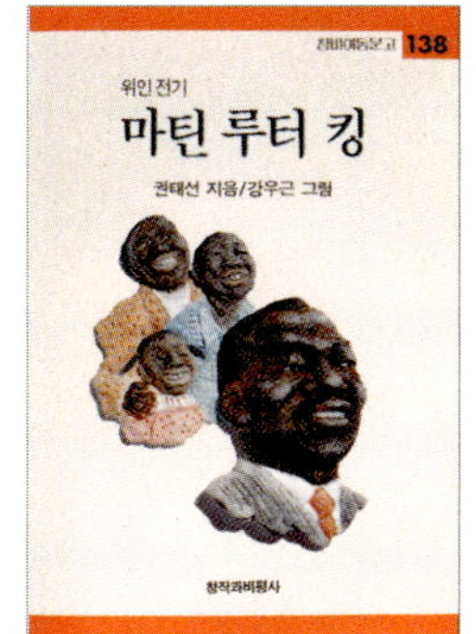

그런가 하면 피부색 때문에 유린당하는 흑인들의 인권을 찾기 위해 몸을 바친 미국의 목사 『마틴 루터 킹』도 있습니다. 마틴은 일곱 살 때 백인 동무 집에 놀러 갔다가 "너는 흑인이니 이제 우리 아이하고 놀아서는 안 된다"는 말을 듣고는 현실에 눈뜨게 됩니다. 그 뒤로 백인들의 흑인 차별정책은 마틴을 분노하게 합니다. 버스 좌석에 앉으면 백인들에게 끌려 내려지고, 흑인들만 다니는 길로 다녀

1. 『인권 변호사 조영래』
박상률 글, 한병호 그림, 사계절

2. 『마틴 루터 킹』
권태선 글, 강우근 그림, 창비

야 했으며, 식당에서도 흑인들의 주문은 받지를 않았습니다. 그 시절, 백인들 눈에 흑인들은 사람이 아니었습니다. 흑인은 개나 돼지와 다르지 않았습니다.

마틴은 이런 현실을 아무런 저항 없이 받아들이는 동료 흑인들을 하나로 뭉치게 하고 백인들의 부당한 정책에 맞서 싸우면서 투사가 되어갑니다. 모든 사람이 태어날 때부터 갖는 권리를 찾기 위해 온몸으로 싸워나가는 과정이 가슴을 뜨겁게 합니다. 세상의 질서는 이처럼 부당함과 싸우는 사람들, 탐구심으로 가득한 사람들 덕분에 지켜진다고 할 수 있겠지요.

우리나라의 열악한 노동 현실을 온몸으로 일깨운 전태일의 이야기를 다룬 『청년 노동자 전태일』도 빼놓을 수 없습니다. 전태일은 가난 속에서도 청계천 피복 노동자로 열심히 일하며 살았으나, 비참한 작업 환경이 변하지 않는다는 것을 깨닫고 노동자들의 인간다운 생활을 보장하라고 외치며 자기 몸을 불살랐습니다. 그렇게 한순간에 스러져간 전태일의 모습은 많은 이들에게 큰 충격을 주었고 이 땅의 민주화운동을 발전시키는 계기가 되었습니다. 자기만 알고 이웃의 불행한 삶에 무관심하기 쉬운 오늘의 어린이들에게 전태일의 헌신적인 삶은 부끄러움과 함께 새로운 깨달음을 줄 것입니다.

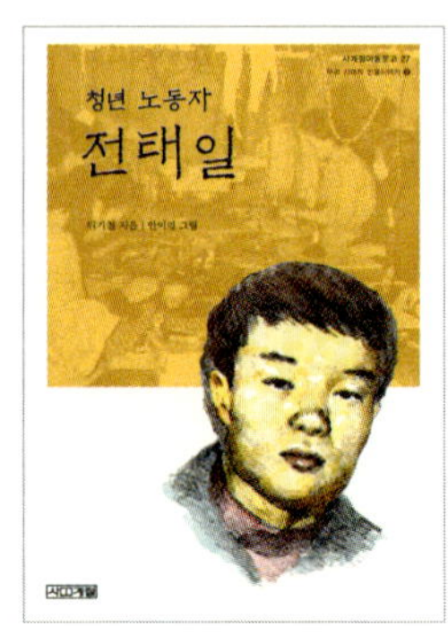

『청년 노동자 전태일』
위기철 글, 안미영 그림, 사계절

다양한 분야의 연구자들

사람마다 관심이 다르겠지만, 자신이 정한 분야에서 신념을 갖고 연구하고 탐구하는 일로 평생을 바치는 사람들이 있습니다. 그들의 업적은 후대에 새로운 세상을 보여줍니다.

『새 박사 원병오 이야기』의 주인공 원병오 박사도 바로 그런 사람입니다. 여섯 살 때부터 한국 최초의 동물학자인 아버지 원홍구 박사를 따라다니며 새와 친해지고, 온갖 어려움을 겪으면서도 새에 대한 연구를 멈추지 않았던 원병오 박사는 한국전쟁 때 헤어진 아버지의 소식을 듣기 위해 자신이 연구하던 북방쇠찌르레기 다리에 가락지를 달아 북쪽으로 보냅니다. 그래서 북한에 있는 아버지와 기적적으로 연락이 닿지만 남과 북의 서로 다른 체제 때문에 끝내 만나지 못하는 원병오 박사의 이야기에서는 일에 대한 신념과 분단의 비극이 함께 느껴집니다. 유명한 업적을 남기고 세상을 떠난 사람들의 이야기가 대부분이었던 예전의 위인전과 달리 원병오 박사가 직접 들려주는 이 인물이야기는, 위인이 특별한 사람이 아니라 자기 분야에서 최선을 다해 살아가는 사람들이라는 것을 깨닫게 합니다.

석주명은 우리나라의 나비를 연구해서 우리 겨레의 우수성을 세계에 널리 알린 분입니다. 사계절에서 펴낸 『나비 박사 석주명』을 보면 그러한 석주

1. 『새 박사 원병오 이야기』
원병오 글, 박선호 그림,
우리교육

2. 『나비 박사 석주명』
박상률 글, 한병호 그림, 사계절

명의 생애가 잘 담겨 있습니다. 석주명은 평소 공부
하기를 싫어했는데 어느 날 반에서 꼴찌를 하고 나
서 큰 충격을 받습니다. 그리고 그 날부터 완전히
다른 사람이 됩니다. 빈둥빈둥 놀기 좋아하던 부잣
집 도련님에서 부지런하고 무엇이든 열심히 노력
하는 학생의 모습으로 변한 것이지요. 막연히 농부
가 될 생각을 하고 있던 석주명은 선생님의 권유에
따라 나비 연구를 하게 되고 그로부터 10년 뒤 세
계가 인정하는 나비 연구가가 됩니다. 어느 분야가
되었든 10년만 한눈팔지 않고 매달리면 세계 제일
의 전문가가 될 수 있다는 귀중한 교훈을 몸소 보여
준 분입니다.

나 라 를 위 해 일 한 사 람 들

식민지 시절, 빼앗긴 나라를 되찾기 위해 몸을
던진 독립투사들 가운데는 후대 사람들에게 기억
되지 못하고 역사의 현장에서 사라져간 사람들이
많습니다. 일제 강점기에 나라를 위해 자기 몸을 던
져 일한 인물은 수없이 많지만, 그 중에서도 백범
김구 선생은 빼놓을 수 없는 분입니다.『백범 김구』
에는 조국의 해방을 위해, 그리고 8·15 해방 뒤 남
북통일을 위해 일하다 암살당할 때까지 김구 선생
이 걸어온 길이 오롯이 담겨 있습니다. 첫째 둘째
셋째 소원이 모두 조국의 해방이라던, 그래서 해방

1. 『백범 김구』
신경림 글, 이철수 그림, 창비

2. 『민주주의의 등불 장준하』
김민수 글, 한병호 그림, 사계절

된 조국의 문지기가 되어도 좋다던 김구 선생이 남과 북을 오가며 조국의 통일을 위해 애쓴 모습을 살펴보면 뜨거운 겨레 사랑 정신이 절로 느껴집니다. 이 책을 통해 우리는 일제 강점기와 해방 전후 정치적으로 혼란스러운 상황에서 나라의 독립이라는 한 가지 목표를 위해 성큼성큼 큰 길을 걸었던 겨레의 큰 어른을 만날 수 있습니다.

『민주주의의 등불 장준하』에 그려진 장준하 역시 일본에 나라를 빼앗겼을 때 우리나라의 독립을 위해 총을 들고 싸웠습니다. 그리고 해방 뒤에는 언론인이 되어 민주주의를 지키기 위해 펜을 들었습니다. 장준하는 민족을 일깨운 언론인으로, 민주주의를 수호한 정치인으로 우리 현대사에 큰 획을 그은 인물입니다.

신채호는 우리 민족의 정신적인 뿌리를 찾는 역사 연구에 힘을 기울이고 그 결과물을 책과 논문으로 발표하면서, 일본의 조선 침략이 왜 부당한지를 알리고 한국인의 정체성과 독립의 당위성을 역설한 우리 겨레의 인물입니다. 김서정이 쓴 『신채호』에서는 31세에 중국으로 망명한 뒤 여러 독립운동 단체에 가담해 나라의 독립을 위해 싸우다, 57세에 여순 감옥에서 운명할 때까지, 불의와는 한 치도 타협할 줄 몰랐던 꼿꼿한 지식인 신채호를 만날 수 있습니다.

예술가로 살아간 인물들

문화·예술의 자리에서도 우리 민족의 정신을 이어온 사람들이 있습니다. 우리나라가 낳은 가장 위대한 작곡가로 불리는 김순남은 우리 현대 음악사의 그늘에 묻혀 남쪽에서는 뜻을 펼치지 못하고 북쪽에서 외롭게 죽음을 맞이한 인물입니다. 『민족 음악가 김순남』에서는 그의 음악세계와 나라 사랑의 길을 엿볼 수 있습니다.

김순남은 우리 고유의 음악을 연주, 작곡하였고 소련을 방문하여 작곡가 쇼스타코비치 등과 교류하며 음악 세계를 넓혀갔습니다. 〈산유화〉, 〈진달래꽃〉과 같은 주옥 같은 명곡을 작곡한 김순남은 화려한 음악가의 길을 뿌리치고 가난하고 억압받는 사람들을 위해 희망의 노래를 심었습니다.

미술 분야에서 세계적으로 자랑할 만한 우리나라 예술가를 꼽을 때 빼놓을 수 없는 사람이 바로 천재 화가라고 일컬어지는 이중섭입니다. 『천재 화가 이중섭과 아이들』은 그의 독특한 예술세계를 만나기 전에 먼저 한없이 어질고 따스하며 풍부한 감성을 소유한 한 사람을 만나게 합니다. 이중섭의 그림에는 어두운 식민지 시대의 아픔과 현해탄을 사이에 두고 헤어져 사는 아이들과 일본인 아내에 대한 절절한 그리움을 삭인 듯, 꾸밈 없고 장난기 가득한 아이들을 소재로 한 것이 많습니다. 몹시도 가난했던 생활, 소박하기 이를 데 없는 그림들이 그려진 배경, 그림에 대한 집착에 가까운 애정을 제대로 펼쳐보지도 못한 채 쓸쓸하게 생을 마감해야 했던 이중섭의 삶을 통해 우리는 시대적 현실 때문에 외롭고 고달팠지만 마음을 바칠 수 있는 예술세계를 가진 이의 행복을 읽을 수 있습니다.

이중섭과는 또다른 색깔을 지닌 화가 박수근의 삶을 그린 『나무가 되고 싶은 화가 박수근』은 나무

『민족 음악가 김순남』
김별아 글, 한병호 그림, 사계절

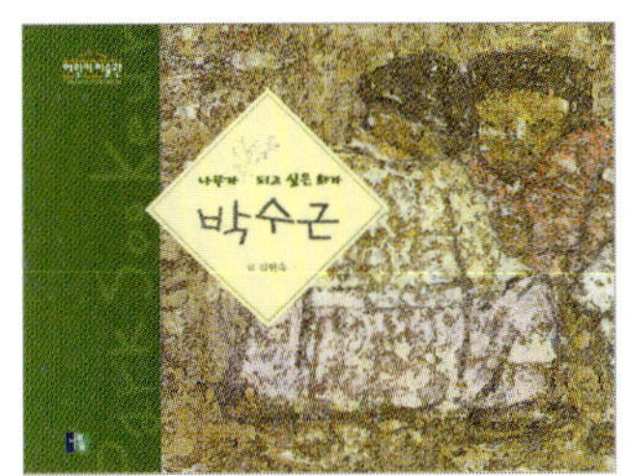

『나무가 되고 싶은 화가 박수근』
김현숙 글, 나무숲

를 주요 소재로 삼아 우리 겨레의 삶을 화폭에 담은
화가 박수근의 삶을 보여줍니다. 예전에 나온 인물
이야기들이 일화나 업적 중심으로 쓰여진 반면 이
책은 박수근의 예술세계를 문학 형식으로 열어 보
인 것이 조금은 색다릅니다.

　가난하여 초등학교만 졸업한 어린 시절 밀레의
〈저녁종〉을 보면서 '밀레 같은 화가'를 꿈꾼 박수근
은 정상적인 미술 교육을 받지 못했으나 혼자 그림
공부를 하여 밀레를 능가하는 동양의 화가가 됩니
다. 〈절구질하는 여인〉, 〈나물 캐는 소녀들〉, 〈아기

업은 소녀〉 등 농촌 사람들의 삶과 가족의 삶을 주로 그린 박수근의 삶과 미술세계가 내레이션 형식으로 전개되어 미술에 흥미가 없는 아이도 그림 보는 즐거움을 느낄 수 있습니다. 단순하면서 소박한 삶이 배어 있는 그림의 투박한 질감이 정겨움을 더해줍니다.

또한 『민족 시인 신동엽』에 소개된 신동엽은 우리 마음 속에 흐르는 민족 정서를 아름답게 표현한 시인입니다. 한 시대를 올바르게 살아가는 지식인상을 제시한 신동엽의 일생을 통해 민족 정신의 고귀함을 배울 수 있습니다.

이야기에 소개한 작품

뚱보 방정환 선생님 이야기 이재복 글, 지식산업사 | **물오리 이원수 선생님 이야기** 이재복 글, 지식산업사 | **인권 변호사 조영래** 박상률 글, 한병호 그림, 사계절 | **마틴 루터 킹** 권태선 글, 강우근 그림, 창비 | **청년 노동자 전태일** 위기철 글, 안미영 그림, 사계절 | **새 박사 원병오 이야기** 원병오 글, 박선호 그림, 우리교육 | **나비 박사 석주명** 박상률 글, 한병호 그림, 사계절 | **백범 김구** 신경림 글, 이철수 그림, 창비 | **민주주의의 등불 장준하** 김민수 글, 한병호 그림, 사계절 | **신채호** 김서정 글, 박소래 그림, 산하 | **천재 화가 이중섭과 아이들** 강원희 글, 예림당 | **민족 음악가 김순남** 김별아 글, 한병호 그림, 사계절 | **나무가 되고 싶은 화가 박수근** 김현숙 글, 나무숲 | **민족 시인 신동엽** 김응교 글, 한병호 그림, 사계절

더 읽어볼 책

꽃씨 할아버지 우장춘 정종목 글, 정유정 그림, 창비
조선인 아버지와 일본인 어머니 사이에서 태어난 우장춘은 일본인들의 차별 속에 꽃을 연구하면서 자신의 일에 대한 굳은 신념을 지켜냈다. 씨 없는 수박을 최초로 만들었다는 등의 잘못된 정보를 바로잡았다.

난 두렵지 않아요 프란체스코 다다모 글, 노희성 그림, 이현경 옮김, 중앙M&B
파키스탄의 어린 노동자 이크발 마시흐는 집안 빚 때문에 네 살 때 양탄자 공장에 끌려가 일하다가 1922년 탈출한다. 아이들이 하루 25원을 받고 10시간 이상 폭력과 다름없는 노동을 강요당하는 현실을 고발하는 소년운동가로 활약하다가, 13살 때 괴한이 쏜 총에 맞아 숨졌다.

물고기 박사 최기철 이야기 이상권 글, 박병국 그림, 우리교육
초등학교 시절 만난 일본인 선생님의 영향을 받아 쉰이 넘은 나이에 우리나라 민물고기 연구에 빠져들어 물고기 박사가 된 최기철의 삶을 그렸다.

바다의 사자 안용복 이주홍 글, 우리교육
오래 전부터 일본이 자기네 땅이라고 주장하는 독도를 지키기 위해 싸워온 안용복의 삶을 그린 인물이야기.

유일한 이야기 조영권 글, 웅진닷컴
일제 강점기 아홉 살의 나이로 미국 유학길에 올라 공부한 뒤 제약회사를 차린 유일한. 온갖 어려움 속에서도 교육사업에 대한 신념을 가지고 건강한 기업인의 윤리의식을 지킨 유일한의 삶을 그렸다.

윤동주 정진구 글, 임향한 그림, 산하
일제 강점기에 시로써 일제에 저항했던 윤동주. 생체실험으로 죽어가면서도 하늘과 별과 바람을 노래한 민족시인의 삶을 담았다.

통일 할아버지 문익환 김남일 글, 김병하 그림, 사계절
일제 강점기와 한국전쟁을 겪으면서도 우리 겨레에 대한 믿음과 사랑을 잃지 않은 문익환 목사의 통일에 대한 꿈이 담겨 있다.

노래하듯 읽는 책, 동시집

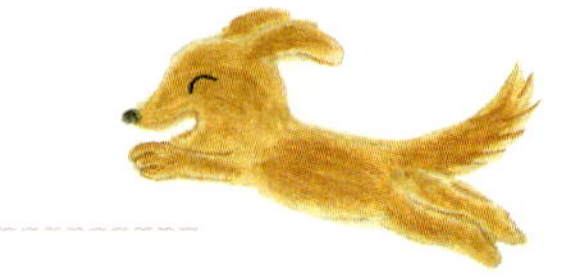

  좋은 동화나 동시 같은 문학작품은 정서를 순화하는 데 도움이 됩니다. 특히 동시는 압축된 언어와 리듬감 있는 문장으로 아이들의 삶을 노래하고, 자연을 노래하고, 세상을 노래하는 어린이문학의 꽃이라 할 수 있습니다. 그런데도 지금까지 어린이문학의 변방에 머물면서 독자들의 눈길을 끌지 못했습니다.

  그 이유는 첫째, 어른들의 잘못된 생각 때문이었습니다. 즉 어른들은 책을 읽은 효과가 곧바로 나타나기를 기대하는데, 동시는 꾸준히 읽어야만 효과를 얻을 수 있습니다.

  둘째, 동시에 대한 관념적인 사고 때문입니다. 흔히 동시라고 하면 꽃, 구름, 하늘, 나비, 새, 달 같은 예쁜 단어만 떠올리는 경향이 있습니다. 그러나 아이들의 삶은 나름대로 치열합니다. 동시도 아이들의 놀이나 고민 등 살아 숨쉬는 아이들의 삶을 다룬 것이 많습니다. 따라서 시에 나오는 상황이 아이들이 겪어본 일이거나 겪을 수 있는 일이라면, 그런 동시는 생각을 넓혀주고 즐거움을 줍니다.

1. 『콩, 너는 죽었다』 김용택 글,
박진웅 그림, 실천문학사

2. 『감자꽃』 권태응 글,
송진헌 그림, 창비

농촌 아이들의 자연과 일과 삶

1960년대 무렵만 해도 아이들 삶의 무대는 산과 들이었습니다. 놀이도 노래도 모두 농촌의 삶과 자연을 토대로 만들어졌습니다.

시인 김용택은 『콩, 너는 죽었다』에서 삶의 뿌리를 농촌에 두고 있는 시골 아이들의 세계를 그려 보입니다. 그는 그가 몸담고 있는 전북 임실의 마암 분교를 "세상에서 가장 아름다운 학교"라고 자랑합니다. 이 시집에는 전교생이 열여섯 명밖에 안 되는 자그마한 학교 아이들이 살아가는 이야기가 가득합니다. 갈수록 황폐해지는 농촌과 동무가 없어 외로워하는 아이들의 모습이 안타깝게 묻어나기도 하지만, 농촌의 자연 속에서 소박하게 살아가는 들꽃 같은 아이들 속에서 희망을 낚아올립니다.

1940, 50년대에 활동했던 권태응 역시 『감자꽃』에서 우리의 자연과 아이들을 노래합니다. 감자꽃을 비롯해서 땅감나무, 앵두, 별님, 송아지 등을 소재로, 자연이 동무이고 선생님이고 놀이터이고 삶이었던 아이들과 그들이 고추를 따고 고추잠자리와 동무하고 송아지와 한 식구가 되어 살아가는 모습을 그렸습니다. 자연이라는 큰 스승과 함께 살아온 아이들이 이런 노래의 힘으로, 자연의 힘으로 한 시대의 어려움을 극복했을 거라는 생각을 하게 됩니다.

탄광촌과 농촌에서 오랫동안 아이들을 가르치며 교사이자 농부로 살았던 시인 임길택은 『할아버지 요강』과 『산골아이』에서 쇠락해가는 농촌을 지키는 아이들의 삶을 노래합니다. 화려한 도시문화에 비하면 시인이 몸담고 있는 농촌은 희망이라곤 없는 듯 보이지만, 시인은 보통 사람들이 보지 못하는 진실을 캐냅니다. 가난한 엄마나 일에 지친 부모를 향한 아이의 애틋한 마음을, 먹을 것을 찾아 부엌으로 들어온 생쥐에게 부뚜막의 온기라도 나누어주는 따뜻한 마음을, 땟국물 줄줄 흐르는 아이의 착한 마음을 보듬는 선생님의 모습을 소박하게 보여줍니다. 세상 가장 낮은 곳에서 살아가는 이들은 크고 화려한 것에 마음을 빼앗기며 흔들리는 사람들에게 말합니다. 우리에게 희망을 주는 것은 이기적인 현대 문명이 아니라, 이웃과 더불어 이 세상의 모든 생명과 마음을 나누며 살아가는 자연에 있다고 말입니다.

도시 아이들의 유쾌한 상상력

바쁜 도시문화 속에서 살아가는 아이들은 공부와 각종 기계문화로 인한 스트레스를 많이 받습니다. 하지만 역시 아이들은 어디에서나 즐겁게 놀 궁리를 하지요. 이문구는 「개구쟁이 산복이」라는 시에서 도시 아이들과 시골 아이들의 세계를 명료하게 그려 공감을 끌어냅니다.

이 시를 읽으면 하루 종일 실컷 놀고 들어온 아이의 꼬질꼬질한 모습에서 느껴지는 개구진 동심과 이를 사랑스럽게 바라보는 아버지의 애틋한 마음이 물씬 와닿습니다. 아이들의 일상이 구체적이고 생생하게 드러나 있고, 저마다 감추어진 개구쟁이 같은 모습을 상상하는 즐거움을 줍니다.

신형건은 『바퀴 달린 모자』에서 아이가 아니면 보지 못할 유쾌한 세계를 그려 보입니다. 「만약에 물고기가」는 사람과 물고기가 역할을 바꾼다

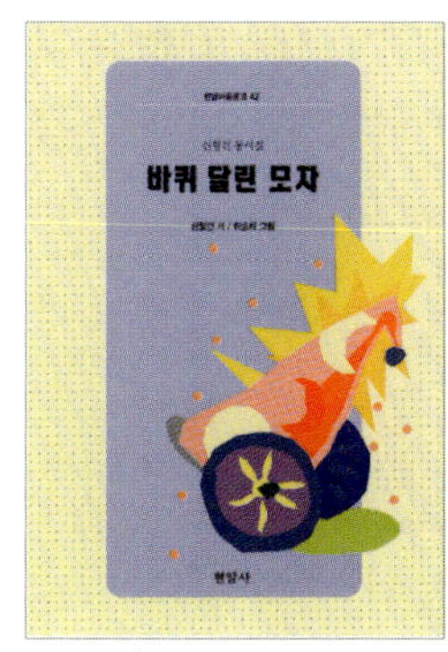

는 유쾌한 발상이 상상력을 자극하면서 재미를 느끼게 합니다. 귀에 들어오는 수많은 말들이 모여 귀지가 되었을 거라는 「귀지」, 친구랑 다투고 혼자가 된 날 온몸으로 밀려오는 쓸쓸함에 어찌할 바 모르는 아이의 마음을 다룬 「친구랑 다툰 날에 읽는 시」, 모자에 바퀴가 달렸을 거라는 가정 아래 온갖 상상을 다 해보는 「바퀴 달린 모자」 등 주변의 사물을 의인화하거나 아이의 마음을 소재로 발상의 전환을 꾀하고, 거기에서 발견되는 뜻밖의 즐거움을 맛보게 합니다.

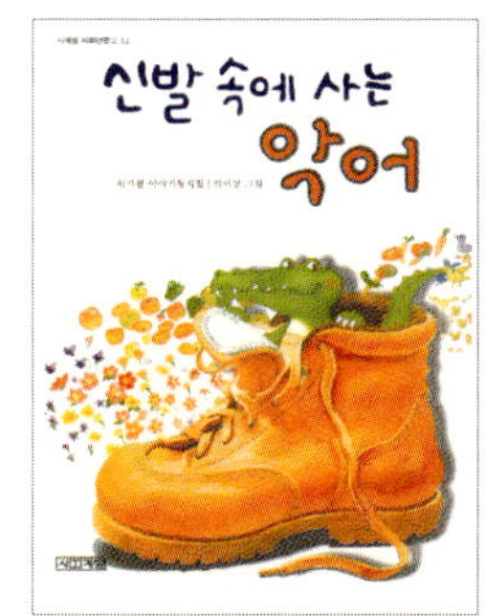

위기철은 『신발 속에 사는 악어』에서 새로운 동시를 선보입니다. 아이를 키우면서 즉흥적으로 그때 그때 들려주었던 이야기들을 노랫가락처럼 풀어낸 이 동시집에는 기발한 상상력과 번뜩이는 재치가 담겨 있습니다. 만약 냉장고 소리가 시끄럽게 들린다면 "왜 저렇게 시끄러워?" 하고 마는 게 아니라 그걸 소재로 이야기를 풀어내는 거지요. 아이 방이 더러울 때도 "빨리 치워!" 하고 윽박지르기보다 "돼지가 내 방에 들어와 꿀꿀꿀" 하고 노래를 만들어 아이와 함께 재미있는 동시를 완성하게 됩니다.

1. 「바퀴 달린 모자」
신형건 글, 위승희 그림, 현암사

2. 「신발 속에 사는 악어」
위기철 글, 안미영 그림, 사계절

사 회 와 역 사 와 호 흡 하 는 아 이 들

굴곡진 역사를 살아온 탓에 늘 자유와 평화를 소

망해온 우리 겨레입니다. 동화작가이자 시인인 권정생은 시집 『어머니 사시는 그 나라에는』에서 소박하면서도 강렬한 우리 정서를 표현해냅니다. 조그만 상자에 갇혀 헤어진 가족을 생각하며 자유를 꿈꾸는 토끼를 통해 자유에 대한 간절한 소망을 그려 보입니다. 힘겨운 노동에 시달리며 헤어진 가족을 그리워하고, 나이도 성도 이름도 이념도 모르는 소를 소재로 평화에 대한 갈망을 그립니다. 백두산 바람을 마시고 대동강 강물에 멱감는 아이들에게는 담쌓고 등돌리고 사는 어른들 닮지 말고 산에 나무가 자라듯 한 빛깔로 살아가자며 간절한 통일의 염원을 그려 보이기도 합니다. 남과 북, 이데올로기에서 벗어나 맑은 하늘 아래 자유와 평화를 꿈꾸게 합니다. 그 마음은 민족시인 윤동주의 마음과도 맞닿아 있습니다.

윤동주가 암울한 일제 치하에서 쓴 『별을 사랑하는 아이들아』는 나라의 독립을 소망한 노래들로, 읽는 이의 가슴을 뜨겁게 합니다. 윤동주는 독립을 꾀했다는 이유로 일본 경찰에 체포되어 해방 6개월을 남겨두고 후쿠오카 형무소에서 스물아홉 살의 삶을 마감한 시인입니다. 윤동주는 일제의 모진 박해에도 꺾이지 않는 감성으로 민족의 혼을 노래해 지금까지도 많

은 사람들의 마음을 깊이 울리고 있습니다.

아이들이 삶과 사회를 바라보는 힘은 학년에 따라 달라집니다. 초등학교 교사이자 아동문학평론가인 이주영은 교육현장의 경험을 살려 '쑥쑥문고 동시집' 시리즈를 엮었습니다. 윤석중, 이원수, 권태응, 윤동주, 이오덕, 박목월, 윤동주, 김은영, 임길택 등 원로 동시인부터 중견 시인, 현대 시인에 이르기까지 다양한 작가들의 작품을 학년별로 나누어 엮은 이 시리즈는 학년별 수준을 고려한 시 모음입니다.

오늘출판사에서 나온 '주제별 동시선집' 시리즈는 220편의 동시를 가족의 소중함, 더불어 사는 삶, 생명과 환경, 일하는 삶, 역사 바로 보기, 자연의 아름다움 등 10가지 주제로 묶어 세 권에 나누어놓아 개인적인 성향이나 관심 분야에 따라 골라 읽는 재미를 줍니다.

동화나 인물이야기에 비해 동시를 즐기는 아이들은 상대적으로 적어 보입니다. 동시가 베스트셀러에 오르거나 하는 것을 거의 보지 못했으니까요. 동시는 재미 없다는 선입견 때문일 수 있고, 앞서가는 아이들의 감성을 담아내지 못하는 시를 읽어온 탓도 있을 것입니다.

'시는 재미 없다'는 선입견을 극복하려면 좋은

『별을 사랑하는 아이들아』
윤동주 글, 권현진 그림,
푸른책들

동시를 골라 자주 읽고 감상하면서 동시만의 즐거움을 알아가는 것이 좋습니다. 공부하듯이 따지고 분석하며 읽기보다는, 처음 읽을 때 뭔가 가슴에 와닿는 느낌을 놓치지 않고 '그렇구나, 바로 그거다, 내 마음과 같다, 새롭다, 나도 그런 적이 있다, 그럴 수도 있구나'와 같은 감정들을 자주 경험하다 보면 시가 주는 감흥을 풍부하게 느끼게 되어 시가 좋아질 것입니다.

좋은 동시를 골랐으면 이제는 아이가 즐겁게 읽도록 해야겠지요. 지금까지는 동시를 읽고 나면 대개 재미있는 말 찾기를 하거나 그 말을 사용해 짧은 글을 지어보는 등의 '교육'을 했습니다. 그러다 보니 아이들이 동시 읽는 즐거움을 제대로 누리지 못했습니다. 그런 식으로 하면 아이들은 어른들의 기대에 부응하기 위해 재미있는 말을 찾느라 바쁠 뿐입니다.

동시를 감상한다는 것은 시에 담긴 세상을 읽는 것입니다. 새로운 일을 겪고, 느끼고, 생각하고, 상상하는 것입니다. 아이 방이나 화장실, 거실 등 아이 눈에 잘 띄는 곳에 동시를 써서 붙여놓고 함께 소리내어 읽어보세요. 그래서 아이가 동시와 친해지고 나면 그 느낌을 말로, 글로, 그림으로 자연스럽게 표현해보면 좋겠습니다. 글쓰기가 앞서거나 어른의 욕심이 앞서거나 하면 아이가 동시와 친해지기는 결코 쉽지 않을 것입니다.

콩, 너는 죽었다 김용택 글, 박진웅 그림, 실천문학사 | **감자꽃** 권태응 글, 송진헌 그림, 창비 | **할아버지 요강** 임길택 글, 이태수 그림, 보리 | **산골아이** 임길택 글, 보리 | **바퀴 달린 모자** 신형건 글, 위승희 그림, 현암사 | **신발 속에 사는 악어** 위기철 글, 안미영 그림, 사계절 | **어머니 사시는 그 나라에는** 권정생 글, 지식산업사 | **별을 사랑하는 아이들아** 윤동주 글, 권현진 그림, 푸른책들 | **쑥쑥문고 동시집**(전6권) 이주영 엮음, 우리교육 | **주제별 동시선집**(전3권) 조월례 엮음, 오늘

더 읽어볼 책

고양이가 내 뱃속에서 권오삼 글, 사석원 그림, 사계절
도시 아이들의 억눌린 마음을 풀어주고 자연과 교감하게 한다. 빗방울, 구름, 민들레, 매미 등 자연을 소재로 아이들의 마음을 그렸다.

귀뚜라미 임석재 외 글, 류재수 그림, 재미마주
귀뚜라미, 꽃씨, 산딸기 등 15개의 동요와 동시, 그림이 담겼다. 같이 감상할 수 있도록 CD도 함께 들어 있어서 음악을 들으며 볼 수 있는 책이다.

김치를 싫어하는 아이들아 김은영 글, 김상섭 그림, 창비
농촌과 농촌 아이들의 삶, 김치 냄새 나무 냄새 풍기는 아이들이 풀벌레와 들꽃 속에서 어우러져 살아가는 모습과 함께 어려움에 처한 농촌의 모습이 담겨 있다.

나무야 나무야 겨울나무야 이원수 글, 이수지 외 그림, 웅진닷컴
각 시대 아이들의 아픔을 어루만지면서 어려움을 극복할 용기를 주는 시, 자연과 함께 살아가는 마음을 키워주는 시, 주변 동물과 사물에 대한 애정을 담은 시를 모았다.

시 꾸러미 정의행 엮음, 일과놀이
윤동주, 한용운, 정지용, 김소월, 이육사 등 민족시인들이 혹독한 일본 제국주의 정치에 저항하면서 겨레의 아픔과 희망을 노래한 100편의 시를 담았다.

엄마야 누나야, 귀뚜라미와 나와 겨레아동문학선집 9·10, 겨레아동문학연구회 엮음, 보리
1920년대부터 50년대까지를 배경으로 한 동시들을 모았다. 푸근한 농촌의 정서와 시간을 되돌리고 싶을 만큼 서정적이면서 소박한 삶을 느낄 수 있다.

해바라기 얼굴 권오삼 외 엮음, 이혜주 그림, 창비
방정환, 한정동, 윤석중, 이원수, 강소천, 이주홍 등 우리 어린이문학의 역사를 이끌어온 분들의 작품을 모은 시집. 우리나라 동시의 초창기인 1920년대부터 90년대까지 각 시대 우리 겨레 아이들의 삶과 역사를 노래했다.

우리동화, 잘 고르는 법

　각 나라에서 나오는 어린이책은 저마다의 독자성을 갖고 있습니다. 미국 어린이책은 영어를 모르는 사람도 금방 미국 책이라는 것을 알 수 있습니다. 일본 어린이책도, 중국 어린이책도 마찬가지입니다. 그만큼 한 권의 동화에는 한 나라의 문화와 정서가 짙게 배어 있습니다.

　우리 창작동화는 우리 아이들의 삶과 꿈을 담은 책입니다. 동화에 나오는 장소, 주제, 소재, 등장인물은 모두 우리가 살고 있는 곳을 배경으로 합니다. 그러므로 우리 창작동화라면 아이들이 실제로 겪을 수 있는 문제, 아이들 세계에서 일어날 수 있는 절실한 문제를 다룬 것이 좋습니다. 아이들은 책을 읽고 상상하면서 억눌린 마음을 해소하기도 하고, 자기 문제를 되돌아보기도 하면서 생각하는 힘을 길러갈 테니까요.

　아이들이 친근감을 느끼고 함께 호흡할 수 있는 등장인물도 중요합니다. 아이들은 동화의 주인공에 자신을 대비시키기도 하고 때로는 따라하기도 하면서 즐거움을 느끼기 때문입니다.

　아이들은 문학작품을 읽으면서 다양한 정서를 경험합니다. 사람으로서 꼭 해야 할 일과 해서는 안 되는 일을 구별하는 힘을 기릅니다. 가치 있는 일과 그렇지 않은 일을 구별하는 지혜를 얻기도 합니다. 여러 사람과 더불어 살아가기 위해 지켜야 할 도리와 도덕성도 배웁니다. 우리 문학은 우리 아이들을 제대로 자라게 하는 큰 자양분입니다.

우리 창작동화를 고를 때 잣대로 삼아야 할 것들을 살펴보겠습니다.

작가의 올바른 아동관과 사상

작가가 아이들을 어떤 존재로 보느냐에 따라 작품의 질은 크게 달라집니다. '동화 같은 이야기'라는 말이 있습니다. 이 말은 부정과 악이 없는 꿈 같은 세상을 뜻합니다. 하지만 세상에는 선한 현실과 악한 현실이 공존합니다. 아이들이라고 해서 부정적인 현실을 비켜갈 수는 없습니다.

아이들을 대상으로 한다고 해서 예쁘고 고운 모습만 보여주려는 작가는 어둡고 칙칙한 현실을 감추고 세상을 아름답게만 묘사하겠지요. 이런 글을 읽으면 아이가 현실을 제대로 볼 수 있는 힘을 기르지 못합니다.

문학은 인간의 삶을 그리는 것입니다. 어린이문학에서 아이들은 어른들의 질서를 무작정 따르는 것이 아니라 자기 삶의 주체가 되어야 합니다. 어린이 역시 사회적인 존재이기 때문입니다.

어린이문학은 아이들 하나하나가 삶의 기쁨을 발견하게 해야 합니다. 살아가는 이유를 찾게 해야 합니다. 목숨을 걸어도 아깝지 않을 삶의 가치를 발견하게 해야 합니다. 부당함에 저항하고 불의에 분노할 줄 알며 어떤 조건에서도 희망을 주어야 합니다.

무엇보다 중요한 것은 '재미'

서점에 가서 책을 고를 때 아이들은 오로지 재미를 위해서만 책을 선택합니다. 아이들은 말초적인 흥미를 자극하는 귀신 이야기도 재미있다 하고, 삶의 가치를 진지하게 성찰하게 하는 이야기도 재미있다 합니다. '재

미있다'는 말은 같지만 그 안에 담긴 본질적인 의미
는 사뭇 다르지요.

　그러니까 아이들이 책을 고르는 기준은 첫째도
둘째도 셋째도 '재미'입니다. 아이들은 책이 재미
있으면 숨어서라도 봅니다. 어른들이 온갖 이유를
대며 권해도 그것이 자기 마음을 움직일 만큼 흥미
롭지 못하면 눈으로는 책을 읽을지언정 마음으로
는 받아들이지 못합니다. 『아동문학론』을 쓴 릴리
언 H. 스미스는 '아이들은 어린이문학에서 몰염치
할 정도로 재미를 좇는다'고 했습니다.

　이런 재미는 개성 있는 캐릭터에서 나옵니다. 방
정환의 『만년샤쓰』에 나오는 창남이는 풍부한 유머
감각을 지닌 매력적인 인물입니다. 창남이는 눈먼
어머니와 함께 몹시 가난하게 삽니다. 그런데도 책
을 읽어가는 동안 창남이의 익살 때문에 쿡쿡 웃음
이 납니다. 눈물도 납니다. 안타까움이 일기도 합
니다. 창남이는 당당함과 배짱이 있습니다. 남의
어려움을 그냥 보아 넘기지 않는 인정도 있습니다.
가난하지만 구차하지 않습니다. 창남이는 한겨울
맵찬 추위에 맨몸을 드러냈다가 '만년샤쓰'라는 별
명을 얻으면서 집안 사정이 드러나 선생님과 아이
들을 울리기도 합니다. 다소 영웅적으로 묘사된 아
쉬움이 있습니다만, 이러한 재미는 1920년대 아이
들은 물론 오늘을 살아가는 아이들을 휘어잡는 첫

『만년샤쓰』
방정환 글, 김세현 그림,
길벗어린이

『강아지똥』
권정생 글, 정승각 그림,
길벗어린이

번째 요소가 되는 것입니다.

『팔려가는 발발이』에 담겨 있는 「콩나물죽과 이밥」은 비열하고 얄미운 형식이와 가난하고 힘없는 삼쇠라는 인물을 대비시켜, 어떤 어려움 속에서도 꺾이지 않고 자존심을 잃지 않는 삼쇠의 매력적인 모습을 부각시킵니다. 가난하여 콩나물죽만 먹는 삼쇠는 만날 고깃국만 먹는다며 으스대며 뽐내는 형식에게 아무 이유 없이 무시당합니다. 운동회날 삼쇠는 형식과 씨름에서 맞붙어 싸웁니다. 형식이 네 편 여섯 명을 이긴 삼쇠는 마지막 일곱 번째로 형식과 맞붙어 형식을 극적으로 쓰러뜨립니다. 이처럼 어떤 어려움 속에서도 꺾이지 않는 자존심과 끈기를 가진 매력적인 주인공이야말로 독자에게 재미를 주는 첫 번째 요소입니다.

적절히 녹아 있는 교훈

어린이책의 중요한 기능 가운데 하나는 '교육성'입니다. 좋은 우리 동화는 교육적인 가치를 재미있게 전달합니다.

권정생은 『강아지똥』에서 소달구지에 실려 가다 떨어진 흙덩이의 입을 통해 말합니다. "하느님은 이 세상에 쓸모 없는 것은 하나도 만들지 않으셨어. 너도 어딘가에 꼭 귀하게 쓰일 데가 있을 거야"라고 말이지요. 비가 많이 내리던 어느 날, 강아지똥은 잘게 부서져서 땅으로 스며들어 아름다운 민들레꽃을 피워냅니다. 이로써 세상의 모든 것은 존재하는 것만으로도 가치가 있다는 인식에 도달하게 합니다.

「똘배가 보고 온 달나라」는 학교에서나 집에서나 제대로 사랑받지 못하고 주눅들어 있는 아이도, 피부 빛깔이 다른 아이도, 키 작은 아이도, 키가 커서 고민인 아이도 모두모두 귀하고 소중한 존재라는 깨달음을 줍니다. 세상 가장 낮은 곳에서 살아도 자기만의 몫이 있다는 것, 그래서 살아야 할 이유가 있다는 것은 아이들이 저마다 세상을 당당하게 살아갈 수 있는 힘이 됩니다.

황선미가 쓴 『약초 할아버지와 골짜기 친구들』은 우리가 더불어 살아가야 할 소중한 목숨들의 이야기가 실려 있습니다. 민통선 주변에 사는 약초 할아버지와 여러 동물들이 한데 얽혀 풀어내는 이야기는, 갈라진 이 나라가 어서 통일이 되어야 한다는 것과 우리가 지켜나가야 할 정말 소중한 가치에 대해 생각해 보게 합니다.

지금 우리 아이들의 현실

좋은 우리 동화는 어린이들의 현실을 기반으로 가장 절실하게 여겨지는 문제를 다룹니다. 아이들은 자신들의 문제가 다뤄질 때, 자기와 비슷한 또래 아이들이 나올 때, 자기가 겪었음직한 이야기가 나올 때 눈을 반짝입니다. 드라마나 소설이 허구의 세계인 줄 알면서도 울고 웃고 분노하고 좌절하는 것은 그것이 현실에서 있을 법한, 내 이야기인 것 같기 때문입니다. 만일 이런 요소가 없다면 예술은 존재할 수 없습니다.

『나쁜 어린이 표』에 나오는 건우는 반장도 하고 싶고, 과학경시대회에 나가서 상도 타고 싶고, 선생님에게 칭찬도 받고 싶은 보통 아이입니다.

1. 『생명이 들려준 이야기』
위기철 글, 이희재 그림, 사계절

2. 『너도 하늘말나리야』 이금이
글, 송진헌 그림, 푸른책들

이런 보통 아이 건우가 선생님 눈 밖에 나면서 겪는 심리적인 갈등은 아이들의 마음을 움직입니다. 건우는 선생님에게 잘 보이고 싶지만 우연찮게 나쁜 어린이 표를 계속 받게 됩니다. 그리고 선생님의 편파성에 마음으로 저항하며 자기 역시 선생님에게 나쁜 선생님 표를 줍니다. 선생님은 건우가 준 나쁜 선생님 표를 발견하고 건우와 극적으로 화해합니다. 아이들은 건우를 따라가면서 선생님의 처지도, 건우의 처지도 헤아리게 됩니다. 이 책이 독자들의 큰 사랑을 받아 베스트셀러가 될 수 있었던 힘은 바로 지금 여기서 일어나는 우리의 이야기이기 때문입니다.

위기철의 「생명이 들려준 이야기」는 의인화된 '죽음'과 '생명'이 번갈아 등장하면서 엄마에게 꾸중듣고 죽어버릴까 생각하는 아이를 사이에 두고 밀고 당깁니다. 요즘 아이들은 치고받고 부수고 죽이는 게임이나 비디오를 보면서 생명을 가볍게 여기는 경향이 있습니다. 그래서 부모나 선생님에게 꾸중들었다고 스스로 목숨을 끊는 아이가 있고, 친구에게 따돌림을 당했다고 목숨을 끊는 아이도 있습니다. 「생명이 들려준 이야기」에 나오는 토담이는 죽어버릴까 하다가 생명의 이야기를 듣고 죽음의 유혹을 물리칩니다. 생명과 죽음이 나누는 이야기를 통해 아이들은 생명의 소중함을 인식하게 되지요.

『너도 하늘말나리야』는 이혼한 엄마를 따라 시골로 이사 온 미르와 어려서 엄마를 잃고 엄마를 향한 그리움으로 말을 잃어버린 바우, 할머니와 사는 소희 등 비슷한 처지의 세 아이가 자기에게 주어진 삶의 무게를 견디면서 성장해가는 이야기입니다. 이 책에서는 각각 한쪽 부모만 있는 아이들이 겪는 마음의 변화가 섬세하게 나타나 있습니다. 아이들은 미르도 되어보고, 소희도 되어보고, 바우도 되어봅니다. 처음에는 갈등하다가 나중에는 서로를 이해하는 친구가 되었지만, 결국 자기 문제는 자기 혼자 감당해야 한다는 냉정한 현실을 깨닫습니다. 그리고 아픈 만큼 성숙해집니다. 묵직한 주제를 자연스럽게 끌어가는 작가의 역량은 우리 아이들이 세상을 넓게 바라볼 수 있는 힘을 키워줍니다.

좋은 어린이책은 이렇듯 어린이들의 현실을 반영하고 공감하게 하고 재미를 느끼게 합니다. 아이들을 삶의 주체로서 인정합니다. 당대의 사회가 지향하는 가치를 어린이의

『너도 하늘말나리야』에서

눈높이에 맞게 담아냅니다. 그래서 작가가 말하고자 하는 그 '무엇'이 아이들로 하여금 삶에서 진정성을 발견하도록 도와줍니다.

편견이 없어야 한다

세상에는 수많은 사람들이 살고 있습니다. 그들은 저마다 다른 처지에서 살아갑니다. 좋은 어린이책은 사는 처지, 사는 곳, 피부 빛깔, 종교, 성별, 나이 등 어떤 상황, 어떤 이유에서도 편견을 갖게 하지 않습니다.

특히 장애에 대한 사람들의 편견은 장애를 가진 사람들을 불편하게 합니다. 『나와 조금 다를 뿐이야』에 나오는 수아는 공부시간에도 제 마음대로 동화책을 읽거나 허락도 안 받고 화장실에 가는 등, 정서 장애를 앓는 아이입니다. 그런 수아가 시골학교로 전학을 와 고종사촌인 영무와 한 반이 됩니다. 하지만 수아는 수학이 싫다며 뒤로 나가 혼자서 책을 보고, 조회 시간엔 단 위에 올라가 교장 선생님 옆 자리에 가기도 하는 등 도무지 종잡을 수 없는 행동들만 하지요. 영무는 수아의 잘못 때문에 늘 어른들로부터 대신 혼이 납니다. 영무는 점점 화가 나고, 친구 성남이를 시켜 수아를 괴롭히기 시작합니다. 이 작품은 수아를 중심으로 외사촌인 영무, 같은 반 친구들 그리고 그 가족들이 펼치는 삶이 탄탄

하게 펼쳐지며 등장인물들 한 사람 한 사람이 모두 살아 있어 읽는 즐거움
을 줍니다.

고정욱의 『가방 들어 주는 아이』에 나오는 석우는 선생님의 지시로 '찔
뚝이' 영택이의 가방을 날마다 들어줘야 한다는 게 화가 나고 싫습니다.
좋아하는 축구도 맘대로 할 수 없고, 아이들이 찔뚝이 쫄짜라고 놀리는 것
도 괴롭습니다. 그러다 새학년이 되는 날, 자기 양심에서 들리는 두 가지
소리 사이에서 갈등하던 석우는 결국 영택이를 외면합니다. 하지만 이를
계기로 참 우정을 깨닫고 장애에 대한 편견도 극복하게 됩니다.

생 생 한 겨 레 의 정 신

1920년대 처음으로 우리나라 아이들을 인격적인 존재로 인정한 방정환
은 그 시대 아이들을 독립의 역군으로 키우고자 했습니다. 식민지 백성의

『가방 들어 주는 아이』에서

소망은 독립된 나라를 세우고 자유롭게 사는 것이었습니다. 늙은이나 젊은이에게서는 희망을 기대할 수 없고, 어린이를 올바르게 키우는 것이 바로 독립할 수 있는 길이라고 여겼던 것입니다.

『칠칠단의 비밀』은 일제 강점기를 배경으로 한 탐정 모험소설입니다. 1920년대에 잡지 『어린이』에 연재했던 「동생을 찾으러」와 「칠칠단의 비밀」은 각각 일본인과 중국인의 음모에 맞서 싸우는 이야기입니다. 「칠칠단의 비밀」은 주인공 상호가 곡마단이 마약밀매와 인신매매를 하는 비밀 범죄단체 '칠칠단'이라는 사실을 밝혀내고, 일본인 곡마단 단장 일행과의 쫓고 쫓기는 숨막히는 모험 끝에 동생을 구해내는 과정이 긴박감 넘치게 전개됩니다.

두 작품 모두 일제의 만행과 음모에 용감하게 맞서 싸우는 용기 있는 소년상을 제시합니다. 청국 사람들과 일본 사람들을 일망타진하고 동생을 구하는 마지막 장면은 나라를 빼앗긴 우리나라 아이들에게 용기를 불어넣어줍니다. 현실에서는 나이 어린 아이가 일본 경찰과 맞서 싸우는 일이 쉽지 않았겠지만, 일제 강점기 우리 아이들에게 용기와 배짱을 심어주고 독립된 나라의 소중함을 알게 하기 위해서 이런 이야기를 지어낸 것이지요.

그 밖에 마해송의 『떡배 단배』, 이주홍의 『아름다운 고향』, 이원수의 『숲 속 나라』, 『메아리 소년』,

1. 『칠칠단의 비밀』
   방정환 글, 김병하 그림, 사계절

2. 『민들레의 노래』 1·2
   이원수 글, 양상용 그림, 사계절

『5월의 노래』 같은 작품들에도 이와 같이 용기 있는 어린이의 모습이 나옵니다. 이런 동화는 강대국들의 힘의 논리 때문에 분단이라는 수난의 역사를 겪은 우리나라에서만 나올 수 있는 이야기입니다.

이원수가 쓴 『민들레의 노래』에는 자기들과는 상관 없이 어른들이 만들어낸 비극 때문에 휘말리고 고통받는 아이들의 모습이 나옵니다. 6·25 전쟁으로 부모를 잃고 정미네 집에 얹혀사는 현우, 남부러울 것 없이 응석받이로 자란 정미, 4·19 혁명 때 죽은 오빠를 그리는 경희 그리고 그 사이에서 사건을 해결해나가는 명탐정 호야……. 아이들은 자신들을 둘러싼 굴레에 얽매여 무척이나 힘들어하지만 결국에는 어른들의 슬픈 역사를 딛고 일어나 화해하며 희망의 메시지를 전합니다.

신 기 하 고   재 미 난   상 상 의   세 계

어린이의 특징이자 권리는 바로 상상의 세계를 즐길 수 있다는 것입니다. 판타지동화는 상상으로 만들어낸 가상의 세계를 무대로 전개되는 이야기입니다. 환상세계에서 진행되는 이야기는 자연적인 질서를 벗어납니다. 도깨비가 등장하고 동물이 말을 하고 나무가 말을 합니다. 무생물도 살아 움직입니다. 환상세계는 이처럼 현실의 법칙이 적용되지 않지만, 그러면서도 어디까지나 현실에 토대를 두고 전개됩니다.

예를 들어 『어두운 계단에서 도깨비가』에서는 현실의 어려움이나 고통을 환상의 세계를 통해 극복해 내는 이야기가 나옵니다. 걸핏하면 때리는 엄마에게 매를 맞은 아이가 냄비 속의 낙지를 구해주고, 그 낙지가 구해다 준 빨판 신발을 신고 벽으로 천장으로 도망치는 이야기 「낙지가 보낸 선물」이나, 떠든다고 꾸중듣기 일쑤인 수민이가 계단에 숨어 있는 도깨비들과 신나게 떠들어보는 이야기 「어두운 계단에서 도깨비가」 등은 상상의 세계 속에서 현실의 어려움을 극복할 힘을 얻게 합니다.

김진경의 『고양이 학교』는 고양이들이 펼치는 모험을 다룬 방대한 작품입니다. 그동안 '해리포터' 식의 서양 판타지에 익숙해진 우리 아이들을 위해 작가는 상생과 조화라는 동양 철학을 바탕으로 한국적 판타지를 풀어놓았습니다. 지구상에 살았던 모든 종들의 역사가 담겨 있는 '수정동굴'을 지키려는 '수정 고양이들'과 어둠의 신을 섬기는 '그림자 고양이들'의 싸움에 아이들이 끼어들면서 이야기가 전개되지요.

말의 나라에서 벌어지는 이야기를 다룬 『말박사 고장수』도 마찬가지입니다. 말이 사람과 말을 하거나 사람을 태우고 하늘을 나는 것은 현실에서는 일어날 수 없는 일입니다. 그러나 장수가 키우는 조랑말은 장수를 태우고 하늘을 날아 말들의 나라로 가서 할아버지가 키우던 말을 만납니다. 그리고 제주도의 탄생설화를 듣습니다. 이런 환상동화는 아이들에게 상상의

『고양이 학교』, 김진경 글, 김재홍 그림, 문학동네

즐거움을 누리게 합니다. 현실에서 불가능한 일도 가능할 수 있다는 꿈을 키워주고 그 꿈을 실현시키기도 합니다. 이것은 아이들의 의식이 성장하는 밑거름이 됩니다. 좋은 동화는 아이들로 하여금 풍부한 상상의 세계를 경험하게 합니다.

쉽고 재미있는 우리말

좋은 우리 동화는 쉽고 단순명쾌합니다. 필요 이상으로 멋을 부리거나 늘여놓은 문장, 복잡한 문장, 한참 생각해야만 이해가 되는 난해한 문장은 동화를 재미 없게 만드는 치명적인 요인입니다. 아이들은 기다려주고 따져가며 읽으려 하지 않습니다. 읽으면 바로 그 뜻을 알 수 있어야 합니다. 장면이 머릿속에 그려져야 합니다. 따라서 좋은 동화는 쉬운 말, 단순한 문장으로 되어 있습니다. 저속한 말이나 유행하는 말, 상투적이거나 관념적인 말로 표현하지 않습니다. 한 문장의 길이가 너무 길거나 복잡하게 쓰지도 않습니다. 친절하고 재미있게 읽히도록 씁니다.

“넌 누구냐?”

황소 아저씨가 굵다란 목소리로 물었어요.

“저어…… 새앙쥐예요.”

새앙쥐는 무서워서 아주 조그맣게 대답했어요.

1. 『어두운 계단에서 도깨비가』
임정자 글, 이형진 그림, 창비

2. 『말박사 고장수』
곽옥미 글, 김유대 그림,
시공주니어

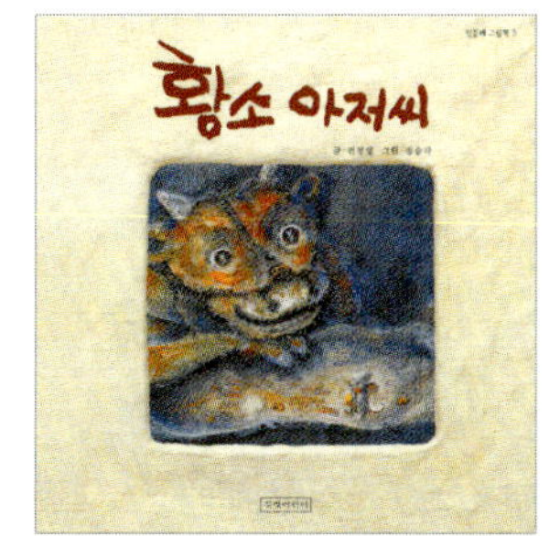

『황소 아저씨』
권정생 글, 정승각 그림,
길벗어린이

"그런데 한밤중에 뭣 하러 나왔니?"

"동생들 먹을 것 찾아 나왔어요. 우리 엄마가 갑자기 돌아가셨어요."

새앙쥐는 무서운 것을 억지로 참고 대답했습니다. 황소 아저씨는 뜻밖이었어요.

"먹을 게 어디 있는데 남의 등을 타넘고 가니?"

"저쪽 아저씨 구유에 밥 찌꺼기가 있다고 건넛집 할머니가 가르쳐 줬어요. 앞으로는 아저씨 궁둥이 밑으로 비잉 돌아갈 테니, 제발 먹을 걸 가져가게 해 주세요."

새앙쥐는 오들오들 떨면서 사정을 했어요.

"그랬댔니? 그럼 얼른 구유 안에 있는 거 가져가거라. 동샐들이 기다릴 테니 내 등때기 타넘고 빨리 가거라."

— 『황소 아저씨』에서

동화 읽는 즐거움은 문체에 따라 좌우됩니다. 위 예문에 나타난 장면은 한겨울 외양간에 홀로 있는 황소 아저씨가 먹이를 찾아 구유통을 찾아든 생쥐들과 대화하는 장면입니다. 설명하지 않아도 생쥐들을 어여삐 생각하는 황소 아저씨의 넉넉함이 느껴집니다. 이런 장면에서 "황소 아저씨는 참 넉넉한 성격입니다" 해버렸다면 독자들은 스스로 느껴야 할 몫을 빼앗겨 그만 재미를 잃게 됩니다.

작가가 자기 감정을 절제하고 그걸 독자의 몫으로 남겨주는 것이야말로 동화를 재미있게 만드는 요소입니다.

아름답고 감동을 주는 그림

우리 속담에 "보기 좋은 떡이 먹기도 좋다"는 말이 있습니다. 아무리 좋은 내용이라도 호감이 가지 않으면 선뜻 책을 잡게 되지 않습니다. 좋은 책은 독자로 하여금 갖고 싶은 마음을 불러일으킵니다. 표지, 글과 그림의 조화, 인쇄 상태, 활자의 크기, 종이의 질, 튼튼한 제본은 독자의 마음을 잡아당기는 힘이며 책의 아름다움을 구성하는 조건입니다.

특히 그림은 글과 더불어 좋은 어린이책을 만드는 중요한 요소입니다. 그동안 그림은 여백을 채우는 역할, 내용을 보조하는 역할에 머무는 경우가 많았습니다. 하지만 그림은 많은 이야기를 함축해서 보여줍니다. 글이 다하지 못하는 말을 그림이 말하기도 합니다. 글을 모르는 어린이는 그림으로 책을 보기 때문에 그림 자체만으로도 완성도가 있어야 합니다.

『너 먼저 울지 마』는 내용만큼 그림이 호감을 주는 책입니다. 사실적인 시골 배경이며, 만지면 금세 포르르 날아가버릴 것 같은 참새들의 모습이 감동을 배가시킵니다. 『마당을 나온 암탉』은 서늘하고 따뜻하고 슬프고 외롭고 긴장되는 갖가지 장면들이 감동을 줍니다. 이처럼 아름다운 그림은 어린이의 정서를 순화하고 심미안을 길러주는 데 큰 영향을 끼칩니다.

아름답다는 것은 인물의 모습을 예쁘고 귀엽게 묘사한다거나 현란한 색상을 쓰는 것과는 다릅니다. 글의 이미지를 형상화하여 글에서 보이지 않는 세계까지 보게 하고, 더 넓은 세계로 사고를 확장하게 하는 것입니다.

지금까지 좋은 우리 동화를 고르는 몇 가지 잣대를 제시해봤습니다만, 사실 이런 잣대를 가지고 서점에 간다 해도 이런 기준에 맞는 책을 찾아내

기가 그리 쉽지만은 않을 것입니다. 한 권 한 권 읽어보기 전에는 알 수 없는데, 서점에서는 그러기가 힘들기 때문입니다.

그럴 때는 고전을 찾는 것이 좋은 방법입니다. 오래 전에 나왔지만 독자들의 검증을 거쳐 고전으로 자리잡은 작가들의 작품을 먼저 골라 읽고 나면 좋은 책에 대한 '감'이 생깁니다. 그 감이야말로 좋은 책을 고르는 가장 확실한 잣대가 될 것입니다.

좋은 책에서 얻는 가르침은 한 아이의 삶을 질적으로 변화시키는 힘이 됩니다. 이는 사회를 변화시키고 인류의 삶을 발전시키는 힘으로 작용합니다. 작가의 사상이 예술적으로 형상화되어 아이들의 마음을 움직일 수 있을 때 자기 주변을 돌아보게 되고 온갖 부당함을 극복할 수 있는 힘이 길러질 것이며, 이것이야말로 좋은 책이 갖는 힘이라 할 수 있습니다.

이야기에 소개한 작품

아동문학론 릴리언 H. 스미스 글, 김요섭 옮김, 교학연구사 | **만년샤쓰** 방정환 글, 김세현 그림, 길벗어린이 | **콩나물죽과 이밥 「팔려가는 발발이」** 겨레아동문학선집 3, 겨레아동문학연구회 엮음, 보리 | **강아지똥** 권정생 글, 정승각 그림, 길벗어린이 | **똘배가 보고 온 달나라** 권정생 외 글, 강요배 그림, 창비 | **약초 할아버지와 골짜기 친구들 1·2** 황선미 글, 김세현 그림, 사계절 | **황소 아저씨** 권정생 글, 정승각 그림, 길벗어린이 | **나쁜 어린이 표** 황선미 글, 권사우 그림, 웅진닷컴 | **생명이 들려준 이야기** 위기철 글, 이희재 그림, 사계절 | **너도 하늘말나리야** 이금이 글, 송진헌 그림, 푸른책들 | **나와 조금 다를 뿐이야** 이금이 글, 원유미 그림, 푸른책들 | **가방 들어 주는 아이** 고정욱 글, 백남원 그림, 사계절 | **칠칠단의 비밀** 방정환 글, 김병하 그림, 사계절 | **떡배 단배** 마해송 글, 백남형 그림, 너른들 | **아름다운 고향** 이주홍 글, 손장섭 그림, 창비 | **숲 속 나라** 이원수 글, 김원희 그림, 웅진닷컴 | **메아리 소년** 이원수 글, 이정규 그림, 창비 | **5월의 노래** 이원수 글, 김용덕 그림, 창비 | **민들레의 노래 1·2** 이원수 글, 양상용 그림, 사계절 | **어두운 계단에서 도깨비가** 임정자 글, 이형진 그림, 창비 | **고양이 학교(전5권)** 김진경 글, 김재홍 그림, 문학동네 | **말박사 고장수** 곽옥미 글, 김유대 그림, 시공주니어 | **너 먼저 울지 마** 안미란 글, 김종도 그림, 사계절 | **마당을 나온 암탉** 황선미 글, 김환영 그림, 사계절

더 읽어볼 책

꽃바람 이금이 글, 김태순 그림, 푸른책들
갈 곳 없는 고아와 청년, 노인을 가족으로 받아들여 함께 살아가는 모습을 그리면서, 사는 형편이 달라도, 몸에 장애가 있어도, 지역이 달라도 모두 함께 살아가는 동무라는 사실을 느끼게 한다.

내 짝꿍 최영대 채인선 글, 정순희 그림, 재미마주
엄마가 없어서 공부도 못하고 지저분한 영대와 영대를 따돌리는 아이들을 그려 보이면서 왕따 문제에 대해 생각할 계기를 준다.

너하고 안 놀아 현덕 글, 송진헌 그림, 창비
노마, 똘똘이, 기동이, 영이, 이렇게 네 아이들이 1930년대 시골 마을을 배경으로 함께 놀다가 토라지고 다투고 그러다가 다시 어울린다. 우리 아이들의 모습이 담겨 있다.

모래알 고금 마해송 글, 김성민 그림, 우리교육
예쁜 모래알 고금이 착한 을성이의 손에 들어가게 되면서 을성이와 함께 보고 듣고 겪는 이야기를 담았다. 어려운 처지에서도 용기를 잃지 않는 가족간의 사랑 등을 느낄 수 있다.

산골마을 아이들 임길택 글, 이혜주 그림, 창비
작가가 농촌에서 오랫동안 교사로 아이들을 가르치면서 쓴 동화집. 고달픈 생활 속에서도 순박함을 잃지 않고 살아가는 산골 마을 아이들의 모습이 담겨 있다.

상계동 아이들 노경실 글, 김호민 그림, 사계절
지금처럼 아파트촌이 들어서기 전 가난한 동네의 상징으로 여겨졌던 상계동에서 일상의 온갖 부대낌 속에 악다구니를 쓰면서도 따뜻한 마음을 잃지 않고 살아가는 사람들의 이야기.

싸우는 아이 손창섭 글, 김호민 그림, 우리교육
1960년대, 부모 없이 할머니와 누나와 가난하게 살면서도 부당한 현실에 맞서 싸우면서 당당하게 자기 삶의 주인으로 살아가는 아이의 모습을 그리고 있다.

할머니를 따라간 메주 오승희 글, 이은천 그림, 창비
아버지의 갑작스런 실직으로 어려움을 겪는 아이, 부잣집 딸 행세를 하는 가난한 집 아이, 옛날 방식을 지키려는 할머니와 현대적인 엄마 사이에서 고민하는 아이 등 다양한 아이들의 삶과 고민들을 그렸다.

똑 소리 나게 고른 다른 나라 동화

　나라마다 문화가 다르고 역사가 다릅니다. 또한 살아가는 방식도 다릅니다. 그것은 각 나라의 토양과 기후에 따라 형성된 독특한 문화 때문입니다. 서로 다른 문화적 특성은 그 나라만의 독특한 문학이 탄생하는 바탕이 됩니다. 외국 문학을 읽는 것은 '다른 문화적 특성'을 공유하고 폭넓은 세계관을 형성할 수 있기 때문입니다.

　다른 나라 작품을 고를 때는 아이의 정서와 지적 능력에 맞는지, 아이가 내용을 이해하고 즐길 수 있는지, 건강한 세계관이 담겨 있는지, 사용한 단어나 내용이 작품으로서 완성도가 있는지 따져보아야 할 것입니다.

보편적인 세계관이 담긴 책들

　21세기는 모든 편견을 넘어 자유와 평화를 지향하는 시대입니다. 시대에 따라 가치관이 변하는 만큼 새 시대 아이들에게는 인종이라든가 피부색과 상관 없이 서로 이해하고 수용하는 보편적인 삶을 그린 책을 읽혀야 합니다. '난 책읽기가 좋아' 시리즈 가운데 『칠판 앞에 나가기 싫어!』의 주인공 에르반은 부끄러움을 많이 타서 칠판 앞에 나가 수학문제 푸는 것을 몹시 두려워합니다. 그래서 학교 가기가 겁나고, 발표할 시간만 되면 가슴

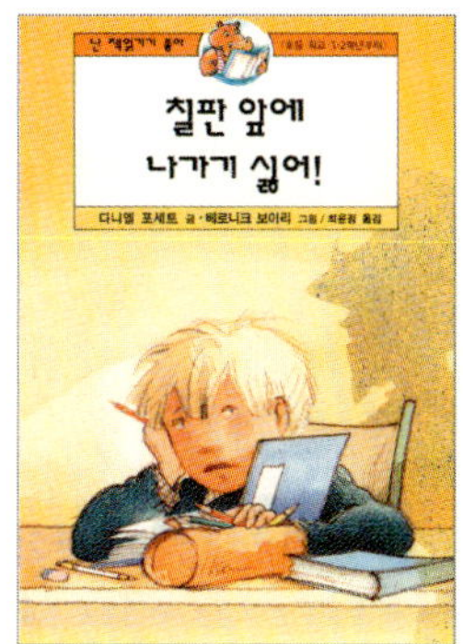

부터 뜁니다. 이런 에르반이 새로 부임한 여선생님을 돕기 위해 칠판 앞에 나가 발표를 하고 나서부터 용기를 갖게 됩니다. 어떤 사람도 원래부터 문제가 있는 것은 아니며, 설령 문제가 있더라도 얼마든지 극복할 가능성이 있다는 것을 깨닫게 하지요.

『선생님하고 결혼할 거야』는 선생님을 이성으로 인식하고 홀로 가슴앓이를 하는 아이의 이야기입니다. 선생님이 이성 친구가 될 수 없다는 사실을 인식하기까지는 꽤 시간이 걸리지만, 이런 경험은 자기 감정을 조절할 수 있는 힘을 갖게 할 것입니다. 이런 작품들은 또래 아이들이 겪는 일이라서 내 일처럼 생각하고 쉽게 받아들입니다.

요즘은 초등학교 3·4학년이면 사춘기에 접어든다고 하지요. 어느 날 느닷없이 찾아드는 복잡하고 미묘한 감정을 추스르기 위해 안간힘을 쓰는 것 또한 보통 아이들이면 통과의례처럼 겪는 일입니다. 『사랑에 빠진 꼬마 마녀』는 어른들이 좀처럼 인정하려 들지 않는 아이들의 사랑 방정식을 다룹니다. 어른들처럼 재거나 따지지 않는 아이들의 사랑은 생동감이 넘쳐 읽는 이로 하여금 한껏 즐거운 상상에 빠지게 합니다. 지저분하기 짝이 없는데다 제멋대로인 토스카넬라와 깔끔하고 예의바른 에르네스트는 서로에게 호감을 느끼다가 사랑에 빠집니다. 겉으로 봐서는 도무지 어울릴 것 같지 않은 두 아이

『칠판 앞에 나가기 싫어!』
다니엘 포세트 글, 베로니크 보아리 그림, 최윤정 옮김, 비룡소

가 상대방의 마음을 끌기 위해 여러가지 방법을 시도하는 모습이나 사랑을 표현하는 유머러스한 말들이 자연스럽게 묘사되어 있어 읽는 아이들도 사랑에 빠지게 하는 즐거움을 줍니다.

이런 즐거움은 『내 이름은 삐삐 롱스타킹』에서도 경험할 수 있습니다. 길고 비쩍 마른 다리, 양쪽으로 땋아 하늘로 쭉 뻗친 머리, 빨간 머리카락을 가진 말괄량이 삐삐는 우리나라에서도 외화 시리즈로 방영되어 아주 큰 인기를 끌었습니다. 삐삐는 예쁘지도 않고, 어른들이 그어놓은 테두리 안에 들어가는 법이 없는 자유분방한 아이입니다. 『내 이름은 삐삐 롱스타킹』에 나오는 아이들은 엉뚱하고 기발하게 행동하면서 웃음을 주고, 궁금하게 만들고, 호기심을 품게 합니다. 유쾌함과 카타르시스를 동시에 느끼게 합니다. 어른들이 만든 규범에 묶인 아이들은 삐삐를 통해 대리만족을 느끼면서 환호하게 됩니다.

다른 나라 동화를 읽는 또 하나의 즐거움은 다양한 문화 속에서 살아가는 아이들의 공통점을 발견하는 데 있습니다. 프랑스, 미국, 영국, 일본, 캐나다, 독일, 스웨덴 등 여러 나라 아이들 생활이야기인 『개 한 마리 갖고 싶어요』를 보면 정서가 다른 데에서 오는 이질감 따위는 느낄 수 없습니다. 이는 이야기가 보편성을 담고 있기 때문입니다.

1. 『내 이름은 삐삐 롱스타킹』
아스트리드 린드그렌 글,
롤프 레티시 그림, 햇살과
나무꾼 옮김, 시공주니어

2. 『개 한마리 갖고 싶어요』
아놀드 로벨 글, 조은화 그림,
보물섬 옮김, 푸른나무

동물을 키우고 싶지만 엄마 아빠의 반대 때문에 포기해야 하는 아이, 진드기처럼 달라붙어 온갖 말썽을 피우는 동생 때문에 골치를 썩는 아이, 엄마 아빠가 나만 미워한다고 생각하여 집을 나가버리는 아이 등 생활 속에서 있을 법한 이야기를 읽으며 아이들은 기쁨과 슬픔과 외로움과 쓸쓸함을 적당히 경험합니다. 이런 경험은 주변 사람들에 대한 이해와 배려를 배우게 하며 사려 깊은 아이로 자라게 합니다.

여 러 나 라 동 화 고 루 읽 기

20세기 이후에 나온 여러 나라 동화 중에서도 그동안 상대적으로 소홀하게 다뤄진 아시아나 동구권, 제3세계 작품들을 고루 읽으면 좋겠습니다.

일본 동화 『모두가 고릴라』는 흥분하거나 화가 나면 누구나 고릴라가 된다는 설정이 인상적인 책입니다. 미쿠는 새로 전학간 시골학교에서 가즈보와 친구가 됩니다. 하지만 미쿠 엄마는 가즈보가 고릴라 같은 애라며 어울려 놀면 안된다고 하지요. 그런데 가즈보는 미쿠 엄마야말로 고릴라라고 말합니다. 혼란스러운 가운데 미쿠는 화가 났을 때 거울에 비친 자기 모습을 보고 깜짝 놀랍니다. 자기 모습 역시 고릴라였거든요. 결국 모두가 고릴라임에도 불구하고 나와 남을 다르게 보는 사람들의 이기적인 단면을 예리하게 포착한 작가의 재치가 돋보입니다.

터키 풍자 문학의 선두주자로 불리는

『모두가 고릴라』
야마나카 히사시 글, 오타 다이하지 그림, 이경옥 옮김, 사계절

작가 아지즈 네신의 『제이넵의 비밀편지』도 살펴볼 만합니다. 앙카라로 전학간 제이넵과 이스탄불에 살고 있는 아흐멧은 서로 편지를 주고받으며 일상 속에서 겪었던 특별한 일들을 공유하지요. 어느 사회나 마찬가지인 부모들의 뜨거운 교육열, 암기식 교육의 폐단, 어른들의 이중성 등을 통쾌한 웃음과 함께 보여줍니다.

　판타지동화의 교과서라 할 수 있는 스웨덴 동화 『사자왕 형제의 모험』은 죽음 저 너머의 가상공간 낭기열라를 배경으로 선과 악의 대결을 숨막히게 그려놓았습니다. 정의를 추구하는 소피아 아줌마가 지도자로 있는 벚나무 골짜기 사람들, 악의 무리로 설정된 들장미 골짜기와 폭군 탱일 두 골짜기 사이에서 폭군 탱일의 명령에만 움직이는 전설의 괴물 캬틀라가

『제이넵의 비밀편지』에서

펼치는 이이야기는 옳은 일을 위해 싸워야 한다는 신념을 갖게 합니다. 이야기의 배경, 등장 인물들의 개성, 치밀한 구성은 숲의 문화가 발달한 스웨덴이라는 나라의 정서와 함께 '정의 추구'라는 덕목을 자연스럽게 녹여내고 있습니다.

핀란드 작가 토베 얀손이 약 25년간 쓴 '즐거운 무민 가족' 시리즈도 빼놓을 수 없습니다. 주인공 무민트롤과 단짝 친구인 스너프킨, 지독한 악동 꼬마 미 등이 펼치는 모험을 따라가다 보면, 무민 사회가 인간 사회와 많이 닮아 있음을 깨닫게 됩니다. 서로 다른 캐릭터들이 도움과 용기를 주고받는 이야기 속에서 아이들은 자연스럽게 성장의 의미를 알게 되지요.

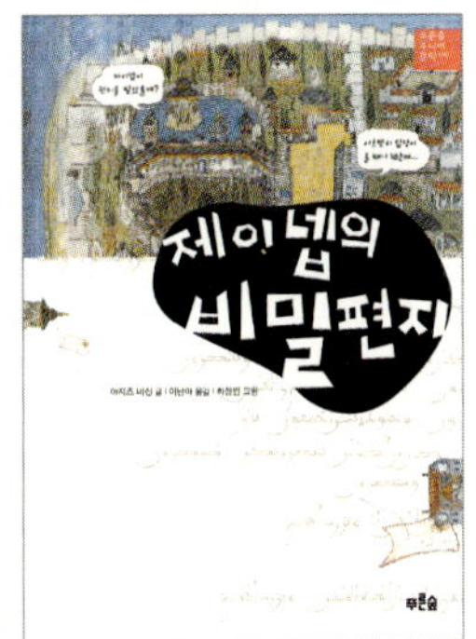

이 세계에는 제각기 다른 빛깔로 살아가는 수많은 사람이 있습니다. 역사와 문화와 자연환경은 달라도 그들이 내는 각각의 빛깔과 목소리들이 생생하게 살아 있을 때 세상은 아름답게 빛납니다. 다른 나라 어린이책을 읽는 즐거움은 서로 다른 각각의 빛깔과 만나는 데에 있습니다.

1. 『사자왕 형제의 모험』
아스트리드 린드그렌 글,
김경희 옮김, 창비

2. 『제이넵의 비밀편지』
아지즈 네신 글, 최정인 그림,
이난아 옮김, 푸른숲

번역이 잘 된 책

다른 나라 동화를 읽을 때 가장 걸리는 점은 바로 번역입니다. 번역이 잘 된 책은 이야기를 쉽게 이해할 수 있어서 이질감이 별로 느껴지지 않습니다. 하지만 번역이 잘못된 책은 불편합니다. 쉽게 이해할 수 없고 따져가면서 읽어야 하는 책은 아이들에게 다가가지 못합니다. 그러므로 쉽고 자연스럽게 번역된 책을 골라주세요.

그리고 다른 나라 동화를 고를 때는 반드시 옮긴이를 명확하게 밝힌 책을 고르세요. '편집부'라고 모호하게 표시한 것은 책임을 지지 않겠다는 것이니 좀더 꼼꼼하게 살펴보시기 바랍니다. 다른 나라 어린이책을 번역할 때는 그 나라의 문화와 정서까지도 옮겨야 하기 때문에, 어린이에 대한 이해를 바탕으로 그 나라 말을 전공한 사람이 옮겼는지도 살펴볼 필요가 있습니다.

다른 나라 동화는 우리와 다른 배경, 환경, 정서 때문에 이질감을 주기도 하지만, 그래서 아이들이 더 좋아하기도 합니다. 그러나 무엇이든 균형을 이루지 못하면 편견을 갖기 쉽습니다. 우리 아이들이 세계의 아이들과 공유해야 할 가치도 있지만, 그네들에게는 없는 우리만의 독자성을 인식하려는 노력도 병행되어야 한다고 생각합니다. 앞서 말씀드렸지만, 다른 나라 동화를 읽게 하는 목적은 보편적인 가치관과 폭넓은 세계관을 형성하도록 돕는 데 있다는 점을 잊지 말아야 합니다.

이야기에 소개한 작품

칠판 앞에 나가기 싫어! 다니엘 포세트 글, 베로니크 보아리 그림, 최윤정 옮김, 비룡소 | **선생님하고 결혼할 거야** 다니엘 포세트 글, 장 프랑수아 뒤몽 그림, 최윤정 옮김, 비룡소 | **사랑에 빠진 꼬마 마녀** 군터 프로이스 글, 질케 브릭스 헹커 그림, 김경연 옮김, 길벗어린이 | **내 이름은 삐삐 롱스타킹** 아스트리드 린드그렌 글, 롤프 레티시 그림, 햇살과나무꾼 옮김, 시공주니어 | **개 한 마리 갖고 싶어요** 아놀드 로벨 글, 조은화 그림, 보물섬 옮김, 푸른나무 | **모두가 고릴라** 야마나카 히사시 글, 오타 다이하지 그림, 이경옥 옮김, 사계절 | **제이넵의 비밀편지** 아지즈 네신 글, 최정인 그림, 이난아 옮김, 푸른숲 | **사자왕 형제의 모험** 아스트리드 린드그렌 글, 김경희 옮김, 창비 | **즐거운 무민 가족**(전8권) 토베 얀손 글, 햇살과나무꾼 옮김, 소년한길

더 읽어볼 책

고물장수 로께 호셉 발베르두 글, 김재남 옮김, 푸른나무
홀어머니와 동생 미겔과 사는 가난한 로께는 고물 장수를 하느라 학교에 다니지 못해 글은 모르지만 가족과 친척, 이웃을 배려하면서 씩씩하게 살아간다.

늙은 자동차 귀도스타스 글, 다닐로 잔주끼 그림, 김홍래 옮김, 서광사
노인들은 인생의 뒤안길로 밀려난 쓸모없는 인간이 아니라 긴 인생의 여정에서 얻은 경험과 따뜻한 감성을 나누어주는 세상의 구성원임을 깨닫게 해주는 단편동화 모음.

악어클럽 막스 폰 데어 그륀 글, 신가영 그림, 정지창 옮김, 창비
독일 '앵무새 단지'에서 결성된 아이들만의 비밀 모임 악어클럽. 좀도둑이 생기면서 악어클럽 아이들이 종횡무진 활약한다.

왕시껑의 새로운 경험 장 요우 더어 외 글, 김환영 그림, 유중하 옮김, 창비
중국 어린이들의 생활이야기로, 어른들의 물질 만능주의를 선생님과 어린이들이 힘을 합쳐 극복해나가는 모습이 흥미롭게 다가온다. 노동을 중시하는 사회주의 국가의 빛깔이 느껴진다.

우리는 바다를 보러 간다 | 아버지의 꽃은 지고, 나는 이제 어린애가 아니다 린하이윈 글, 관웨이싱 그림, 방철환 옮김, 베틀북
1920년대에서 30년대 중국 베이징 남쪽의 한 마을을 무대로, 주인공 잉쯔가 일곱 살부터 열세 살이 될 때까지 여러 사람들과 만나고 헤어지기를 반복하면서 성장하는 과정을 그린 장편동화. 멋진 수채화와 함께 어우러진 글에서 중국인들 특유의 정서가 느껴진다.

조커, 학교 가기 싫을 때 쓰는 카드 수지 모건스턴 글, 미레유 달랑세 그림, 김예령 옮김, 문학과지성사
주름투성이 얼굴, 남산만한 배, 코끝에 걸친 조그만 안경, 흰 머리가 사방으로 뻗친 노엘 선생님이 날마다 발랄하고 기발한 방법으로 아이들의 감성을 일깨워준다.

천둥치는 밤 미셸 르미유 글·그림, 고영아 옮김, 비룡소
유머러스한 그림과 독특한 형식의 글로 "우리는 어디서 왔는가?"라는 근원적인 물음을 던지며 인생의 의미를 찾아간다.

쉽고 재미있는 글쓰기

　　어린이책의 영역이 매우 다양해지면서 어린이가 직접 쓴 글도 어린이책 출판의 한 영역으로 당당하게 자리잡고 있습니다. 그 전에는 대개 글은 머리로 짓는 것이라고 생각했습니다. 더 나아가 글은 특별한 사람만 쓴다는 생각을 하기도 했지요. 그래서 보통 아이들은 글쓰기가 어렵다고 여겼습니다.

　　시중에는 일기, 산문, 시 모음 등 다양한 장르의 글모음이 나와 있습니다. 학년별로 구분된 것도 있고 도시나 산촌, 어촌, 광산촌 등 지역별로 구분된 것도 있습니다. 이런 글모음에 실린 또래 동무들의 평범한 삶의 이야기를 보면 '이 정도면 나도 쓸 수 있겠다'는 용기를 가질 수 있을 것입니다.

　　문학이 정서적인 감흥을 불러일으킨다면, 글모음은 어린이 문화의 현장, 삶의 현장을 고스란히 내보임으로써 같은 시대를 살아가는 아이들이 공감대를 형성하게 합니다. 아이들은 서로 다른 지역에서 살아가는 동무들을 이해할 수 있고, 지역간의 서로 다른 문화를 공유하게 됩니다. 어른들도 저마다 다른 빛깔로 자라는 아이들을 이해하고, 그들의 생각을 함께 나누어볼 수 있을 것입니다.

이야기 글모음

좋은 어린이 글모음은 글쓰기를 두려워하는 아이에게 '나도 글을 쓸 수 있다'는 자신감을 심어줍니다. 다른 사람이 쓴 글을 보면서 억눌린 마음을 해소할 수도 있습니다. 글은 특별하게 꾸며서 쓰는 것이 아니라 자기가 생각한 것, 본 것, 느낀 것, 경험한 것을 옆사람에게 이야기하듯 쓰는 것임을 알게 합니다. 『아무도 내 이름을 안 불러 줘』는 도시와 농촌 등 여러 지역에서 살아가는 1·2학년 아이들이 눈에 보이는 대로, 생각한 대로 쓴 글을 담은 책입니다. 조금 인용해보면 다음과 같습니다.

엄마 찌찌는 아주 예쁩니다. 우리 엄마 찌찌에 입고 있는 것은 부라자입니다. 나는 젖을 조금 먹다가 우유를 먹었습니다. 우리 동생도 나하고 똑같이 젖을 먹다가 우유를 먹었습니다. 우리 엄마 젖은 아주 맛있었습니다. 우리 엄마 찌찌는 말랑말랑합니다.
내 기분으로는 선생님의 찌찌는 뽀송뽀송할 것 같습니다. 선생님 아들 환이도 우유도 먹고 찌찌도 먹고 자랐을 것 같습니다.

—「엄마의 찌찌」, 전남 광양제철남초등 1학년 이대웅

나는 오늘 대추나무에서 애벌레가 대추 열매 속에 있는 것을 봤다. 그런데 애벌레 색깔은 진짜 히얀하다. 무슨 색이냐면 노랑색에다가 무슨 연두색이다.
애벌레가 대추나무를 긁어먹는 것을 봤다.

—「애벌레」, 인천 대화초등 1학년 한승희

이렇듯 아이의 감성이 뚝뚝 묻어나는 글은 어떠한 문학적 표현도 압도 합니다.

『공부는 왜 해야하노』는 공부하기 싫은 아이들이
보면 "맞아! 맞아!" 하고 맞장구라도 칠 것 같은 제
목이지요. 자연과 더불어 살아가는 농촌 지역의 한
학년 아이들이 한 해 동안 써온 글을 모은 이 책에
서는 농사일에 지친 부모를 생각하는 아이들의 속
깊은 마음이 만져질 듯 그려집니다. 공부나 숙제,
시험 때문에 고민하고, 동무들과 다투다가 다시 어
울리며 고양이, 개, 소 등 하찮게 여길 수도 있는 짐
승들한테까지 극진한 애정을 쏟는, 자연을 닮은 아
이들을 만날 수 있습니다. 또한 경상도 사투리가 감
칠맛을 더합니다.

같은 농촌이라도 지역에 따라 아이들 글은 또다
른 느낌을 줍니다. 『할매, 나도 이제 어른이 된 거
같다』는 처녀 농사꾼으로 살아가는 엮은이가 밀양
지역 아이들 11명과 함께 살아가는 이야기 글모음
입니다. 선생님과 아이들이 2년을 함께 살아온 이
야기가 정겨운 느낌을 안겨줍니다. 해야 할 일은 모
두가 나누어서 하고, 무슨 일이 있으면 12명이 교
실에 둘러앉아 의논하는 모습이 눈에 보이는 듯합
니다.

"……우리 반 식구들은 집에 뭐 먹을 게 있으면
곧잘 가져와 나눠 먹습니다. 미정이네 딸기, 민

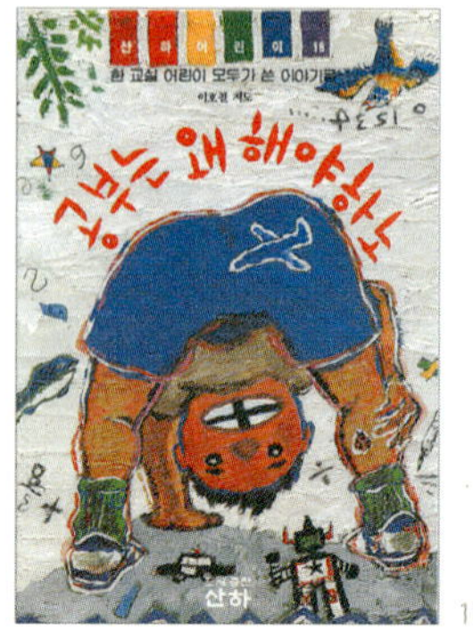

1> 『공부는 왜 해야하노』
이호철 엮음, 정승각 그림, 산하

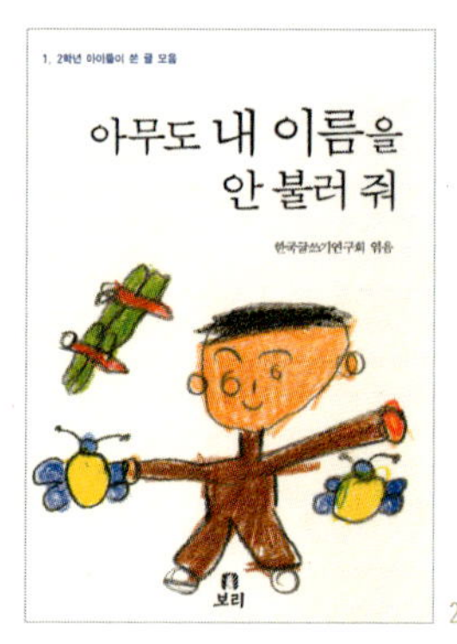

2> 『아무도 내 이름을 안 불러 줘』
한국글쓰기교육연구회 엮음, 보리

아네 단감, 아르미네 고구마, 순혁이네 단술 (……) 재환이네 제사떡을 가져와 함께 먹고 (……) 지난봄에는 매화차를 만들어 함께 마셨고 (……) 얼마 전 싸락눈이 내리던 날엔 감잎차를 나눠 마셨습니다.

먹을 것만 나눠 먹는 게 아닙니다. 고나네 할머니가 돌아가신 거, 미정이 오빠야 대학시험 친 거, 재기네 소가 아파서 주사 맞은 거, 아르미네 강아지 보리와 밀이가 새끼 고양이 물어 죽인 거. 이런 일들이 우리 모두의 일이 됩니다. 저도 우리 집에서 있었던 일을 아이들에게 낱낱이 이야기합니다. (……)"

수세미 / 박미정(1999. 7. 5. 월.)
『할매, 나도 이제 어른이 된 거 같다』 이승희 엮음, 굴렁쇠

──『할매, 나도 이제 어른이 된 거 같다』에서

이렇게 아이들과 선생님이 형제처럼 살아온 이야기가 오밀조밀 꿈틀꿈틀 살아 있습니다. 사투리를 살려 쓴 글에서 훈훈한 분위기가 느껴집니다.

아 이 들 시 모 음

"시란 마음의 소리, 자연이나 인간의 삶에서 얻은 감동을 짧게 나타낸 글, 사람의 마음을 울려놓거나 놀라움을 주거나, 새로운 것을 발견하게 하거나, 높은 곳으로 우리들 마음을 끌어올려주는 짧은 글, 참 그렇구나! 참!

하고 느끼는 것"(이오덕)입니다.

오늘날에는 아이도 어른도 도시문명에 물들어 점점 순수함을 잃어가고 있습니다. 그러나 아이들에게는 어둡고 암울한 세상을 구할 수 있을 것 같은 맑은 마음이 여전히 살아 있습니다.

『학교야, 공차자』에 나오는 아름다운 자연과 농촌의 모습은 폐교 위기에 놓인 섬진강변 마암 분교 아이들의 이야기입니다. 오랜 시간 아이들과 함께해온 학교가 폐교된다는 아픔과, 아이들에 대한 간절한 사랑이 녹아 있는 엮은이의 발문은 가슴을 저리게 합니다.

"진산이는 씩씩하고 남성다움이 넘친다. 뭣을 하든 한가락 할 놈이다."
"진산이와 한 학년인 진하는 신사 같다. 산뜻한 마음을 가지고 있지만 억센 구석이 없어 조금 나약해 보이지만 부드러운 매너 때문에 인기가 있다."
"인수는 입학 당시 글자를 잘 쓰지도 읽지도 못했는데, 지금은 쓰는 일기나 동시마다 나를 감동시킨다."

—『학교야, 공차자』에서

시인이자 초등학교 교사인 김용택이 가르친 아이들이 쓴 이 책에는, 시인의 넘치는 사랑을 받은 아이들의 시가 담겨 있습니다. "나는 어머니가 좋다. 왜 그냐면, 그냥 좋다"는 동수, 『사과나무밭 달님』이라는 책을 읽고 눈물을 글썽거렸다는 진철이, 하루 종일 놀았으면 좋겠다는 창희, 비 오는 게 무지 이상하고 날개를 달고 하늘을 멋지게 날고 싶다는 동수 등 자연을 닮은 아이들을 만날 수 있습니다.

3학년부터 6학년 아이들의 시를 모은 『엄마의 런닝구』에서는 「산에서 들에서 밭에서」, 「함께 사는 동물들」, 「나무야 풀들아 꽃들아」, 「우리 집

식구들」, 「놀면서 일하고 일하면서 놀고」 같은 작은 제목들이 나타내듯 자연과 놀이와 가족에 대한 아이들의 관심과 애정이 느껴집니다. 이런 시를 통해서 아이들은 마음과 마음이 만나는 기쁨을 누리게 되겠지요.

『비 오는 날 일하는 소』처럼 한 학급 어린이들이 쓴 시를 묶어 만든 시 모음도 있습니다. 1부는 자연과 동물을 글감으로 했고, 2부는 가족을, 3부는 아이들의 일상생활을 글감으로 했습니다. 특히 이 책은 아이들이 글을 쓰고 그림을 그려서, 시를 읽노라면 시를 쓴 어린이의 꾸밈없는 마음이 진솔하게 다가옵니다. 동물 키우는 이야기와 동물에 얽힌 이야기, 일하면서 살아가는 아이들의 모습, 가난한 부모에 대한 안타까운 마음 등 아이들의 삶이 뚝뚝 묻어납니다. 때로는 삶의 무게에 짓눌려 힘겹지만, 따스한 인정이 그런 어려움마저 이기게 한다는 것을 느낄 수 있습니다.

솔직한 일기 모음

일기는 시간에 따라 자신의 삶을 정리하는 데 의미를 두는 글이지요. 일기는 대개 자신의 일과에다 보고 들은 이야기, 감상문, 시 등 다양한 형식을 빌려 자유롭게 쓰지만 아이들은 대부분 어떻게 써야 할지 몰라서 어려워합니다. 대구 금포초등학교 1학년 2반 아이들의 일기글 모음 『내가 처음 쓴 일기』에는 아이들의 꾸밈없는 마음을 보는 재미가 있는 한편, 일기를 쓰는 방법이 자세하게 나타나 있습니다.

오늘 나는 비밀을 쓰겠다. 진짜로 창피해서 아무한테도 얘기를 못 했다. 그게 뭐냐면 나는 우리 반에서 27번이 좋다. 야는 금포 병설 유치원도 같이 다녔다. 그런데 오늘 27번과 싸웠다. 내일부터는 싸우지 말고 사이 좋게 잘 지내야 한다. 나는 남자니까 진짜 싸우지 않겠다.

선생님 내 비밀 꼭 지켜 주세요. 꼭꼭.

선생님께서 숙제 검사를 했다. 수익 숙제 검사를
하셨다. 숙제 안 했는 사람은 앞으로 나오라고
하셨다. 남자도 나가고 여자도 나갔다. 앞에서
숙제를 왜 안 했는가 말했다.
…….
선생님이 여자들은 살살 때리시고 남자아이들은
세게 때리셨다. 그거는 잘못이다. 선생님이 비겁
하셨다.

― 「꾸중 듣기」, 김정승

이렇게 솔직하고 자세하게 글을 쓰면 무의식적
으로 억눌렸던 감정이 해소되어 속이 후련해집니
다. 그리고 무얼 쓸지 몰라 고민하다가 '아! 나도
이렇게 쓰면 되겠구나!' 하는 자신감을 얻습니다.
이런 일기 모음은 아이들 일기를 어떻게 지도해야
할지 고민하는 어른들에게도 유용합니다.

이렇게 여러 아이가 쓴 일기가 있는가 하면 한
아이가 일정 기간 동안 쓴 일기를 모은 책도 있습니
다. 『새롬이와 함께 일기 쓰기』는 새롬이라는 아이
가 2학년부터 4학년 때까지 쓴 일기를 엮은 책입니
다. 이 책은 누구나 자기 생활을 정직하게 있는 그

『내가 처음 쓴 일기』 대구 금포초
등학교 1학년 2반 글,
윤태규 엮음, 김성민 그림, 보리

대로 쓰는 것이 좋은 글이라는 생각을 하게 합니다. 일기를 잘 쓰려면 주변에서 일어나는 일이나 사물을 자세히 보고 관찰하고 생각하는 버릇을 갖는 게 좋다는 걸 느끼게 합니다.

특히 이 책은 일기는 날마다 쓰되 저녁에 쓴다는 것, 일기 쓸 때 꼭 써야 할 것, 글감을 잡는 방법, 일기 쓰는 순서, 일기 쓸 때 주의할 점 등 일기 쓰는 방법을 자세히 소개합니다. 한 아이의 마음 변화를 따라가면서 자신을 돌아볼 기회를 갖게 합니다.

이러한 글모음 책을 통하여 진실하게 살아가는 삶을 배우고, 둘레 사람들과 더불어 살아가는 마음을 가꿀 수 있을 것입니다.

이야기에 소개한 작품

아무도 내 이름을 안 불러 줘 한국글쓰기교육연구회 엮음, 보리 | **공부는 왜 해야하노** 이호철 엮음, 정승각 그림, 산하 | **할매, 나도 이제 어른이 된 거 같다** 이승희 엮음, 굴렁쇠 | **학교야, 공차자** 김용택 엮음, 보림 | **사과나무밭 달님** 권정생 글, 김영진 그림, 창비 | **엄마의 런닝구** 한국글쓰기교육연구회 엮음, 정승각 그림, 보리 | **비 오는 날 일하는 소** 이호철 엮음, 산하 | **내가 처음 쓴 일기** 대구 금포초등학교 1학년 2반 글, 윤태규 엮음, 김성민 그림, 보리 | **새롬이와 함께 일기 쓰기** 이새롬 글, 이성인 엮음, 보리

더 읽어볼 책

●이야기 글모음
공부 안 하고 어디 가니 1·2 양은환 외 엮음, 온누리
도시에 사는 4학년 아이들의 글모음. 나와 세계, 가정생활, 친구, 놀이, 싸움, 이웃, 사회, 학교생활을 글감으로 한 글들에서 세상에 대한 폭넓은 관심이 나타난다.

우리 집 토끼 이오덕 엮음, 창비
'자연'과 '일하기'를 주요 글감으로 하여 쓴 농촌 아이들의 글모음. 개구리알을 보고 호기심을 감추지 않는 아이들의 글은 자연이 우리 삶의 근원임을 인식하게 한다.

이사 가던 날 이오덕 엮음, 창비
2학년부터 6학년 아이들이 가정, 사회의 모습에 대해 쓴 여러가지 감상문이 실려 있다. 가족이나 이웃에 대해 더할 나위 없이 따스한 마음을 갖고 있으면서도, 잘못된 사회를 향해서는 날카로운 비판의 소리를 감추지 않는, 살아 있는 아이들의 목소리가 소중하게 다가온다.

●시 모음
나도 쓸모 있을걸 이오덕 엮음, 창비
초등학교 1학년부터 중고등학교 학생들까지, 폭넓은 연령대의 아이들 시를 한데 모은 책. 일과 가난에 부대끼면서도 삶을 긍정적으로 바라보는 마음을 잃지 않고 당당하게 살아가는 농촌 아이들이 대견스럽게 느껴진다.

어머니 손가락에 | 아버지 얼굴 예쁘네요 이주영 엮음, 온누리
농촌, 어촌, 산촌, 도시, 광산촌 등 여러 지역 아이들이 쓴 시 모음. 농촌 아이들의 글에서는 시골 내음이, 산촌 아이들의 글에서는 산 내음이, 어촌 아이들의 글에서는 바다 내음이 묻어난다. 지역마다 다른 문화와 정서가 흥미롭다.

허수아비도 깡꿀로 덕새를 넘고 청리초등학교 아이들 글 · 그림, 이오덕 엮음, 보리
1960년대 초 산골 아이들이 쓴 시 모음으로, 가난하지만 정겨운 산골 살림살이와 사계절 풍경이 손에 잡힐 듯 다가온다. 표준말에 익숙한 아이들에게 우리말의 맛을 알려준다.

●일기 · 그림 모음
연필을 잡으면 그리고 싶어요 이호철 지도, 보리
글과 함께 자신의 생각을 나타낸 아이들 그림을 모은 책. 경북 청도군 덕산초등학교 5학년 1반 어린이들이 연필로 그린 그림은 그 나이 아이들이 겪는 다양한 문제와 아이들의 마음을 나타내고 있다.

●어른을 위한 글쓰기 참고도서
글쓰기 어떻게 가르칠까 이오덕 글, 보리
아이들을 참되게, 사람답게 키우는 가장 좋은 수단이 글쓰기 교육이라고 말하는 저자가 글쓰기 교육을 위해 부모와 교사가 알아야 할 내용을 정리한 글쓰기 교육 지침서이다.

열린 교실의 글쓰기 박경선 글, 지식산업사
아이들이 삶을 가꾸는 글쓰기를 하면서 다른 사람과 처지를 바꾸어 생각해보고 그것을 글로 표현하는 과정을 다루었다.

일기 쓰기 어떻게 시작할까 윤태규 글, 보리
'교사와 학부모를 위한 새로운 일기지도 길잡이'라는 부제가 달렸지만, 이 책은 아이들 스스로가 일기 쓰기를 자연스럽게 익히는 길잡이 구실을 한다. 풍부한 보기글이 실려 있다.

●한국글쓰기교육연구회
참된 삶을 가꾸는 글쓰기 교육을 연구하기 위해 결성된 모임.
전화 (02)324-0152, 전송 (02)324-0145

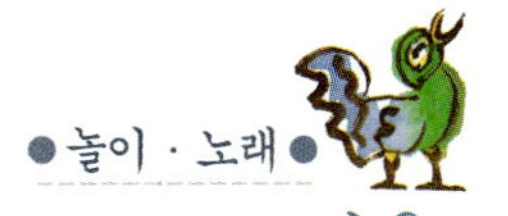

건강한 마음을 키우는 노래와 놀이

옛날 아이들은 누가 따로 가르쳐주지 않아도 저희들끼리 모여 온갖 놀이를 만들어내고 노래를 지어 부르면서 놀았습니다. 살아 있는 모든 것이 동무였으며, 산과 들의 온갖 사물이 놀잇감이었지요. 현대 사회로 들어와 학습에 얽매이는 시간이 많아지면서 자연스럽게 놀이 · 노래 문화가 사라지는데다 기계 문명에 노출되어 있다 보니 아이들의 정서가 점점 메말라 가고 있어 안타까운 마음이 듭니다.

아이들에게는 놀이와 노래가 곧 삶입니다. 아이들은 동무들과 놀면서 삶의 질서를 배웁니다. 싫어도 참아야 한다는 것을 배우고, 남을 위해 양보하는 것도 배웁니다. 놀이에 몰입하면서 억눌린 감정을 해소하고 새로운 놀이를 찾아내면서 창의적인 생각도 계발되겠지요.

주변에서 얻을 수 있는 놀잇감

아이들은 놀이의 천재입니다. 틈만 나면 놀 궁리를 하고 혼자면 혼자인 대로, 둘이면 둘이서, 열이면 열이서 놉니다. 놀잇감이 없으면 만들어서 놀고 몸으로 놀기도 합니다. 『어깨동무 즐거운 우리 놀이』는 우리나라 아이들이 어떤 놀이를 하며 살아왔는지를 동화 형식의 이야기로 그린 책입니다. 길가에 있는 풀과 나무, 돌멩이, 심지어 바람까지도 놀잇감으로 만들어 노는 모습을 보면, 거기에 우리 겨레의 삶과 꿈이 있음을 알 수 있습니다.

보다 구체적인 전래 놀이 방법을 소개한 책으로 『전래놀이 101가지』라는 책이 있습니다. 유치원, 저학년, 중학년, 고학년 어린이들을 위한 놀이와 자연놀이로 나뉘어진 이 책은 그림과 함께 각각의 놀이 방법을 자세히 소개해 놓아서 누구나 쉽게 따라서 해볼 수 있습니다. 또한 놀이의 유래도 설명해 놓아 전래 놀이에 대한 아이들의 이해를 돕고, 응용하고 변형해서 해보는 부분도 있어서 온 가족이 모두 즐겁게 놀이를 해볼 수 있는 책입니다.

『우리가 정말 알아야 할 우리 놀이 백가지』는 인위적인 장난감에 익숙한 아이들에게 자연에서 얻을 수 있는 재료로 놀잇감을 만들어 노는 방법을 알려 줍니다. 비행기와 배 만들기, 찰흙놀이, 풀꽃놀이, 인형놀이, 봉숭아물 들이기, 곤충채집, 수수깡으로 만들기, 콩주머니놀이, 칠교놀이, 쥐불놀이 등 누구라도 따라서 해볼 수 있을 만큼 자세해서 한번쯤 놀잇감을 만들어 놀고 싶은 마음을 끌어냅니다.

이러한 놀이들은 대개 우리 둘레의 자연물이나 사물을 가지고 할 수 있습니다. 그렇기 때문에 아이들의 손놀림을 유연하게 하고 창의력을 계발하게 하며 자연과 하나 되게 한다는 점에서, 또 우리 고

1>

2>

1. 『전래놀이 101가지』
이상호 글, 박향미 그림, 사계절

2. 『우리가 정말 알아야 할 우리
놀이 백가지』 이철수 글, 현암사

유의 삶과 문화적인 정서를 풍부하게 한다는 점에서 의미가 있습니다.

아이들의 중요한 놀잇감이었던 팽이의 화려한 세계를 펼쳐 보이는 『팽글팽글 팽이 이야기』는 옛 아이들의 일상적인 놀이세계를 떠올리게 합니다. 겨울철 우리나라 아이들의 중요한 놀잇감이던 팽이를 가지고 혼자나 둘, 셋이서 얼음판에서 돌리던 치기 팽이를 비롯해 점치는 팽이, 주사위 팽이, 달리기 팽이, 던지기 팽이, 비비기 팽이 등 세계 여러 나라의 다양한 팽이를 화려한 사진과 함께 소개합니다. 단순한 장난감을 넘어서서 조상들의 과학정신과 전통문화를 압축해놓은 팽이의 세계가 흥미롭습니다.

아이들만의 세계가 담긴 아이들 노래

놀이와 노래는 형제처럼 가까운 사이입니다. 놀이가 있으면 노래가 있고, 노래가 있으면 놀이가 있습니다. 노래는 기쁨과 슬픔, 경쾌함, 애절함, 잔잔함 등 문자로 표현할 수 없는 마음의 미세한 울림까지 전달해줍니다. 『자장자장 엄마 품에』는 엄마들이라면 흔히 불렀을 자장노래에 그림을 넣어 만든 책으로, 엄마의 자장노래를 들으면서 잠드는 아기의 행복한 모습과 엄마의 넘치는 사랑이 느껴집니다.

아이들이 좀더 자라면 대중가수의 노래를 흉내 내면서 대중문화를 따라가기 시작하는데, 시 쓰고 노래 만드는 백창우는 우리 아이들이 자기들만의 노래를 부를 수 있도록 어린이 노래를 만들고 보급하는 어린이문화의 부지런한 일꾼입니다. 그는 『이원수 시에 붙인 노래들』을 비롯해 『새로 다듬고 엮은 전래동요』, 『이문구 동시에 붙인 노래들』, 『아기 어르고 달래고 재우는 자장노래』, 『아기 자람에 따라 불러주는 놀이노래』 같은 노래집을 펴내어 아이들의 문화를 가꾸어가고 있습니다.

도서출판 보리는 초등학교 아이들이 쓴 글에 백창우가 곡을 붙인 『딱지 따먹기』를 시작으로 김용택, 권태응, 여러 아이들이 쓴 시에 백창우가 곡을 붙인 노래와 그림을 넣어 만든 '노래 마을' 시리즈를 펴냈습니다. 이 책은 악보와 CD와 그림이 함께 담겨 있어 마음만 있으면 언제나 부르고 즐길 수 있게 되어 있습니다.

노랫말에는 우리의 자연과 우리 아이들의 삶이 담겨 있습니다. 온갖 꽃과 풀과 나무와 벌레와 새들

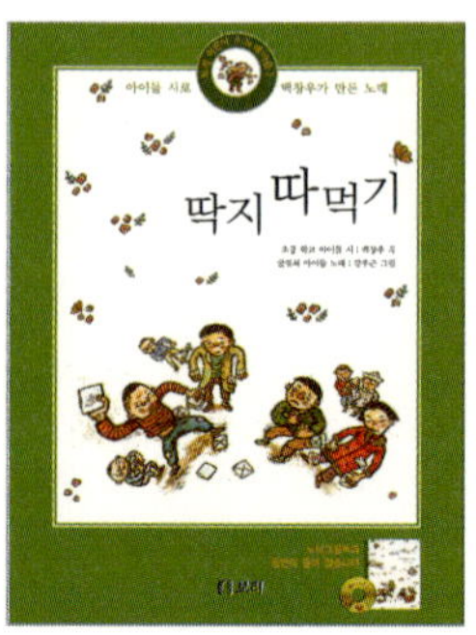

『딱지 따먹기』
초등학교 아이들 시, 백창우 곡,
굴렁쇠 아이들 노래, 강우근 그림,
보리

이 숨쉬고 있습니다. 자주 듣고 부르다 보면 우리 아이들의 정서를 가꾸는 바탕이 되고 메마른 세상을 살아가는 큰 힘이 될 것입니다.

누구나 즐겨 불러온 동요

창작동화의 뿌리가 옛이야기이듯 동요와 동시는 전래동요에서 나왔습니다. 전래동요에 새 옷을 입혀 발간한 『노래 노래 부르며』는 우리나라 사람이면 누구나 즐겨 불러온 동요들이 담겨 있습니다. 〈고향의 봄〉, 〈구슬비〉 같은 친숙한 동요를 아름다운 동양화와 함께 감상할 수 있습니다. 함께 실린 악보를 따라 정겨운 분위기가 넘치는 노래를 부르다 보면 아이들의 정서가 풍부해질 것입니다.

편해문은 『가자 가자 감나무』, 『동무 동무 씨동무』에서 싱싱한 시골 아이들의 삶이 담긴 노래들을 찾아 엮었습니다. 산과 들을 뛰어다니며 부르던 노래, 골목에서 숨바꼭질하면서 부르던 노래, 시원한 계곡과 냇가에서 동무들과 어울리며 부르던 노래들입니다. 풍부한 우리말로 된 유머 넘치는 노래에서 그 시대를 관통하는 진실과 철학이 배어나옵니다. 함께 수록한 CD에는 초등학교 아이들이 녹음한 노래와 할머니 할아버지들이 논이나 밭, 바닷가, 노인정 등에서 부른 노래가 실려 있습니다. 너른 들판에서 자유롭게 뛰놀며 풀처럼 나무처럼 살아가는 아이들의 모습이 그려집니다.

우리 겨레의 멋과 흥겨움을 장중하게 담아내는 노래로 사물놀이만 한 것이 있을까요. 사물놀이 하면 가장 먼저 '김덕수와 사물놀이패'를 떠올릴 것입니다. 사물놀이는 꽹과리, 징, 장고, 북 이렇게 네 가지 타악기로 연주합니다. 여기에 태평소, 소고, 나발이 보태져 풍물이라 불리며 풍물놀이를 하는 데 쓰였습니다. 풍물놀이는 농사지을 때 일하는 사람들의 기운을 북돋우기도 하고, 하늘에 제사 지낼 때 신명을 일으키기도 합니다. 김덕수를 포함한 4명의 연주자는 풍물 가운데 네 가지 악기로 연주하는 사물놀이 음악을 만들어 우리나라뿐 아니라 전세계에 널리 알렸습니다.

『사물놀이 이야기』는 사람을 존중하고 평화를 사랑하는 우리 겨레의 생각을 담은 사물놀이가 어떻게 만들어졌는지 그 내력을 그림동화로 전하는 책입니다. 평화로운 밝은 나라에 잿빛 귀신이 쳐들어와 세상이 뒤죽박죽이 되지만 임금님의 두 아들과 딸은 꽹과리, 징, 장고, 북을 구해 마침내 잿빛 귀신을 물리치지요.

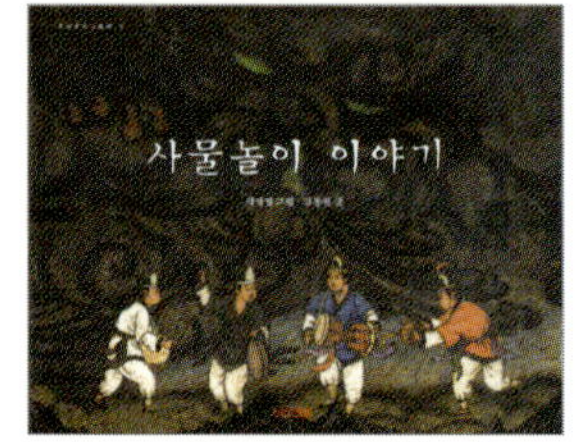

같은 소재를 다룬 『사물놀이』는 네 가지 타악기가 내는 특유의 소리를 다양한 방식으로 전달합니다. 얌전한 소리에서 우렁차고 거센 소리에 이르기까지 여러 느낌의 소리가 합해지고 흩어지는 것을 느낄 수 있습니다. 귀뿐만 아니라 눈과 마음과 몸으로도 느낄 수 있는 소리의 세계를 경험하게 하고, 모든 소리는 음악이 될 수 있다는 사실을 전합니다.

『얼씨구 국악이야기 들어보세』는 온갖 감정이 풍부하게 녹아 있는 우리 노래에 얽힌 이야기를 소개합니다. 단군이 하늘과 땅을 울리는 굿을 하면서부터 우리 음악이 시작되었다는 이야기, 거문고와 가야금이 생겨나게 된 이야기, 나라의 재앙을 물리쳤다는 '만파식적' 이야기, 인간의 생로병사를 노래한 원효대사의 '무애가' 등 우리 노래 뒤에 숨겨진

1. 『노래 노래 부르며』
이원수 외 글, 장홍을 그림,
길벗어린이

2. 『사물놀이 이야기』
김동원 글, 곽영권 그림, 사계절

이야기가 동화와는 또다른 흥미를 불러일으킵니다. 단군 시대의 굿판부터 자명고, 온달의 노래, 아리랑, 씻김굿에 이르는 재미있는 이야기 50편이 우리 민족의 노래와 역사와 문화를 새로이 알 수 있게 합니다.

이야기에 소개한 작품

어깨동무 즐거운 우리 놀이 우리누리 글, 권사우 그림, 중앙M&B | **전래놀이 101가지** 이상호 글, 박향미 그림, 사계절 | **우리가 정말 알아야 할 우리 놀이 백가지** 이철수 글, 현암사 | **팽글팽글 팽이 이야기** 인병선 글, 현암사 | **자장자장 엄마 품에** 임동권 글, 류재수 그림, 한림 | **이원수 시에 붙인 노래들** 백창우 곡, 보림 | **새로 다듬고 엮은 전래동요** 백창우 채보, 보림 | **이문구 동시에 붙인 노래들** 백창우 곡, 보림 | **아기 어르고 달래고 재우는 자장노래** 백창우 곡, 한지희 그림, 파랑새어린이 | **아기 자람에 따라 불러주는 놀이노래** 백창우 곡, 한병호 그림, 파랑새어린이 | **딱지 따먹기** 초등학교 아이들 시, 백창우 곡, 강우근 그림, 굴렁쇠 아이들 노래, 보리 | **노래 노래 부르며** 이원수 외 글, 장홍을 그림, 길벗어린이 | **가자 가자 감나무, 동무 동무 씨동무** 편해문 글, 박향미 그림, 창비 | **사물놀이 이야기** 김동원 글, 곽영권 그림, 사계절 | **사물놀이** 김동원 구음·감수, 조혜란 그림, 길벗어린이 | **얼씨구 국악이야기 들어보세** 김태균 글, 산하

더 읽어볼 책

놀이로 하는 학급 운영 박현숙 외 글, 가위바위보 엮음, 우리교육
교사들이 아이들과 처음 만나는 순간부터 월별 놀이 지도를 통해 1년 동안을 놀이로 할 수 있는 학급 운영안이다. 자투리 시간을 이용하여 놀 수 있는 200여 가지 놀이를 소개한다.

다른 나라 어린이는 어떻게 놀까 선우미정 옮김, 느림보
1월부터 12월까지 각 나라의 놀이와 신나는 축제 등을 소개하면서 세계 여러 나라 어린이문화에 대한 이해를 돕는다.

어린이 노래 모음집 놀이연구회 엮음, 우리교육
창작동요와 전래동요, 통일노래, 생일노래 등 때와 장소에 따라, 분위기에 따라 적절하게 골라서 쉽게 부를 수 있는 노래를 11가지 주제로 구분하여 소개했다.

열두 달 풍속 놀이 김종대 글, 산하
1월부터 12월까지 달마다 이루어지는 풍부한 놀이의 세계, 윤달의 세시풍속과 그 의미, 유래, 어원 등 우리 민족의 풍속놀이를 전하는 책.

우리 문화에 대한 자긍심을 길러요

우리에게는 일 년 열두 달 절기마다 일과 놀이와 삶이 어우러진 전통문화가 있습니다. 새해가 시작되는 정월에 어른들에게 세배를 다닐 때면 마을에서는 "도야!", "모야!", "걸이야!" 하면서 시끌벅적한 윷놀이판을 벌입니다. 어디 그뿐입니까. 집안 여인들은 널을 뛰면서 집 안에만 갇혀 지내던 답답한 마음을 풀고, 하늘을 날아오르면서 담 밖의 세상을 엿보는 기쁨을 누렸습니다. 동네 개구쟁이들은 쥐불놀이며 연날리기 등으로 신명을 냈습니다.

그러나 오늘날에는 발렌타인 데이, 화이트 데이, 빼빼로 데이 등 국적을 알 수 없는 온갖 '데이'가 판을 치고 있습니다. 텔레비전에서는 이런 날에 대한 여러 소식을 앞다투어 전하면서 분위기를 띄웁니다. 그렇지만 우리 아이들이 이렇게 값싼 상업주의 외래문화에 노출되는 것은 결코 올바르지 않습니다. 그런 의미에서 우리 문화에 대한 자긍심을 키울 수 있는 전통문화 책을 보는 것은 바람직한 일입니다.

『손 큰 할머니의 만두 만들기』, 『솔이의 추석 이야기』, 『숨쉬는 항아리』 등은 유아들이 즐겨 읽는 전통문화 그림책으로, 명절이나 일상의 이야기를 통해 우리 고유의 문화적 정서를 느끼게 합니다.

　　명절은 한 나라의 문화가 집약된 행사이기도 합니다. 우리 고유의 명절 이야기를 동화로 그린 『신나는 열두 달 명절 이야기』는 설날·정월대보름·한식·단오·유두·칠월칠석·추석·중앙절·동지·섣달그믐날 10개의 명절을 소개하면서 명절에 얽힌 이야기와 명절에 먹는 전통음식, 놀이 이야기들을 동화로 풀어갑니다.

　　『그림 옷을 입은 집』은 우리 고유의 건축예술인 단청을 신비로운 이야기와 민화풍의 그림으로 풀어낸 책입니다. 연꽃, 구름, 나비, 봉황, 용 등 신비한 자연물의 모양과 다채로운 빛깔로 이루어진 단청의 모습을 살펴볼 수 있습니다. 이 책을 읽고 나면 그동안 별 관심없이 지나쳐온 단청의 모습을 좀더 관심 있게 보게 될 것입니다. 고궁에 놀러가기 전 미리 읽어두어도 좋겠지요.

　　『풀코스·짚문화여행』을 보면 우리 조상들이 얼마나 철저하게 자연주의적인 삶을 살았는지 이해할 수 있게 됩니다. 한 해 농사를 짓고 나면 어

『그림 옷을 입은 집』 조은수 글, 유문조 그림, 사계절

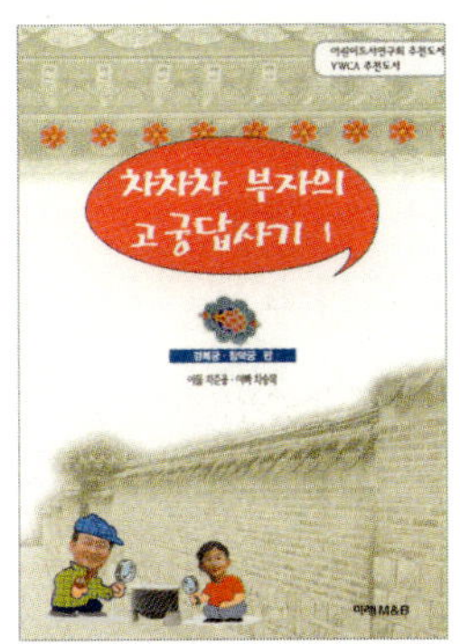

디서나 흔하게 볼 수 있는 지푸라기의 다양한 쓰임새가 그저 놀라울 뿐입니다. 짚은 지붕을 덮는 이엉이 되고, 소의 먹이가 됩니다. 이리저리 엮어서 바구니도 만들고 씨앗 망태기도 만듭니다. 신발, 명석, 가마니 같은 생활용품을 만드는 재료가 되고, 썩히면 거름이 됩니다. 이처럼 생활 곳곳에서 활용되고 생명이 다하면 흙으로 돌아가는 짚의 모습을 담은 이 책은 저자가 말하듯 "우리의 뿌리가 무엇인지, 우리 조상이 어떻게 살았는지, 그것이 우리에게 어떤 의미가 있는지"를 알려줍니다.

사계절이 뚜렷한 환경에 맞추어 집을 짓고 살아온 우리 겨레의 주거문화를 다룬 『집짓기』, 삼면이 바다인 우리나라의 지형에 맞게 만들어지고 발전한 배의 변천사를 그린 『배무이』, 무명, 삼베, 비단 등 우리 전통옷감을 만드는 과정과 염색법 등 복식문화를 다룬 『옷감 짜기』, 전통적인 고기잡이 도구와 그 발달과정을 다룬 『고기잡이』 등 자연과 조화된 삶을 다룬 '전통과학' 시리즈는 우리의 전통생활과 과학정신이 담겨 있습니다.

이렇게 훌륭한 우리 전통문화의 유산들은 이제 아쉽게도 모두 박물관에 가야만 볼 수 있습니다. 그래서 근래에는 체험학습을 위해 박물관을 찾는 부모와 아이들이 많아졌지만, 아무런 사전조사 없이 무작정 가서 안내문을 베끼느라 정작 문화재는 제

1. 『풀코스 · 짚문화여행』
인병선 글, 현암사

2. 『차차차 부자의 고궁답사기』
1·2 차승목 외 글, 미래M&B

대로 보지 못하는 어린이들을 많이 보게 됩니다.

이런 아이들에게 『그래? 그래! 고구려』, 『알록달록 우리 옷』은 효과적인 박물관 여행을 돕습니다. 이 책은 아이들 스스로 박물관에서 발견한 정보를 책에 적거나 기억에 남는 문양과 형태를 직접 그리게 하는 등, 책 곳곳에 박물관을 즐길 수 있는 다양한 장치를 두어서 우리 전통문화에 대한 지식을 흥미롭게 쌓아갈 수 있도록 도와줍니다.

좀더 큰 아이들이라면 『차차차 부자의 고궁답사기』가 도움이 될 듯합니다. 초등학교 2학년 어린이가 5학년이 될 때까지 아버지와 함께 서울 시내에 있는 경복궁, 창덕궁, 창경궁, 덕수궁과 종묘를 찾아다니면서 단청과 기와, 담에 새겨진 전통문양을 관찰한 기록을 엮은 책입니다. 아이들 눈높이에서 궁금한 점을 묻고 대답하는 가운데 궁궐에 얽힌 이야기와 청룡, 거북, 꽃 등의 전통문양, 옛 건물의 구조와 이름 등을 400여 컷의 각종 도판으로 제시하면서 쉽고 흥미롭게 전달합니다.

전통문화란 추상적인 개념이기 때문에 자칫하면 단순히 흘러간 시대의 유물로 인식할 수도 있습니다. 그러므로 책을 참고자료로 활용하여 직접 현장을 찾아보고 느끼면서 우리 문화에 대한 관심을 깊이 있게 키워가야겠습니다.

이야기에 소개한 작품

손 큰 할머니의 만두 만들기 채인선 글, 이억배 그림, 재미마주 | **솔이의 추석 이야기** 이억배 글·그림, 길벗어린이 | **숨쉬는 항아리** 정병락 글, 박완숙 그림, 보림 | **그림 옷을 입은 집** 조은수 글, 유문조 그림, 사계절 | **풀코스·짚문화여행** 인병선 글, 현암사 | **배무이** 최완기 글, 김영만 그림, 보림 | **옷감짜기** 김경옥 글, 김형준·정진희 그림, 보림 | **고기잡이** 박구병 글, 이원우 그림, 보림 | **집짓기** 강영환 글, 홍성찬 그림, 보림 | **그래? 그래! 고구려** 즐거운학교 기획, 오명숙 글, 박동국 그림, 문학동네 | **알록달록 우리 옷** 즐거운학교 기획, 오명숙 글, 김종호 그림, 문학동네 | **차차차 부자의 고궁답사기 1·2** 차승목 외 글, 미래M&B

더 읽어볼 책

아무도 모를 거야 내가 누군지 김향금 글, 이혜리 그림, 보림
엄마 아빠가 맞벌이를 하느라 외갓집에 맡겨진 건이는 심심해서 다락방에 올라간다. 거기에서 잡동사니와 함께 섞여 있는 갖가지 탈을 쓰고 신나게 논다. 전통 탈의 모양과 쓰임새를 알 수 있다.

아씨방 일곱 동무 이영경 글·그림, 비룡소
고대 수필「규중칠우쟁론기」를 바탕으로 자, 가위, 바늘, 실, 골무, 인두, 다리미 일곱 가지 바느질 도구를 의인화한 작품. 서로 재주를 뽐내며 쟁론을 벌이는 일곱 동무의 표정과 말투가 재미있다.

열두 달 풍속 놀이 김종대 글, 김용철 그림, 산하
1월부터 12월까지 달별로 우리 겨레가 지켜온 세시풍속의 의미와 어원을 알려준다. 각 풍속의 유래, 음식, 놀이, 사용하는 물건들의 의미를 관련된 옛이야기와 함께 다룬다.

옛날 사람들은 어떻게 살았을까 조은수 글, 최영주 그림, 창비
조선시대 유명한 화가들이 그린 풍속화를 통해 우리 겨레의 삶과 문화를 체험하게 한다. 아이와 어른들의 일과 놀이, 문화에 대해 글쓴이가 곁들인 재치 있는 해설이 돋보인다.

우리 민속 도감 이종철 글, 예림당
의식주 생활문화를 중심으로 우리 전통문화를 다룬 도감. 24절기의 유래와 의미, 태어나고 결혼하고 세상을 떠나는 과정 등에 대한 정보를 다루었다.

주강현의 우리 문화 1·2 주강현 글, 아이세움
도깨비에서 장승까지를 다룬 1권, 구들에서 방아까지를 다룬 2권을 통해 우리의 민간신앙, 주거문화, 음식문화 등 15가지 문화유산이 형성되는 과정을 자세하게 전한다.

자연의 질서를 배워요

　예부터 금수강산이라 불릴 만큼 아름다운 우리 자연은 지금도 '발전', '개발'이라는 미명 아래 마구 훼손되고 있습니다. 자연에 둥지를 틀고 살던 뭇 생명들이 삶의 터전을 잃고 호흡을 멈추었습니다. 사람들이 놓은 덫에 걸려 신음하는 동물들, 침몰한 배에서 흘러나온 기름 때문에 죽어가는 바다, 농약에 오염된 동물들, 시커멓게 죽어가는 하천 따위는 너무 많이 보고 들어 뉴스도 아닌 뉴스가 되었습니다.

　땅과 하늘과 바다와 공기는 어느 하나도 안전한 것이 없을 만큼 오염되어 우리의 생존까지 위협하고 있습니다. 인류는 환경오염 때문에 멸망할 것이라는 우려가 설득력 있게 다가오면서 곳곳에서 환경을 살려야 한다는 목소리가 높아진 지 오래입니다.

　이 같은 사실을 반영하여 생태계의 질서 회복을 외치는 어린이책이 여러 형태로 출판되고 있습니다. 살아 있는 다양한 생물들에 대해 알려주는 책, 아름다운 환경이 훼손되고 이 때문에 수난당하는 동물과 식물의 위험한 상황을 알려주는 책, 환경보호를 위한 실천방법을 알려주는 책, 환경을 살리기 위해서 애쓰는 사람들을 다룬 책, 파괴되는 환경을 살려 건강한 지구를 후손에게 물려주고자 하는 정신을 심어주는 책 등이 그런 책들입니다.

　이런 책은 사람이 자연과 공존해야 하는 이유를 깨닫게 하고, 생태계의 질서를 회복해야 함을 인식하는 데 도움을 줍니다.

「작은 집 이야기」
버지니아 리 버튼 글·그림,
홍연미 옮김, 시공주니어

환경은 왜 오염될까?

　사람들은 누구나 깨끗한 환경에서 살고싶어 합니다. 『작은 집 이야기』는 사람들이 편리한 생활을 추구하면서 환경을 어떻게 오염시키는지를 잘 보여줍니다.

　주인공 작은 집은 자연의 계절 변화가 다채로운 작은 시골 마을 언덕에서 평화롭고 행복하게 지냅니다. 그러던 어느 날, 개발 바람이 불어닥치면서 작은 집은 빌딩숲에 묻히게 되는데 온갖 자동차가 내뿜는 매연 때문에 괴로워합니다. 사람이 문명이라는 그물에 걸려 꼼짝도 못 하고 괴로워하는 것처럼 말이죠. 다행히 작은 집은 먼 옛날 처음 그 집을 지었던 주인을 만나 다시 시골로 돌아가는 행운을 얻습니다.

　이 책은 작은 집이 자연에서 얻은 평화와

「작은 집 이야기」에서

행복을 문명의 발전과 환경파괴로 빼앗기는 과정이 자연스럽게 표현되어 있어 자연과 조화를 이루며 사는 삶의 소중함을 일깨워줍니다.

개발이라는 허울 좋은 구실 아래 땅 위의 생물들이 수난을 당하듯, 강에서는 『버들붕어 하킴』에서처럼 우리 토종 민물고기들이 수난을 당하고 있습니다. 강은 주인공 버들붕어 하킴을 비롯해서 송사리, 미꾸라지, 쉬리, 어름치, 강준치, 갈겨니, 참종개, 산천어, 은어 등 이름만 들어도 어여쁜 우리 민물고기들이 살아가는 터전입니다. 그러나 이 물고기들은 사람들이 오염에 강하다고 풀어놓은 베스와 블루길 같은 외래종 물고기들에게 마구 공격을 당해 죽어갑니다.

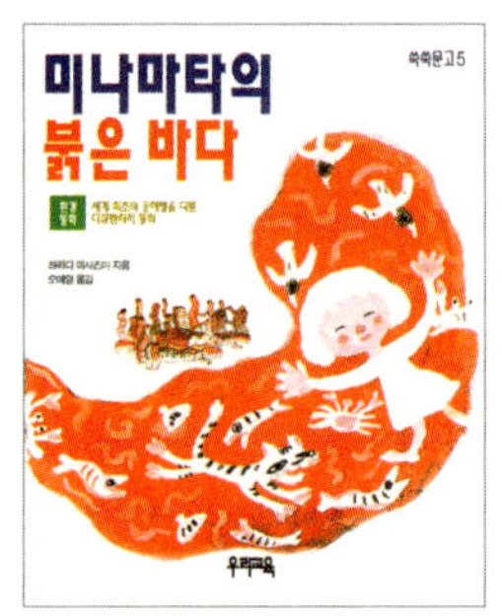

그뿐 아닙니다. 사람들은 산을 마구 허물어 골프장을 짓고 사격장을 만들면서 폐수를 흘려보내 토종 물고기들의 생명을 위협합니다. 이 때문에 기형 물고기가 태어나기도 합니다. 오염된 환경 속에서 삶의 터전을 지키기 위해 절박한 마음으로 죽을힘을 다해 싸우는 버들붕어 하킴과 그의 동무들이 환경을 보호해야 한다는 당위성을 설득력 있게 전합니다.

야생동물들은 저마다 독특한 본능과 특성이 있으며, 생태계의 조화를 이루는 한 존재로서 인간의 삶과 밀접한 연관을 맺고 있습니다. 『야생동물 구

1. 『야생동물 구조대』
조호상 글, 조광현 그림, 사계절

2. 『미나마타의 붉은 바다』
하라다 마사즈미 글, 오애영 옮김,
우리교육

118

조대』의 배경인 첩첩산중 솔티말에서 야생동물 구조대원 석이가 들려주는 이야기는 인간의 무지와 이기심이 환경을 얼마나 망치고 있는지를 알게 합니다. 돈을 벌기 위해서, 몸에 좋다는 이유로 야생동물을 잡는 사람들과 이에 맞서는 야생동물 구조대원들의 활약을 통해 동물을 학대하는 인간의 횡포를 고발합니다.

환경문제에 관심을 기울이지 않으면 『미나마타의 붉은 바다』에서와 같은 재앙이 닥칠 수도 있습니다. 일본에서도 손꼽힐 정도로 아름다운 미나마타 바닷가. 그 곳에 들어선 화학공장에서 폐수를 흘려버린 탓에 폐수에 섞여 있던 중금속 메틸 수은이 물고기와 조개류를 오염시킵니다. 미나마타에서 오랫동안 살아온 사람들은 오염된 해산물을 먹고 무서운 공해병인 미나마타병에 걸립니다. 처음에는 가축이, 이어서 어린애가, 어른들이, 심지어는 엄마 뱃속에 있는 아기까지 중금속에 오염됩니다.

침을 질질 흘리고 몸을 쓰지 못하고 비틀거리다가 고통스러워하며 죽어가는 아이들을 보면서 사람들은 무서운 공해병의 원인이 무엇인지를 찾아 세상에 알려나갑니다. 뱃속에서부터 오염된 태아성 미나마타 환자들은 화학공장의 주인과 정부를 상대로 재판을 벌이고, 많은 사람들의 지지 속에 마침내 승리하여 금전적인 보상까지 받아냅니다. 미나마타 사람들은 돈만 생각하는 기업주 때문에 공해병 환자가 되었지만, 환경문제의 중요성을 알리면서 적극적으로 살아갑니다. 그들의 실천사례를 보면 환경문제 해결의 실마리를 보는 듯합니다.

환경문제, 이렇게 실천해요

『초록 어린이가 발견한 7가지 물건들의 비밀』은 일상생활에서 우리가 아무 생각 없이 환경을 심각하게 망치고 있다는 사실을 깨우치게 합니다.

고기를 얻기 위해서, 무심코 마시는 커피를 얻기 위해서, 아이들이 그토록 좋아하는 햄버거의 재료를 얻기 위해서 숲을 파괴하고 환경을 망가뜨린다는 사실, 생각 없이 쓰고 버리는 물건들을 만드는 동안 자연은 계속해서 파괴된다는 사실을 알려줍니다. 이와 함께 우리가 무얼 먹거나 물건을 사용할 때 환경을 덜 오염시키는 방법을 알려주면서, 꼭 필요한 것을 조금씩만 쓰는 생활습관을 가질 때 지구를 지킬 수 있다는 생각을 하게 합니다.

『파차마마』에서 유엔 환경계획과 국제어린이평화단은 환경문제의 심각함을 고발하면서 환경을 살리기 위한 세세한 지침을 제시합니다. '파차마마'는 잉카 어로 '어머니의 대지'라는 뜻으로, 땅을 소중하게 여기는 잉카 인들의 마음이 담겨 있습니다. 세계 122개국 단체들과 어린이들은 더러워진 공기와 물 때문에 죽어가는 생물, 온갖 독을 품고 죽어가는 땅, 사라지는 동물 등 환경오염의 구체적인 현상을 알립니다. 그리고 세계 어린이들이 저마다 지구를 구할 수 있는 방법에 대한 실천과제를 내놓습니다.

『최열 아저씨의 지구촌 환경이야기』는 환경문제에 대해 쉽고 친절하게 알려줍니다. 우리의 잘못된 식습관이 어떻게 환경을 오염시키고 우리 건강을 해치는지, 우리가 만들어내는 쓰레기가 어떻게 지

1. 『파차마마』 전세계 어린이 글,
햇살과나무꾼 옮김, 바다어린이

2. 『어린이가 지구를 살리는
50가지 방법』 존 자브나 글,
노혜숙 옮김, 현암사

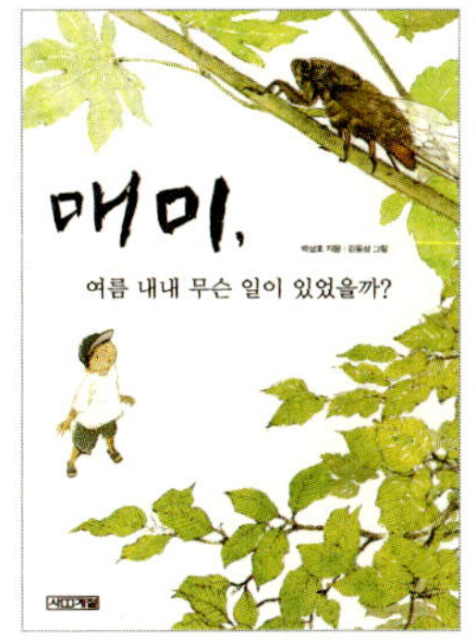

구를 오염시키는지, 아이들이라고 해서 환경문제에 무관심해서는 안 된다는 것을 환경문제를 일으키는 구조적인 문제와 함께 알려줍니다. 『어린이가 지구를 살리는 50가지 방법』도 역시 지구를 살리기 위해 어린이들이 해야 할 일을 아주 구체적으로 제시합니다.

자연을 바라보는 철학이 환경문제에 대한 인식의 바탕이 되어야 합니다. 무엇보다 자연을 지키는 것이 환경보호의 첫걸음이라는 걸 깨달아야 합니다.

환경에 대해서 안다는 것은 생태계의 질서를 이해하는 것입니다. 『매미, 여름 내내 무슨 일이 있었을까?』는 그런 의미에서 조금 독특한 책입니다. 이 책은 여름만 되면 아파트를 집어삼킬 듯 울어대는 매미를 무척이나 싫어하는 병규의 '매미 일지'입니다. 우연히 매미의 허물을 발견한 병규는 그 날로 매미를 유심히 관찰하게 됩니다. 그리고 나뭇가지를 뚫고 힘겹게 알을 낳거나 알을 깨고 나오는 애벌레에 이르기까지 매미의 삶과 죽음을 모두 지켜봅니다. 그리고 이 세상은 사람만 사는 게 아니라 매미를 비롯한 온갖 동식물이 함께 살아간다는 걸 깨닫습니다.

『매미, 여름 내내 무슨 일이 있었을까?』 박성호 글, 김동성 그림, 사계절

이러한 책을 읽는 일이 그저 지식에만 머무르고 실천으로 이어지지 못한다면 아무 의미가 없습니

다. 경험이 한정적일 수밖에 없는 아이들에게 책을 통한 간접경험을 실천으로 옮기게 하려면 '나 하나 노력한다고 얼마나 달라질까?' 하는 안일한 생각에서 벗어나게 해야 합니다. 한 사람의 행동이 지구를 구할 수 있다는 생각으로 자그마한 일이라도 실천하려는 노력을 기울이는 것이야말로 지구를 구하고 인류를 구하는 지름길이라는 점을 인식시켜야 할 것입니다.

이야기에 소개한 작품

작은 집 이야기 버지니아 리 버튼 글·그림, 홍연미 옮김, 시공주니어 | **버들붕어 하킴** 박윤규 글, 한병호 그림, 현암사 | **야생동물 구조대** 조호상 글, 조광현 그림, 사계절 | **미나마타의 붉은 바다** 하라다 마사즈미 글, 오애영 옮김, 우리교육 | **초록 어린이가 발견한 7가지 물건들의 비밀** 손정혜 글, 이동연 그림, 그물코 | **파차마마 전세계 어린이 글, 햇살과나무꾼 옮김, 바다어린이 | **최열 아저씨의 지구촌 환경이야기 1·2** 최열 글, 노희성 그림, 청년사 | **어린이가 지구를 살리는 50가지 방법** 존 자브나 글, 노혜숙 옮김, 현암사 | **매미, 여름 내내 무슨 일이 있었을까?** 박성호 글, 김동성 그림, 사계절

갯벌, 무슨 일이 일어나고 있을까? 이혜영 글, 조광현 그림, 사계절

갯벌이 무엇인지, 어떻게 만들어졌는지, 어떤 가치가 있는지, 갯벌에는 어떤 생명체들이 사는지 등을 알려준다. 우리나라 갯벌뿐 아니라 외국의 갯벌보존 현황까지 담겨 있다.

거인 사냥꾼을 조심하세요 콜린 맥노튼 글·그림, 전효선 옮김, 시공주니어

꼬마 사냥꾼은 아마존의 밀림 속을 가다가 거인 사냥꾼을 만난다. 사람들이 자꾸 숲을 파괴하기 때문에 숲에서 살아야 할 거인 사냥꾼이 살아갈 곳이 없어진다는 내용을 담았다.

존선생님의 동물원 이치카와 사토미 글·그림, 남주현 옮김, 두산동아

병에 걸리거나 나이를 먹어 움직이지 못하는 동물, 다른 동물의 공격을 받았거나 버림받은 동물들을 존 선생님이 데려다 고쳐주고 그들의 생태에 맞게 살아갈 환경을 만들어준다는 내용의 그림책.

지렁이 카로 이마이즈미 미네코 글, 최성현 옮김, 김현숙 그림, 이후

독일에 있는 메르딩거 초등학교에서 쉐퍼 선생님과 아이들이 지렁이를 키우며 실천한 환경운동 이야기는 오늘날 환경문제를 고민하는 많은 이들에게 좋은 사례로 제시할 만하다.

하늘로 날아간 집오리 이상권 글, 장양선 그림, 창비

우리나라에서 멸종해가는 수탉과 족제비, 살쾡이 같은 희귀동물들이 살아남기 위해 벌이는 필사적인 노력이 생명에 대한 경외심을 갖게 한다.

놀이로 배우는 자연, 자연놀이 조셉 B. 코넬 글, 양선하 옮김, 현암사

자연에 존재하는 모든 것을 있는 그대로 보고 올바르게 이해하며, 나아가 왜 살아 있는 것을 존중해야 하는가를 쉽고 재미있는 놀이 형식으로 전개한다.

우리들은 환경파수꾼 김용근 글, 푸른나무

초등교육 현장에서 수많은 시행착오를 거치면서 환경교육을 실천한 사례들을 소개한다.

푸른 지구를 살리는 민들레 교실 편집부 엮음, 우리교육

환경오염의 원인과 그것을 극복하는 방법을 제시한다. 어린이와 어른이 함께 볼 수 있는 환경노래, 환경문제 슬라이드, 비디오 자료 목록과 각 지역의 관련 단체 목록이 실려 있다.

풍부한 정보를 주는 책, 도감

　다양한 정보가 담긴 백과사전에 비해 도감은 한 가지 지식에 대한 풍부한 정보를 얻을 수 있는 책입니다. 아이들마다 관심 분야가 다르기 때문에 그에 맞추어 전문적인 지식을 얻을 수 있는 도감을 장만해주는 것도 좋은 책읽기의 기회가 됩니다.

　예를 들어 개에 관심이 많은 아이에게는 『진돗개』 도감을, 꽃이나 식물에 관심이 많은 아이에게는 『무슨 꽃이야?』, 『무슨 풀이야?』 같은 도감이 좋습니다. 특히 자연과 만나기가 쉽지 않은 도시 아이들이라면 꽃, 나무, 식물, 동물 같은 자연을 다룬 도감을 활용하는 가운데 자연과 인간의 관계, 생명의 순환원리 등을 자연스럽게 깨우치면서 지식의 폭을 넓히는 기회도 얻게 될 것입니다.

도감, 어떤 책이 있을까?

●식물도감

『세밀화로 그린 식물도감』 도토리 기획, 남상호 외 글, 이태수 외 그림, 보리

　우리나라 산과 들에서 나고 자라는 160여 가지 식물에 대한 정보가 담겨 있습니다. 교과서에 나오는 식물들을 바탕그림을 없애고 세밀화로 그려내

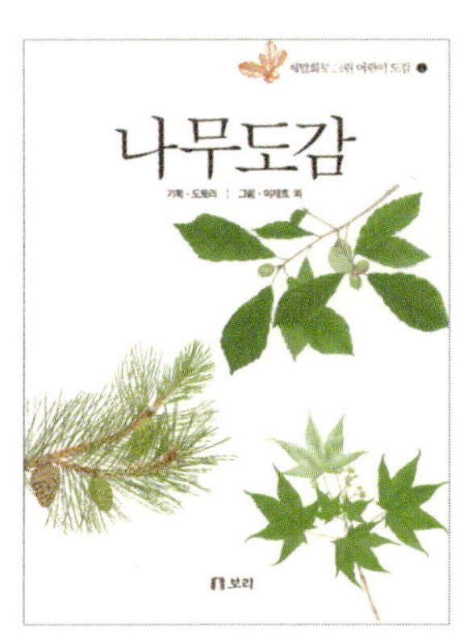

생생하게 살아 있는 듯한 느낌을 줍니다. 개망초, 꽃다지, 솔붓꽃, 꽈리 등 이름만 들어도 정겨운 우리 식물들의 잎맥과 줄기, 색깔, 모양을 비롯해 식물이 살아가는 곳, 살아가는 조건, 쓰임새 따위를 자세하게 소개합니다.

『세밀화로 그린 나무도감』 도토리 기획, 이제호 · 손경희 그림, 보리

우리나라의 산과 들에서 자라는 우리 나무 120가지에 대한 정보를 주는 도감입니다. 나무의 전체 모습과 부분 모습을 계절별로도 볼 수 있으며, 나무의 색깔과 모양, 사는 곳, 구실 등을 자세히 설명해 놓았습니다. 나무에 대한 지식을 줄 뿐만 아니라, 나무를 우리와 함께 살아가는 생명체로서 인식하게 합니다.

『쉽게 찾는 우리 꽃』(전3권), 김태정 글 · 사진, 현암사

우리 꽃을 봄꽃, 여름꽃, 가을과 겨울꽃 한 권씩으로 묶어낸 꽃도감입니다. 우리나라 전국 방방곡곡을 다니면서 찍은 들꽃들의 생김새, 색깔, 피는 때 등에 대한 정보를 실었습니다. 이 책을 꼼꼼히 읽는다면 산과 들에 피어나는 꽃의 빛깔만 보고도 그 꽃의 이름과 생태적인 특징을 알 수 있도록 했습니다.

1. 『식물도감』
도토리 기획, 남상호 외 글,
이태수 외 그림, 보리

2. 『나무도감』
도토리 기획, 이제호 · 손경희 그림,
보리

● 동물도감

<u>『세밀화로 그린 동물도감』</u> 도토리 기획, 남상호 외
글, 이태수 외 그림, 보리

　우리 땅, 우리 산하에서 나고 살아가는 강아지,
닭, 염소, 소 따위의 동물을 세밀화로 그리고, 그에
관한 세세한 정보를 다룬 도감입니다. 동물들을 해
부학적으로 보여주고 대상화하면서 오히려 생명의
가치를 떨어뜨리는 외국 책에 비해, 이 책은 동물을
친근하게 보여주고 우리와 함께 살아가는 생명체
라는 것을 일깨워줍니다. 초등학교 전 과목에서 뽑
은 160여 가지 동물에 대한 풍부한 정보가 실용성
을 높여주는 매력적인 도감입니다.

<u>『세밀화로 그린 곤충도감』</u> 도토리 기획, 권혁도 그
림, 보리

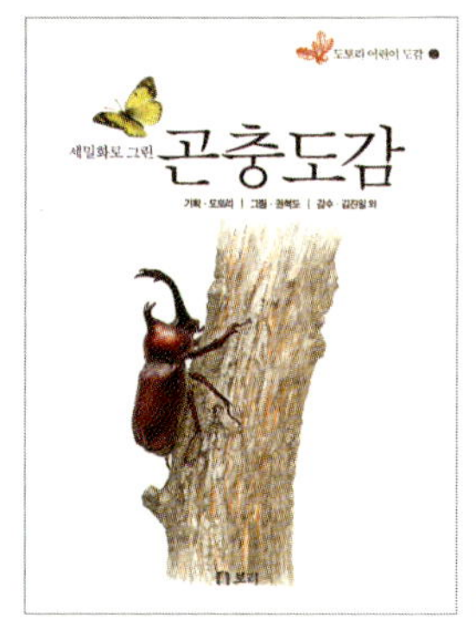

　우리 땅에 사는 곤충 137종을 하나하나 취재해
서 그린 세밀화 231점을 집에 사는 곤충, 들에 사는
곤충, 산에 사는 곤충, 물에 사는 곤충으로 나누어
보여줍니다. 우리나라에는 3만 종의 곤충이 살고
있는데, 이름이 알려진 것은 1만 2천 종쯤 된다고
합니다. 이 책은 그 가운데 우리와 비교적 가까운
곤충들을 소개합니다. 마치 곤충표본을 보는 듯 살
아 있는 느낌이 그대로 전달되는 그림과 설명글은
우리 땅에 사는 곤충에 대한 풍부한 지식을 주고 정

1. 『동물도감』 도토리 기획,
남상호 외 글, 이태수 외 그림,
보리

2. 『곤충도감』 도토리 기획,
권혁도 그림, 보리

겨운 마음을 불러일으킵니다. 3부에 실린 '곤충의 분류'는 곤충을 왜 분류하는지, 어떻게 분류하는지 등을 알려주는 자세한 안내글입니다.

『한국의 딱정벌레』 김정환 글, 교학사

일반적으로 시커먼 모습에 딱딱한 등을 가진, 조금은 징그러운 곤충 정도로만 알고 있는 딱정벌레의 모든 것이 담긴 도감입니다. 딱정벌레는 지구상에 사는 전체 동식물의 4분의 1을 차지하고 있으며, 전세계적으로 40만 종, 우리나라에만도 3천여 종이 살고 있다고 합니다. 딱정벌레 전문가로 꼽히는 저자는 자그마치 18년 동안이나 곤충 사진을 찍어왔는데, 그 중에서 딱정벌레에 관한 사진들을 모아 그 생태 정보와 함께 보여줍니다. 이름도 낯선 딱정벌레들의 세계가 다채롭게 펼쳐집니다.

『한국거미 생태도감』 임문순 · 김승태 공저, 건국대학교출판부

거미는 구석진 곳에서 지저분해 보이는 거미줄을 치며 살아가기 때문에 그다지 사람들의 관심을 끌지 못하는 생물입니다. 저자는 20년 가까이 거미를 연구하면서 우리나라에 사는 600여 종의 거미 가운데 3분의 1에 해당하는 거미를 소개합니다. 아이들이 어렵게 느낄 수도 있지만, 거미에 대한 깊이 있는 자료를 원하는 아이들에게는 반가운 도감이 될 것입니다. 또한 거미를 징그러운 벌레라고만 여기던 이들이 곱고 예쁜 거미 사진을 보는 것만으로도 거미와 만나는 새로운 기쁨을 느낄 만합니다.

『곤충의 비밀』 이수영 글 · 사진, 예림당

지구상에 살고 있는 곤충을 다룬 도감입니다. 생생한 컬러 사진과 글을 통해 다양하고 비밀스런 곤충들의 세계로 안내합니다. 곤충이 있는 곳이면 어디건 카메라를 들고 달려가서 담아온 지은이의 곤충 사진들은 신비하고 경이롭습니다. 사진을 보고 글을 읽으면서 곤충과 대화하다 보면 곤충도 지구의 주인으로 살아가는 하나의 생명체라는 사실을 깨달을 수 있을 것 같습니다.

『갯벌 탐사 도감』 김종문 글, 예림당

우리나라 전국에 있는 주요 갯벌 36군데를 직접 찾아다니면서 기록한 갯벌 이야기입니다. 갯벌이 무엇인지, 어떻게 만들어졌는지, 갯벌의 가치

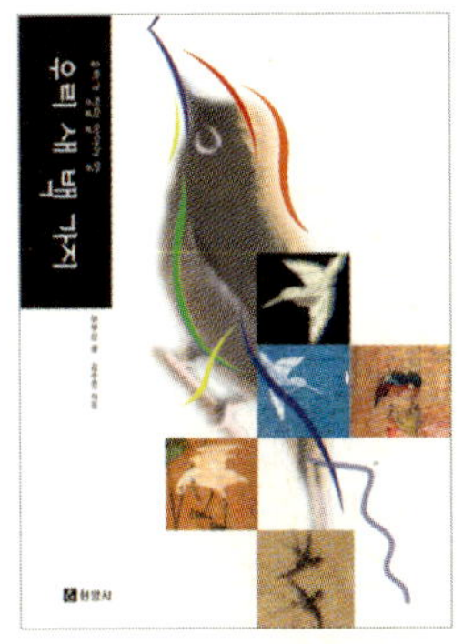

는 무엇인지, 갯벌에는 어떤 생명체들이 사는지 등을 생생한 컬러 사진과 함께 소개합니다. 중간에 '갯벌 특급상식' 코너를 두어 갯벌에서 살아가는 생물의 독특한 생태 이야기를 곁들이고, 부록으로 조개, 고둥, 게 따위의 갯벌 생물을 분류했습니다. 갯벌 생물의 특징과 이름을 확인하면서 우리의 중요한 천연자원인 갯벌에 대한 풍부한 정보를 얻을 수 있습니다.

『우리가 정말 알아야 할 우리 새 백 가지』 이우신 글, 김수만 사진, 현암사

우리나라의 산과 들과 강에서 살아가거나 철 따라 찾아오는 새 100가지를 소개하는 책입니다. 우리 생활에서 흔히 볼 수 있는 새부터 깊은 산 속에서만 볼 수 있는 새, 바다에서 만날 수 있는 새, 특정한 계절에만 찾아오는 새 등 사람 못지않게 과학적으로 살아가는 새들에 관한 다양한 정보가 가득합니다.

『진돗개』 우무종 글, 국견

개를 좋아하는 아이들이 많습니다. 개를 좋아하는 아이라면 이런 도감 하나쯤 필요할 듯합니다. 이 도감은 우리나라 천연기념물인 진돗개 사진자료집입니다. 전국에 분포되어 있는 우수견을 비롯해 수

『우리가 정말 알아야 할
우리 새 백 가지』
이우신 글, 현암사

준급 진돗개에 관한 자료들은 자료로서의 가치도 있지만, 시각적으로도 즐거움을 줍니다. 황구, 백구, 네눈박이 등 진돗개의 모습과 성격, 특성이 담긴 사진을 함께 볼 수 있습니다.

●그 밖의 도감들

『우리 문화재 도감』 김남석 · 김효형 글, 예림당

우리나라 문화재에 대한 정보를 주는 도감입니다. 서울에서 제주까지 우리나라 전국을 10개 권역으로 나누어 각 지역에 있는 문화재와 유적 · 사찰 · 왕릉 등 400여 가지 문화재에 관한 이야기를 사진과 글로 알 수 있게 합니다. 각 문화재에 얽힌 이야기, 역사적인 사실, 전해오는 이야기, 관련된 인물이야기, 지명의 유래, 문화재 상식을 자세하게 알려줍니다. 우리나라 국민이면 누구나 알아야 할 우리 문화유산에 대한 풍부한 정보를 제공합니다.

『우리 민속 도감』 이종철 추천, 예림당

우리나라 고유의 전통문화를 소개하는 도감입니다. 지역마다 독특한 문화를 갖고 있는 우리나라의 의식주를 비롯해 갖가지 의식을 사진자료와 함께 소개합니다. 의생활에서는 태어나서 세상을 떠날 때까지 우리 겨레가 입는 옷에 대한 정보를 제공합니다. 식생활에서는 각 지역의 기후와 특성에 맞게 이루어지는 밭농사, 논농사 등을 토대로 한 독특한 음식문화, 그리고 그와 관련한 각종 음식도구를 소개합니다. 주생활에서는 기후와 자연환경의 영향을 받은 각 지역 집의 모양과 형태, 구조 그리고 집 안에서 쓰는 각종 소품을 소개합니다.

더 읽어볼 책

교과서에 따른 식물 학습도감 이지열 감수, 하상철 외 그림, 예림당
초등학교 교과서에 나오는 식물들을 계절, 종류, 사는 곳에 따라 소개한 도감이다.

쉽게 찾는 우리 곤충(나비 편) 이원규 글, 현암사
우리나라의 산과 들, 숲, 마을 등에 퍼져 살고 있는 260여 종 나비 가운데 155종을 생생한 화보와 함께 보여준다. 어여쁘기 그지없는 다양한 나비들의 모습, 나비들이 살아가는 이야기가 펼쳐진다.

한눈으로 보는 한국의 새 원병오 글, 다른세상
천연기념물이 된 새, 보호·멸종 위기에 놓인 텃새, 여름새, 겨울새, 나그네새, 지역별 주요 도래지를 비롯해서 새에 관한 생태를 자세히 소개한다.

만화책만 보려는 아이들

아이들이 만화를 보고 있으면 어른들은 대부분 "만화만 보지 말고 책 좀 읽어라" 하고 말합니다. "공부는 안 하고 웬 만화냐?"라고요. 만화에 대한 부정적인 선입견이 강하다는 것을 알 수 있습니다.

만화에서는 대개 파격적이고 자극적인 글·그림과 함께 현실에서는 불가능한 일들이 멋지게 이루어집니다. 그런가 하면 주인공이 우여곡절 끝에 멋지게 승리하는 등 이야기 자체가 통쾌하고 긴장감 있게 전개되어 흥미를 자극하는 경우가 많습니다. 이런 요소들이 더욱 마음을 끄는지도 모르지요. 그러니 만화에 관한 한 어른들과 아이들 사이에 존재하는 갈등은 쉽사리 없어지지 않을 것 같습니다.

그렇다면 만화를 무조건 부정하기보다 약간 달리 생각해보는 것은 어떨까요? 폭력적인 내용이나 선정적인 내용, 저속한 언어를 사용하여 정서에 독이 되는 만화가 있는 반면 좋은 동화 못지않게 감동적인 만화도 많으니까요.

좋은 만화에 담긴 내용은 어떤 책도 대신할 수 없는 독자성을 확보하고 있습니다. 게다가 만화는 독특한 선과 그림, 무엇을 다루느냐에 따라 세상을 다양하게 보는 눈을 키워주기도 합니다. 따라서 만화이기 때문에 좋다

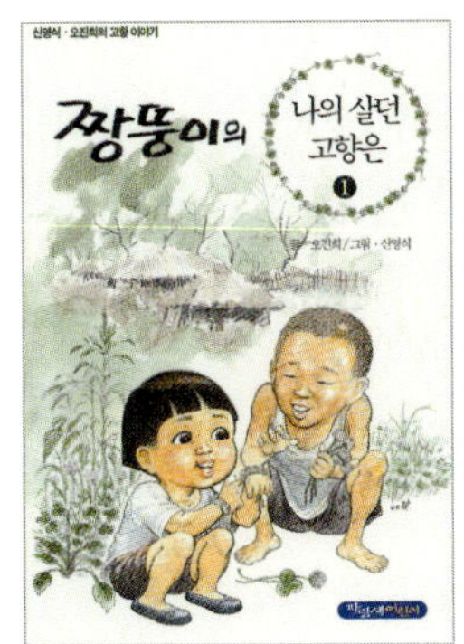

『짱뚱이의 나의 살던 고향은』
오진희 글, 신영식 그림,
파랑새어린이

거나 나쁘다거나 하는 선입견을 버리고 만화를 독립된 책의 영역으로 이해하여, 좋은 만화는 권해서 읽게 하고 나쁜 만화는 비판하는 태도를 길러줄 필요가 있습니다. 만화도 어린이책의 독립된 영역이기 때문입니다.

우 리 만 화 가 재 미 있 다

만화는 깊이가 얕고 가벼운 재미를 준다는 선입견이 강하게 작용하면서 늘 어린이책의 비주류로 취급되었습니다. 만화가 천박한 대중문화의 상징으로 전락한 데에는 대본소 만화의 저질성이 큰 몫을 차지합니다. 그러나 만화를 싸잡아 천박한 대중문화로 격하시키는 것은 다시 한 번 생각해봐야 할 문제입니다. 만화는 분명 어린이 대중이 즐기는 문화입니다. 음악이나 연극, 영화 그리고 많은 부모가 선호하는 문학까지도 오락성을 배제하고서는 존재할 수 없듯이 만화도 그러합니다.

『짱뚱이의 나의 살던 고향은』, 『짱뚱이의 우리는 이렇게 놀았어요』, 『짱뚱이의 보고 싶은 친구들』 등 짱뚱이 시리즈는 작가가 어렸을 때인 1970년대 농촌을 배경으로 하여 어린 독자들의 감수성을 자극합니다. 주인공 짱뚱이는 딸만 넷인 집안의 둘째 딸로, 선머슴처럼 끊임없이 크고 작은 사고를 일으키지만 착하고 순진하고 인정이 많습니다. 친근감

『떠돌이 검둥이』 이향원 글·그림, 산하

을 주는 짱뚱이를 따라 시간을 되돌려놓은 세계로 가보면 물질적으로 넉넉지 않아도 자연이라는 운동장에서 마음껏 뛰놀면서 크는 아이들, 흉허물 없이 서로 도우며 살아가는 마을 사람들의 넉넉하고 푸근한 모습, 사람 냄새 물씬 풍기는 따뜻한 인심을 느끼게 하면서, 우리가 잃어가고 있는 작지만 소중한 삶의 가치들을 일깨워줍니다. 시대는 달라도 짱뚱이가 지닌 아이다운 성격이 잘 살아 있는 만화입니다.

『떠돌이 검둥이』는 극적 긴장감을 유발하며 짧은 호흡으로 빠르게 전개되면서 권선징악적인 주제를 전합니다. 버림받은 주인공 검둥이를 혼자 사는 노인이 구출해줍니다. 할아버지의 극진한 보살핌을 받아 살아난 검둥이는 노인의 은행 심부름도 하고 시장을 봐오기도 하는 등, 할아버지가 가장 믿고 의지하는 가족이 됩니다. 그러던 어느 날, 할아버지가 갑자기 세상을

떠납니다. 죽음을 이해하지 못하는 검둥이는 할아버지를 찾아 헤매다가 강
도를 잡는 데 결정적인 구실을 하고 불난 집에서 아이를 구해내는가 하면
좋은 사람들을 만나 끈끈한 우정을 쌓고 사랑을 나누기도 합니다.

　　모두 검둥이를 갖고 싶어하지만 누구의 것도 되지 않고 오로지 노인만
을 찾아 헤매는 검둥이는 끝없이 새로운 사건에 부딪히면서 부당한 사람
들에 대한 분노와 저항과 함께, 바르게 살아가는 사람들에 대한 믿음과 신
뢰를 쌓아나갑니다. 이런 만화는 인간적인 감수성을 더 크게 자극합니다.
그런가 하면 '나 어릴 적에'라는 제목으로 나오기도 했던 『아홉살 인생』은
춥고 배고팠던 1960, 70년대 달동네를 배경으로, 아홉 살 된 여민이가 겪
는 세상살이를 통해 물질문명의 풍요 속에 살아가는 현대 아이들에게 정

『아홉살 인생』 위기철 글, 이희재 만화, 산하

겹고 따스한 옛 정서를 전합니다. 아홉 살 여민이의 눈을 따라가다 보면 달동네 아이들의 배고픔과 외로움, 불우한 이웃들이 짐처럼 이고 있는 묵직한 삶의 무게가 느껴집니다. 한국 리얼리즘 만화의 중심에 선 이희재가 여민이의 심리와 달동네 사람들의 생생한 삶을 가슴 깊이 새겨놓습니다.

만화가 오세영은 현실에 깊이 뿌리내린 작품으로 우리 아이들에게 다가옵니다. 『외뿔이』에는 남루하지만 영민한 눈빛을 가진 사내아이 돌이가 주인공으로 나옵니다. 돌이는 사고로 뿔을 하나 잃은 소 외뿔이를 가족 이상으로 생각합니다. 그런데 빚 때문에 외뿔이를 빼앗길 위기에 처하게 되자 궁리 끝에 외뿔이를 데리고 큰 상금이 걸린 소싸움 대회에 나가 감격적인 승리를 거두지요. 만화가 오세영은 힘찬 터치의 수채화를 통해 외뿔이와 돌이네 가족의 사랑, 가난하지만 서로 정을 나누며 살아가던 1960년대 시골 마을을 사실적으로 묘사합니다.

다 양 한 주 제 의 다 른 나 라 만 화

1960년대 우리나라 농촌을 떠올리게 하는 『캄펑의 개구쟁이』는 말레이시아의 만화가 라트가 따뜻하고 정감어린 자신의 어린 시절 이야기를 그린 것입니다. 공기놀이, 술래잡기, 팽이치기를 하다가 지치면 강물 속으로 뛰어드는 아이들, 약장수가 나타나면 설렘과 흥분으로 들뜨는 아이들, 참새를 잡기 위해 한껏 긴장하는 아이들의 모습에는 삶의 흥겨움이 흠뻑 배어 있습니다. 모두가 실존했다는 등장인물들이 가난하지만 순수하고 담백한 모습으로 아이들에게 따스한 마음과 용기와 희망을 심어주는, 오래도록 여운이 남는 좋은 만화입니다.

다른 나라 만화는 이렇게 소박한 일상을 통해 공감대를 형성하는가 하면 한 시대의 역사를 강렬하게 전달하기도 합니다. 아트 슈피겔만은 『쥐』

『캄펑의 개구쟁이』
라트 글·그림, 오월

에서 자기 아버지에게서 전해 들은 이야기를 들려줍니다. 유대인을 쫓는 독일인은 고양이로, 독일인에게 쫓기는 유대인은 쥐로 묘사하여, 나치 독일이 유대인을 철저하게 집단학살하는 만행을 한 마리 쥐가 고백하는 형식으로 이어가는 묵직한 이야기입니다. 아트 슈피겔만은 이 한 편의 만화를 그리는 데에 10년이라는 시간을 들였다고 합니다.

『나의 라임오렌지나무』는 브라질의 작가 J. M. 바스콘셀로스의 원작을 토대로 한 만화입니다. 1980년대에 〈보물섬〉이라는 어린이 만화잡지에 연재하여 큰 인기를 모았던 작품이지요. 가난한 집안에 사는 제제는 말썽을 용납하지 않고 늘 매를 드는 어른들 때문에 깊은 슬픔을 안고 있습니다. 제제는 이사 온 집 뒤뜰에 있는 작은 라임오렌지나무 밍기뉴와 산처럼 든든한 뽀르뚜가 아저씨와 함께 자신의 슬픔을 나눕니다. 그러나 라임오렌지나무도, 뽀르뚜가 아저씨도 떠나보내야 하는 더 큰 슬픔을 겪으면서 조금씩 성장해가는 제제의 모습이 진지하게 그려집니다. 어딘지 모르게 우리의 지난 시절을 보는 것 같기도 하고, 우리 동네 어디선가 불쑥 만날 것 같은 캐릭터들이 엮어내는 이야기가 코끝을 시큰하게 합니다.

만 화 그 림 책

만화그림책은 그림책 형태를 띠고 만화형식으로 전개되는 내용으로, 만화책과 그림책이라는 두 가지 효과를 거두면서 아이들에게 친근하게 다가가는 책의 영역입니다.

『우가』는 중간 제목이 '부드러운 바지를 꿈꾸는 석기시대 천재 소년'입니다. 말 그대로 석기시대에 태어난 소년 우가는 차갑고 무겁고 딱딱하여 움직이기 불편한 돌바지 대신 '좀더 부드럽고 따뜻한, 덜 딱딱하고 덜 차가운' 바지를 입고 싶어합니다. 그러나 고정관념에 갇힌 어른들은 우가의 이런 생각을 가당치도 않다고 생각합니다. 그러나 우가는 이 같은 어른들의 고정관념을 깨고 자기 꿈을 현실로 만들어냅니다. 레이먼드 브릭스의 재치와 유머가 담긴 글은 우가처럼 끊임없는 호기심과 모험심, 실험정신 덕분에 인류의 역사가 조금씩 진보하고 있다는 것을 깨닫게 해줍니다. 석기시대 사람들의 생활상, 캐릭터, 유머러스한 대화 등 책의 곳곳에서 레이먼드 브릭스의 기발한 발상이 돋보입니다.

같은 작가가 쓰고 그린 『바람이 불 때에』는 지구상의 핵문제를 실감나게 다루어, 어쩌면 인류는 핵으로 인해 멸망할지도 모른다는 가설에 설득력을 더해줍니다. 주인공 노부부는 정년퇴직을 하고 도시에서 떨어져 살면서도 부지런히 신문을 읽고, 뉴스를 보고, 도서관에서 정보를 얻으며 살아가는 보통 사람입니다. 그들은 핵폭탄이 터진다는 경고에도 아무 걱정 말라는 정부의 말을 철석같이 믿지만 결국 방사능 오염으로 죽어갑니다. 그러면서도 삶에 대한 희망을 놓지 않는 모습은 인간의 순진함과 어리석음을 보여주면서 동시에 인류를 멸망의 길로 이끄는 핵에 대한 경고의 메시지를 강하게 전합니다.

만 화 잡 지

1990년대 초반만 해도 아이들을 위한 만화잡지가 여럿 있었습니다. 그러고 나서 10년도 훨씬 지난 뒤에야 아이들은 달마다 나오는 만화잡지를 만나게 되었습니다.

어린이 월간지 『고래가 그랬어』

『고래가 그랬어』는 만화가 절반 넘게 담겨 있는 어린이 월간지로, 교양 기사에 큰 비중을 두고 있습니다. 1970년대의 아름다운 청년 노동자 전태일, 인권운동사랑방이 글을 쓰는 인권만화, 또 우리 주변에서 일어나는 폭력과 이로 인한 문제 등을 다룹니다. 이런 만화들은 아이들의 건강한 정서를 가꾸어주며 책읽기의 재미에 푹 빠지게 합니다.

만화가 해로울 때

다음은 『한겨레 21』에 소개된 「군국주의는 만화를 먹고 산다」는 기사에서 옮겨온 글입니다. 기사는 회사원 김 아무개 씨가 일곱 살 된 딸이 이웃에서 빌려온 일본 만화를 보고 소름이 끼쳤다는 얘기로 시작합니다. 『반딧불의 묘』라는 작품은 어느 일본인 남매가 제2차 세계대전 중에 고생하다 죽은 과정을 그린 내용인데, 애니메이션으로 더욱 유명한 작품입니다. 기사 가운데 중요한 대목을 보면 이렇습니다.

(……) 귀여운 여동생 세쓰코, 오빠 세이타, 어머니로 이루어진 이 가정은 공습으로 인해 완전 파괴된다. 천진하기 짝이 없는 세쓰코가 굶어 죽어가는 과정은 눈물 없이 볼 수 없을 만큼 절절하다. (……) 배고픈 세쓰코가 빈 사탕깡통에 물을 넣어 마시면서 '사탕 맛이 난다'며 웃을 때 눈물이 핑 도는 관객은 제2차 세계대전의 시발자가 바로 일본이었다는 사실도, 그들이 점령했던 나라의 어린이들은 사탕깡통을 구경조차 못 하고 황군의 창검에 죽어갔다는 사실도 잊어버리게 된다. 『반딧불의 묘』처럼 읽는 이들에게 '나쁜 건 일본이 아니라 전쟁이야' 유의 메시지를 던지는 일본 만화는 국내에서 쉽게 만날 수 있다.

—『한겨레 21』, 2000년 9월 28일자

나쁜 만화는 폭력적이고 저질적인 내용, 사람을 잔인하게 해치는 내용, 자극적인 성적 묘사나 악을 미화하는 내용, 폭력적인 언어 등을 사용합니다. 이런 내용은 어른들이 보면 쉽게 판단할 수 있습니다. 하지만 위의 기사에서처럼 겉으로는 잘 드러나지 않는 세계관의 문제는 아이들에게 치명적인 독소를 심어줄 수 있습니다. 이런 왜곡된 내용을 반복해서 읽다 보면 작가의 의도를 아무 비판 없이 수용하게 됩니다. 일본이 전범이라는 사실을 인정하지 않으면서 제2차 세계대전의 피해자 운운하는 것은 세계인을 우롱하는 처사인데, 아이들이 일본의 이러한 논리를 그대로 따른다고 생각하면 정말 오싹합니다.

만화를 고를 때 경계해야 할 점으로는 다음과 같은 것을 들 수 있습니다.
- 폭력, 부도덕한 범죄행위 등을 미화하거나 합리화하지는 않는가.
- 혐오감을 주는 묘사는 없는가.
- 남녀 사이의 애정행위를 지나치게 선정적, 외설적으로 표현하지는 않는가.
- 성을 차별하거나 생명을 경시하는 내용을 다루지는 않는가.
- 복수, 투기, 지나친 경쟁의식 등을 부각시키지는 않는가.
- 외래문명을 지나치게 부각시켜 우리 문화에 대한 열등감을 심어주지는 않는가.
- 유행어, 속어, 비어 등 저속한 언어가 없고 올바른 화법과 정확한 맞춤법을 사용하는가.
- 한국적인 정서를 담은 그림이며 친근한 느낌을 주는가.

이런 잣대를 가지고도 잘 판단이 서지 않을 때는 만화를 읽은 뒤 친구나 동생에게 그 만화를 권할 수 있는지를 어린이 스스로에게 묻게 합니다. 권하거나 권하고 싶지 않은 근거를 따지다 보면 만화의 장단점을 발견할 수 있습니다. 또한 스스로 작가가 되어 만화를 새롭게 구성해보게 할 수도 있겠습니다.

이야기에 소개한 작품

떠돌이 검둥이(전3권) 이향원 글·그림, 산하 | **짱뚱이의 나의 살던 고향은, 짱뚱이의 우리는 이렇게 놀았어요, 짱뚱이의 보고 싶은 친구들, 짱뚱이의 우리 집은 흥부네 집, 짱뚱이의 내 동생은 거북이** 오진희 글, 신영식 그림, 파랑새어린이 | **아홉살 인생** 위기철 글, 이희재 만화, 청년사 | **외뿔이** 오세영 글·그림, 게나소나 | **캄펑의 개구쟁이** 라트 글·그림, 김경화 옮김, 오월 | **쥐** 아트 슈피겔만 지음, 권희섭 외 옮김, 아름드리 | **나의 라임오렌지나무** J. M. 바스콘셀로스 원작, 이희재 만화, 청년사 | **우가** 레이먼드 브릭스 글·그림, 미루 옮김, 문학동네 | **바람이 불 때에** 레이먼드 브릭스 글·그림, 김경미 옮김, 시공주니어 | **고래가 그랬어** 고래가 그랬어 편집부 엮음, 야간비행

더 읽어볼 책

깨복이 오세영 글·그림, 게나소나
엄마 아빠가 이민을 가는 바람에 할머니, 할아버지와 살게 된 창수는 지저분하고 귀찮다는 할아버지 말씀에도 강아지 깨복이를 사온다. 창수가 깨복이와 함께 겪는 가슴 찡한 이야기가 펼쳐진다.

못 말리는 종이괴물 루이 트롱댕 글·그림, 김미선 옮김, 아이세움
그림을 그리고 반짝이를 뿌리면 살아서 종이 밖으로 튀어나오는 괴물들이 온갖 사고를 저지르고, 그 때문에 쫓고 쫓기며 한바탕 소동을 벌이는 장면이 유쾌한 웃음을 불러일으킨다.

박떡배와 오성과 한음 박수동 글·그림, 산하
똑똑하고 재치있는 천하의 장난꾸러기 오성과 한음의 요절복통 재미난 이야기. 두 사람이 처음 만났을 때부터 높은 벼슬에 오르기까지, 평생 우정을 나누며 바르게 살아간 이야기. 해학과 재치가 서당을 배경으로 펼쳐진다.

뿌리 1·2 알렉스 헤일리 원작, 이두호 글·그림, 산하
주인공 쿤타킨테가 노예라는 옷 때문에 자유를 빼앗긴 채 짐승처럼 이리저리 팔려다니며 학대받는 삶에서 벗어나 자유를 찾기 위해 몸부림치는 과정을 그렸다.

참고할 만한 곳

부천만화정보센터 www.cartooncity.co.kr
1998년 설립된 경기 부천만화정보센터는 만화 하면 먼저 부정적인 생각부터 하는 척박한 우리 현실을 극복하고, 만화도 당당한 우리 문화로 인식하게 하는 데 남다른 노력을 기울여왔다. 4만여 점에 이르는 만화 관련 자료를 갖추고 있으며, 방학에는 어린이를 위한 특별 프로그램을 진행한다. 한국만화박물관·만화도서관·만화산업지원관 등으로 나누어 운영한다. 문의: 032-320-3745

한국만화박물관 www.comicsmuseum.org
부천만화정보센터에서 운영하는 만화박물관. 사라져가는 우리 만화들이 한 자리에 모여 있다.
문의: 032-320-3745

만화도서관
부천만화정보센터에서 운영하는 만화도서관. 해외 만화, 관련 학술 자료와 신간 만화 등 만화와 관련된 모든 자료를 모아 이용자들에게 제공한다. 문의: 032-320-3745

서울애니메이션센터 www.ani.seoul.kr
서울애니메이션센터는 비디오 시설과 함께 대형 스크린, 입체 음향 시스템을 갖춘 영상관까지 보유하고 있어 만화를 좋아하는 개인과 단체가 만화영화를 감상하기에 좋다. 〈아기공룡 둘리〉, 〈캔디〉, 〈포켓몬스터〉 등 어린이들의 사랑을 듬뿍 받았던 국내 외의 좋은 만화영화 수천 편이 준비되어 있어 만화를 좋아하는 어린이나 어른들의 천국이라 할 수 있다. 우리나라 만화를 시대별로 정리해둔 '만화의 집'도 들어서 있다. 문의: 02-3455-8484

청강만화역사박물관 www.chungkang.ac.kr
1996년 경기 이천 청강문화산업대학 부속 기관으로 설립되었다. 만화 분야의 인재 양성에 주력하고 있으며 만화영상도서관과 만화역사박물관을 운영한다. 모두 3만 5천여 점에 이르는 만화 관련 자료를 갖추고 있다. 작가별 자료실, 장르별 자료실, 연대별 자료실을 운영하면서 우리나라 유명 만화 작가들의 작품을 선보이고 있다. 문의: 031-639-5790

춘천애니메이션박물관 www.animationmuseum.com
춘천애니메이션박물관은 1만여 점의 애니메이션 관련 소장품과 체험시설을 갖춘 애니메이션 전문 박물관이다. 이곳에서는 우리나라에 유일한 인형극장과 산림박물관을 운영한다. 체험 프로그램을 운영하는 기획 전시관, 아트 갤러리, 입체극장, 소리체험실, 자료검색실, 공포 스튜디오, 카페테리아, 뮤지엄 숍, 애니메이션 전용 상영관이 있다. 문의: 033-243-3112

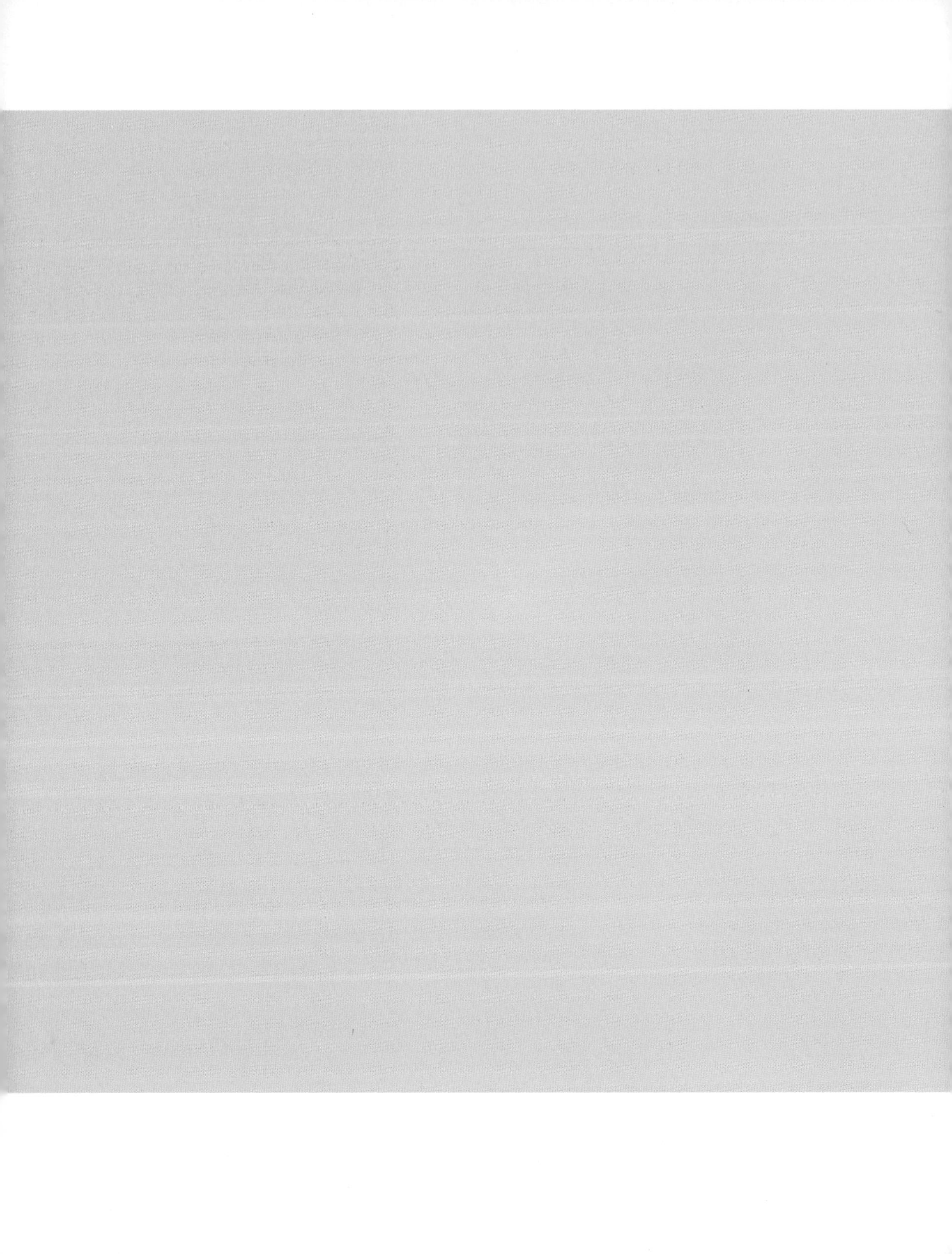

3부

주제별 책읽기

세상 무엇과도 바꿀 수 없는 가족

1970년대, 홍수환이라는 권투선수가 있었습니다. 그는 다른 나라에서 치른 시합에서 이긴 뒤 퉁퉁 부은 눈을 하고 "엄마! 나 챔피언 먹었어!"라는 한마디를 했는데, 그 말은 한동안 온 나라의 유행어가 되기도 했습니다.

아이들은 잘 나온 성적표를 받으면 대문을 힘껏 밀치고 "엄마!"를 부르며 달려옵니다. 세계를 주름잡은 권투선수가 챔피언이 된 가장 기쁜 순간에 어머니를 찾았듯이, 아이들은 잘 나온 성적표를 가지고 칭찬받고 격려받고 싶은 것입니다. 세상을 살아가는 가장 든든한 힘, 가족에게 말입니다. 아이건 어른이건 가족이 있어서 허세도 부려보고, 위로도 받고, 용기를 얻기도 합니다. 어머니, 아버지, 할머니, 할아버지, 삼촌, 고모, 이모…… 이런 호칭들은 가장 먼저 마음을 나누고 싶게 하고, 어떤 상처도 아물게 하는 힘을 갖고 있습니다. 그렇지만 너무나 바쁘게 돌아가는 현대 사회는 이런 이름들을 잊게 합니다.

보통 가정에서 아이들이 아버지와 마주하는 시간이 하루에 30분이 채 안 된다는 통계 발표를 본 기억이 납니다. 아버지가 있으면서도 아버지 부재의 시대를 살고 있는 아이들에게 『내가 아빠를 얼마나 사랑하는지 아세요?』는 아기와 아빠와의 사랑을 가슴 뿌듯하게 들려줍니다. 아기 토끼가

『돼지책』 앤서니 브라운 글·그림,
허은미 옮김, 웅진닷컴

바닥을 모두 청소하고,

피곳 씨와 아이들이 떠나고 나면, 피곳 부인은 설거지를 모두 하고,

그러고 나서 일을 하러 갔습니다.

침대를 모두 정리하고,

하늘을 향해 마음껏 팔을 벌린 다음 "내가 아빠를 얼마나 사랑하는지 아세요? 바로 이만큼이에요" 하고 말하면 아빠는 더 큰 팔로 더 넓게 벌리고는 "나도 너를 이만—큼 사랑한단다" 하고 말합니다. 아기 토끼는 자기보다 몸집이 큰 아빠 토끼가 벌린 넓은 팔을 보면서 아빠가 자기를 아주 많이 사랑한다는 것을 느낍니다. 아이와 아버지가 나누는 따뜻한 마음이 오랜 여운으로 남습니다.

작가 앤서니 브라운은 『돼지책』에서 남성 중심의 가정문화를 극복해야만 가정의 평화가 유지된다고 말합니다. 아빠와 아이들은 저마다 '중요한 회사'와 '아주 중요한 학교'를 다닌답시고 집에 돌아오면 신문이나 텔레비전을 보면서 뒹굽니다. 엄마 혼자 집안일에 지쳐가는데도 모르는 척하는 식구들의 이기심에 엄마는 "너희들은 돼지야"라는 메모를 남긴 채 사라지고 맙니다. 그러자 집안은 점점 엉망이 돼가고, 세 남자는 비로소 정신을 차립니다. 그리고 집안일을 나누어 하게 되고 엄마가 돌아오면서 가정은 다시 평화를 되찾는다는 내용입니다. 가족들도 서로 사랑하는 방법을 배워가면서 더 큰 사랑을 나눌 수 있습니다.

어린이책을 읽는 즐거움은 인물의 성격을 얼마만큼 개성있게 그려냈는지에 따라 달라집니다. 또한 아이들의 현실을 얼마만큼 잘 반영하고 있는지도 중요합니다.

배선자가 쓴 『해바라기 마을 딸부잣집』은 IMF 한파로 어느 중산층 가정에 불어닥친 위기를 온 식구가 힘을 합쳐 극복해가는 과정을 담은 작품입니다. 아이들의 시각으로 문제를 바라보고 그것을 해결해가는 과정을 생동감 있게 묘사해 온갖 어려움에 처해 있는 가정의 어린이들에게 따뜻한 용기와 희망을 불어넣어 줍니다.

『동생을 갖고 싶어요』에 실린 단편 「프란쯔의 놀라운 선물」에는 엄마를 사랑하는 아이의 섬세한 마음이 잘 나타나 있습니다. 프란쯔는 생일을 맞은 엄마에게 깜짝 놀랄 만한 선물을 하고 싶은데 돈이 없습니다. 온갖 궁리 끝에 창고에 들어가 오래되고 낡은 모자를 꺼내옵니다. 그리고 며칠 동안 온갖 정성을 다해 치장을 합니다. 물론 모자는 유치하기 짝이 없지만요. 프란쯔는 엄마와 가족들이 자신의 아이디어와 솜씨로 만든 멋진 모자를 보면 놀라고 흥분하리라는 기대에 부풀어 생일을 기다립니다. 그런데 프란쯔가 만든 모자를 보고도 가족들은 시큰둥하기만 합니다. 낙담한 프란쯔. 그러나 프란쯔의 기분을 이해한 엄마만큼은 모자에 대해 찬사를 아끼지 않습니다. 엄마가 모자를 쓰고 즐거워하는 모습을 보면서 거봐란 듯한 태도를 보이는 프란쯔의 모습은 독자들마저 유쾌하게 만듭니다. 프란쯔는 인정받고 싶은 아이의 심리를 대변해주는 인물입니다. 보통 아이의 소박한 마음과 가족의 어울림, 엄마의 배려가 공감을 자아냅니다.

인디언 할아버지와 눈먼 손자와의 끈끈한 사랑이 감동적인 『매듭을 묶으며』를 보면 가족간 사랑의 힘이 얼마나 위대한지를 새삼 깨닫게 됩니다. 아이는 틈이 날 때마다 할아버지에게 자기가 어떻게 자라났는지를 얘기해 달라고 조릅니다. 두 눈이 먼 채로 태어난 아이에게 '푸른 말의 힘'이라는 굳건한 이름을 지어주고, 거대한 '어둠의 산'이 아이의 앞날을 가로막을 때마다 아이에게 살아갈 힘과 용기를 준 것은 바로 할아버지의 격려와 사랑이었습니다.

「매듭을 묶으며」
빌 마틴 주니어 · 존 아캠볼트 글, 테드 랜드 그림, 사계절

　요즘에는 부모의 이혼을 겪거나, 각종 사고로 친엄마나 친아버지를 잃는 아이들이 많습니다. 그런 아이들 가운데 상당수는 계모에 대한 편견을 갖고 있습니다. 팥쥐 엄마나 신데렐라의 계모 등 어린이책에서 그려지는 부정적인 계모상은 아이들의 불안심리를 가중시킵니다.

　『밤안개』에 실린 단편 「여울목」은 계모에 대한 편견을 없애주고 "세상에는 좋은 새엄마도 있단다"라고 아이를 위로해줍니다. 한쪽 다리가 없는 일웅이는 3학년까지 어머니 등에 업혀서 학교에 다니다가, 병으로 갑자기 어머니를 여의고 새어머니를 얻게 되자 마음이 불편합니다. 아버지도 새어머니도 믿지 못하는 일웅이는 어머니를 따라갈 작정을 하고 바닷물이 들어오는 여울목에 앉아 있습니다. 그러나 물이 점점 불어나 나갈 길이 막히자 불안해집니다. 그 때 허위허위 물길을 헤치고 들어와 일웅이를 끌어안은 것은 새어머니였습니다. 가지 않겠다고 버티는데 아버지가 물길을 헤치고 들어와 일웅이를 안아듭니다. 이불에 싸여 보배처럼 집으로 돌아오면서 일웅이가 새어머니에게 슬며시 마음을 여는 모습에 공감이 갑니다.

　『산골 마을 아이들』에 실린 단편으로, 아버지의 사랑을 다룬 「아버지, 우리 아버지」를 읽으면 코끝이 찡해집니다. 작가의 경험을 바탕으로 쓴 이 글에서 임길택은 살아 생전에 많이 배우지 못하고 농사나 짓는 아버지가 부끄럽기만 해서 한 번도 아버지를 귀하게 여기지 않았다고 고백합니다. 아들 공부하는 모습이 보고 싶어 학교에 찾아온 아버지에게 "왜 찾아왔느냐"며 박대해서 보낸 오래 전 일을 가슴 치며 후회합니다. 아버지가 돌아가시고 나니 아버지의 사랑이 얼마나 깊었는지를 깨닫게 되었기 때문이지요.

　가족간의 정은 가족이 어려움을 함께 겪을 때 더 도타워지는지도 모르겠습니다. 『골목길의 아이들』에서 청소부 아버지와 부지런한 세탁부 어머니를 둔 일곱 남매가 가난을 훈장처럼 달고 살면서도 웃음을 잃지 않는 모

습을 보면 그렇습니다. 이들 가족은 가난 때문에 불편을 느끼기도 하지만, 함께 부지런히 일하고 절약하면서 열심히 삽니다. 더러는 말썽을 부리고 사고를 일으키는 식구도 있습니다. 그래서 소란스럽기도 하지만 가족이라는 이름으로 서로를 보듬어 안고 이해해 나갑니다.

이런 책들을 보면 가족끼리 사랑을 나누는 여러 가지 방식이 나옵니다. 가족 안에서 일어날 수 있는 문제들을 설정하고 그것을 풀어가는 해법을 제시하기도 합니다. 가족 때문에 상처받은 마음을 가족 덕분에 극복하는 모습도 보여줍니다. 아이들은 가정에서 가족과 더불어 살면서 용기와 지혜를 배웁니다. 가족은 세상을 살아가는 데 무엇보다도 큰 힘이라는 것을 천천히 깨달으면서 말이지요.

이러한 책을 보고 식구들끼리 서로서로 배려하는 마음을 살렸으면 합니다. 엄마가 없는 아이들, 아빠가 없는 아이들, 새엄마나 새아빠를 맞은 주변 동무들에게도 좀더 살가운 마음으로 다가서는 속 깊은 마음을 키워갈 수 있었으면 합니다.

1. 『산골 마을 아이들』
임길택 글, 이혜주 그림, 창비

2. 『골목길의 아이들』
이브 가넷 글·그림, 부수영 옮김,
길벗어린이

이야기에 소개한 작품

내가 아빠를 얼마나 사랑하는지 아세요? 샘 맥브래트니 글, 아니타 제람 그림, 김서정 옮김, 베틀북 | **돼지책** 앤서니 브라운 글·그림, 허은미 옮김, 웅진닷컴 | **해마라기 마을 딸부잣집** 배선자 글, 권사우 그림, 사계절 | **프란쯔의 놀라운 선물** 『동생을 갖고 싶어요』, 권순주 옮김, 일과놀이 | **매듭을 묶으며** 빌 마틴 주니어·존 아캠볼트 글, 테드 랜드 그림, 김장성 옮김, 사계절 | **여울목** 『밤안개』, 이원수 글, 권사우·김정한 그림, 웅진닷컴 | **아버지, 우리 아버지** 『산골 마을 아이들』, 임길택 글, 이혜주 그림, 창비 | **골목길의 아이들** 이브 가넷 글·그림, 부수영 옮김, 길벗어린이

더 읽어볼 책

당나귀 실베스터와 요술 조약돌 윌리엄 스타이그 글·그림, 이상경 옮김, 다산기획
조약돌을 주워 가지고 놀다가 바위가 되어버린 아들을 찾아나선 엄마 아빠의 눈물겨운 모습을 통해 부모의 깊은 사랑을 그렸다.

로테와 루이제 에리히 캐스트너 글, 발터 트리어 그림, 김서정 옮김, 시공주니어
이기적인 아빠와 그런 아빠를 이해할 수 없는 엄마가 이혼하면서 헤어지게 된 쌍둥이 자매 로테와 루이제가 우여곡절 끝에 엄마와 아빠를 재결합시키는 과정이 흥미롭다.

못나도 울엄마 이주홍 글, 송진헌 그림, 창비
가난하더라도 자기 것이 소중함을 일깨우는 「못나도 울엄마」, 기계 문명에 물들지 않은 아름다운 자연 생활을 그린 「메아리」 등 단편 모음집으로 어린이 세계에 대한 깊은 이해가 가득하다.

밤티 마을 큰돌이네 집, 밤티 마을 영미네 집 이금이 글, 푸른책들
『밤티 마을 큰돌이네 집』의 주인공 큰돌이는 집 나간 엄마, 말 못 하는 할아버지, 술에 젖어 사는 아버지 등 주변 어른들에게 부대끼면서 농생 영미와 함께 살아간다. 후속편인 『밤티 마을 영미네 집』에서는 새엄마가 들어오면서 겪는 가족간의 갈등과 이를 풀어가는 과정 속에서 사랑의 의미를 잔잔하게 전한다.

지붕이 뻥 뚫렸으면 좋겠어 장수경 글, 윤정주 그림, 사계절
비만 오면 물이 새는 낡은 기와집에 사는 경모는 집을 창피하게 여긴다. 그러다 비가 많이 내린 날, 낡은 이 집이 온 가족의 추억이 잔뜩 담긴 곳이라는 걸 깨닫는다.

삶의 가치를 발견하게 하는 책들

언젠가 이런 드라마를 보았습니다. 아이는 학교에도, 선생님 얘기에도, 공부에도 도무지 흥미가 없습니다. 왜 학교에 가야 하는지도 모른 채 아무 의미 없이 학교를 오가는데, 선생님도 부모님도 아이한테 공부를 해야 한다고 부르짖습니다. 슈퍼마켓을 하는 어머니는 학교에 다녀오는 아이를 잡고 제발 공부 좀 하라고 다그칩니다. 그러면서 한편으로는 "너는 이 슈퍼마켓을 잘 키울 생각이나 하라"며 배달 좀 다녀오라고 합니다. 아이는 어머니가 안겨주는 물건을 자전거에 실으면서 되뇌입니다. "그러면 장사를 잘하는 공부를 해야 할 텐데, 나는 왜 알 수도 없고 재미도 없는 공부를 해야 하는 거지? 장사를 가르쳐주는 학교는 없을까?" 아마도 이 아이로 하여금 장사하는 공부를 하게 한다면 못하는 공부 때문에 선생님 눈총을 받지 않아도 되고, 공부시간에 졸다가 웃음거리가 되지도 않을 것이며, 여자친구에게 눈흘김을 당하지 않아도 될 것입니다. 그런데도 이 시간 우리 아이들은 '무조건' 해야 하는 공부와 싸우고 있습니다. 그러니 '왜 사는 가?', '어떻게 사는 것이 잘 사는 길인가?'라고 아이들이 묻는다면 뭐라고 대답할 수 있겠습니까?

누구나 세상을 인식하기 시작하면서부터 '왜?'라는 질문과 마주하게 됩니다. 왜 사는가, 왜 공부해야 하는가, 왜 그래야 하는가 등 단순한 궁금증으로 시작된 질문은 자신의 정체성을 찾기 위한 힘겨운 싸움으로 이어집니다. 아이가 사물을 인식하게 되면 "엄마, 저건 뭐야?"라는 질문부터 시작해 눈에 보이는 모든 것에 대해 묻고 또 묻습니다.

사람은 저마다 무덤에 들어가는 순간까지 어떻게 사는 것이 훌륭하게, 아니 진실되게 사는 것인지에 대한 답을 찾아 헤매게 됩니다. 삶이라는 긴 여행을 하는 동안 "나는 누구인가?"라는 원초적인 질문에서 온전히 자유롭지 못한 것이지요. 그래서 끊임없이 방황하면서 여러가지 길을 찾게 되는데, 책읽기는 그러한 길을 찾는 여러 방법 가운데 하나입니다.

바람직한 어린이책은 삶의 의미를 찾는 여행자의 마음에 신념을 심어주고 자기 철학을 갖게 합니다. 자기 정체성을 찾는 여행길에 오를 때 작은 안내자 구실을 하는 책으로 어떤 것이 있는지 살펴봅시다.

세 상 에   존 재 하 는   것 의   의 미

사람이 품는 본질적인 의문은 "나는 누구인가?"입니다. 어른들의 높은 기대치를 안고 사는 아이들일수록 자신의 존재가치에 의문을 품습니다. 때로는 자신을 아무런 쓸모 없는 존재로 느끼고 좌절하기도 하지요. 그러나 저마다 자신의 존재가치를 인식하는 순간 세상은 『행복한 청소부』에 나오는 청소부 아저씨처럼 빛나기 시작합니다. 작가 모니카 페트는 흔히 보잘 것 없는 직업으로 생각하는 청소부도 자기 인식이 뒷받침되는 순간 전혀 다른 존재로 변화할 수 있다는 것을 보여줍니다.

파란색 옷을 입은 청소부 아저씨는 날마다 거리의 표지판을 닦으면서도 각 거리에 붙여진 이름들에 대해 아무것도 모른다는 사실을 깨닫고는, 거리에 새겨진 이름들, 즉 작가와 화가와 작곡가에 대해 공부하기 시작합니

『행복한 청소부』 모니카 페트 글,
안토니 보라틴스키 그림,
김경연 옮김, 풀빛

다. 하루 일을 마치고 도서관을 오가면서 아저씨는 새로운 세상을 발견합니다. 청소부 아저씨가 일하면서 유명한 음악가들의 노래를 흥얼거리고 마음에 드는 시 한 구절을 읊조릴 때, 길 가던 사람들은 거리 표지판 청소하는 사람 따로 있고 시와 음악을 하는 사람 따로 있다는 생각을 버리게 됩니다. 아저씨는 여러 대학에서 강연해달라는 요청을 받자 "나는 하루 종일 거리의 표지판을 닦는 청소부입니다. 일을 하면서 나 혼자 중얼중얼 강연을 하는 건 오로지 나 자신의 즐거움을 위해서이지요"라는 말로 거절합니다. 행복한 청소부로 남을 수 있었던 것은 자기 안에 단단한 철학을 갖게 되었기 때문입니다.

우리 아이들은 아직 어린 시절을 살고 있습니다. 통과의례처럼 찾아오는 인생에 대한 온갖 의문에 휩싸이는 때이지요. 『천둥치는 밤』에 나오는 여자아이처럼 말입니다. '나는 어디서 왔지? 도대체 누가 맨 처음 인간의 생김새를 생각해냈을까? 운명, 그게 도대체 뭘까……?' 천둥치는 밤, 삶과 우주와 생명과 죽음 등 밑도 끝도 없는 여러가지 궁금증에 답을 얻기 위해 뒤척이면서 소녀는 온갖 상상의 바다를 헤맵니다. 이러한 궁금증은 때로는 자신을 향하고, 우주를 향하고, 삶을 향한 의문으로 나아갑니다. 그렇게 한 번뿐인 삶을 참되게 사는 길을 찾기 위해 홀로 자신과 싸우면서 밤을 지새우는 동안

'사람은 무엇으로 사는가'라는 또다른 질문으로 넘어갑니다.

　사람은 무엇으로 살까요? 사람이 살아가는 데 가장 소중한 것은 무엇일까요? 톨스토이는 『사람은 무엇으로 사는가』에서 그 해답을 제시합니다. 천사 미하일은 하늘에서 죄를 짓고 '사람은 무엇으로 사는가'에 대한 답을 찾아야 하는 임무를 띠고 땅으로 추방당합니다. 당장의 끼니를 걱정하면서도 길거리에 쓰러져 있는 사람에게 자기 외투를 벗어서 걸쳐주고 집으로 데려오는 가난한 구둣방 주인 세묜, 남편이 데려온 빈털터리 남자를 불쌍히 여기는 부인, 태어난 지 사흘 만에 엄마를 잃어 일가친척 하나 없는 쌍둥이 자매를 가엾이 여겨 눈물을 흘리는 이웃 여인 등 미하일은 인간세계의 따뜻하고 훈훈한 사랑을 발견하면서 이것이야말로 사람이 살아가는 힘이라는 것을 발견합니다.

　톨스토이는 이처럼 서로 사랑하고, 욕심을 버리고, 불쌍한 사람을 그냥 지나치지 않을 때 살아가는 힘을 얻고 행복을 얻게 된다는 간단한 답을 제시합니다. 가난한 러시아 농민들에게 한 줄기 구원의 빛이 되었을 톨스토이의 이 메시지는 오늘을 살아가는 사람들에게도 여전히 큰 울림을 줍니다.

나는 세상의 주인

　일본 동화 『내가 나인 것』의 주인공 히데카즈는 스스로 자기 삶의 가치를 찾습니다. 히데카즈는 '가장 뛰어나다'라는 뜻의 이름을 가졌지만, 공부도 못하고 장난칠 궁리를 하거나 말썽만 부려서 엄마에게 늘 구박을 당합니다. 공부를 잘하는 형들과 귀염을 떠는 여동생 사이에 낀 히데카즈는 늘 외톨이입니다. "너는 형편없는 아이야"라는 말을 밥 먹듯이 하는 엄마에게 반항하겠다는 단순한 생각으로 히데카즈는 가출을 결심합니다. 그러다 우연찮게 커다란 사건에 휘말립니다. 그리고 여자친구 나츠요 등 여러 사람을 만나면서 히데카즈는 '나는 누구인가'라는 질문에 맞닥뜨리지요. 부모와 아이 사이의 갈등이 정면으로 드러나 있어 읽는 이를 빨려들게 하는 작품입니다.

'어떻게 살아야 할 것인가?'에 대한 답은 저마다 다르겠지만, 공통적인 것은 자기 삶의 주인으로 살아가야 한다는 것입니다. 동화작가 손춘익은 『마루 밑의 센둥이』에서 자기 삶의 주인공이 되라고 말합니다. 떠돌이개 센둥이의 여정을 통해, 돈냄새가 진동하는 세상이지만 어떤 어려움에 맞닥뜨려도 양심을 지켜야 한다는 것과 자신의 힘을 올바르게 사용해야 하는 의미를 설득력 있게 그려 보입니다.

배고픈 센둥이와 친구 검둥이는 먹을 것을 찾아 거리를 쏘다닙니다. 커다란 빵집 안에서 먹음직스러운 빵을 먹고 있는 사람들을 보고 검둥이가 "저 사람들은 가난한 우리 동네 사람들과는 다른 특별한 사람들일 것이다"라고 말하자, 센둥이는 이렇게 말합니다.

"인간은 누구나 평등해. 가난하다거나 부유하다고 해서 사람의 가치가 달라지는 건 아냐. 얼마나 정직하고 성실하게 살아가고 있느냐가 중요할

『내가 나인 것』
야마나카 히사시 글, 고바야시 요시 그림,
햇살과나무꾼 옮김, 사계절

따름이지. 가난 속에서도 얼마든지 훌륭하게 살아
갈 수가 있어."

"바보 같은 소리 하지도 마라. 그럼 임금하고 신
하하고도 같단 말야?"

"물론 같고말고지. 임금도 사람이고 신하도 사람
이잖아. 다른 것이 있다면 위치가 다를 뿐이야. 어
느 쪽이 더 훌륭한지는 따질 수가 없어. 임금은 임
금으로서 할 일이 있고 신하는 신하로서 할 일이 따
로 있는 거야."

어린이문학의 많은 독자가 작품을 읽어가는 동
안 아주 조금씩, 아주 천천히 삶의 본질에 다가가도
록 하는 것입니다. 그것도 어른들이 전혀 눈치채지
못하게 말입니다. 특히 삶의 가치를 발견하는 일은
더욱 그러합니다. 책을 읽다가, 책장을 덮고 나서,
길을 가다가, 그렇게 발견하는 것입니다. 무엇을
가르치려는 마음이 앞서고 아이가 얼마나 이해했
는지 확인하려는 마음이 앞서면 아이의 의식 속에
서 무수히 움직이는 생각의 줄기들을 잘라버리는
꼴이 됩니다.

아이들에게 책을 읽게 하는 것은 자기 주변의 문
제에 대해 깊이 바라보고 생각할 기회를 주는 것입
니다. 책을 읽고 느끼는 과정에서 꼭 해야 할 일, 해
서는 안 되는 일을 분별하는 힘을 기르게 되기를 기

『마루 밑의 센동이』
손춘익 글, 박지훈 그림, 창비

대할 뿐입니다. 이 책들을 모두 읽었다고 해서 갑자기 아이가 확 달라지리라는 기대는 하지 마세요. 어른은 아이가 "왜 사는가?"라는 질문을 해올 때 아이 곁에 있어주면 됩니다. 아이가 손 내밀 때 손 잡아주고 지켜봐주면서 아이의 혼란스러운 마음을 다독여주시기 바랍니다.

이야기에 소개한 작품

행복한 청소부 모니카 페트 글, 안토니 보라틴스키 그림, 김경연 옮김, 풀빛 | **천둥치는 밤** 미셸 르미유 글·그림, 고영아 옮김, 비룡소 | **사람은 무엇으로 사는가** 톨스토이 글, 이상권 그림, 이종진 옮김, 창비 | **내가 나인 것** 야마나카 히사시 글, 고바야시 요시 그림, 햇살과나무꾼 옮김, 사계절 | **마루 밑의 셋동이** 손춘익 글, 박지훈 그림, 창비

더 읽어볼 책

미운 돌멩이 이현주 외 글, 오늘
길가에 놓인 못생긴 돌멩이가 저마다 세상의 한 귀퉁이를 빛나게 할 수 있는 존재라는 사실을 깨달으면서 삶의 의미와 기쁨을 발견하는 과정을 그렸다.

할머니를 따라간 메주 오승희 글, 이은천 그림, 창비
아무 걱정 없을 것 같은 아이들도 저마다 고민을 안고 살아간다는 것을 알게 해주는 동화집. 전통적인 가치관과 새로운 가치관 사이에서 오는 갈등, 공부문제, 남녀문제와 어른들의 실직이 가져오는 문제들을 겪으면서 삶의 가치를 발견해간다.

나는 입으로 걷는다 오카 슈조 글, 다치바나 나오스케 그림, 고향옥 옮김, 웅진닷컴
스무 살이 되도록 한 번도 걸어본 적이 없는 장애인 다치바나가 특수한 침대차에 누워 친구 집에 가기까지 다양한 사람들을 만난다. 장애라는 소재에 얽매이지 않고, 이 세상에 의미 없는 사람은 단 한 사람도 없다는 깨달음을 준다.

사람은 왜 늙고 죽을까?

사람은 누구나 태어나서 늙고 죽게 됩니다. 아이들이 어느 순간 '죽음'을 인식하면 여기에 대한 궁금증이 끊이질 않지요. 특히 할머니나 할아버지 등 가까운 사람의 죽음을 경험하면 아이들은 '늙고 죽음'에 대해 구체적으로 생각해보게 됩니다. 우리 아이들이 좀더 자연스럽게 죽음에 대해 이해하고 죽음도 삶의 한 부분임을 인식할 수 있게 하는 책들을 소개하겠습니다.

『할머니가 남긴 선물』이라면 죽음이 삶의 한 과정이라는 것을 깨닫는 데 도움을 줄 수 있을 것입니다. 돼지를 의인화한 이 책은 어린 손녀와 함께 살다가 세상을 떠나는 할머니의 이야기입니다. 할머니는 손녀와 소박한 일상을 보내던 중 서서히 다가오는 죽음을 예감하고 주변을 정리합니다. 도서관에 책을 돌려주고, 식료품 가게에 가서 외상값을 갚습니다. 무엇보다 가슴을 울리는 것은 할머니 돼지가 손녀 돼지와 함께 마을을 천천히 거닐면서 손녀에게 세상의 아름다움에 눈뜨게 하는 장면입니다. 할머니와 손녀는 나무와 꽃과 하늘을 보고 냄새를 맡고 맛을 봅니다. 나뭇잎이 햇살에 반짝이는 모습과 구름이 수다쟁이처럼 모여 있는 모습, 연못에 정자가 비친 모습, 새들이 재재거리는 소리, 향긋한 흙내음을 느끼면서, 살

아 있다는 것이 얼마나 아름다운 일인지 하나하나 느껴봅니다. 손녀는 할머니가 세상에 존재하지 않는다는 아픔보다도 할머니가 남겨준 아름다운 선물들을 보며 꿋꿋하게 살아갈 힘을 얻습니다.

죽음은 또다른 삶의 시작

『우리 할아버지』는 할아버지와 손녀가 봄, 여름, 가을, 겨울을 보내는 즐거운 나날들이 수채화처럼 맑게 펼쳐지는 그림책입니다. 계절이 바뀌는 동안 할아버지와 손녀는 온실을 가꾸고 정원에서 소꿉놀이를 합니다. 그림책을 함께 보기도 하고, 바닷가에서 놀기도 하고, 눈 내리는 거리를 걸으며 이야기를 나누기도 합니다. 가끔 억지를 부리고 엉뚱한 질문을 하는 손녀와 할아버지는, 말다툼을 하고 서로 토라지기도 합니다. 이런 일상이 자연스레 흘러가다가 손녀는 문득 할아버지가 앉아 있어야 할 의자가 비어 있는 것을 보고 할아버지의 죽음을 깨닫습니다. 할아버지와 손녀의 대화 속에 오가는 감정의 변화와 그림에 담겨 있는 따스함, 편안함은 오래도록 이 책을 놓지 못하게 합니다.

할아버지, 할머니 그리고 동물과 아이들은 닮은 점이 아주 많습니다. 단순하고 꾸밈이 없으며 욕심이 없다는 것이지요.

『바니가 우리에게 해 준 열 가지 좋은 일』에 나오

1. 『할머니가 남긴 선물』
마거릿 와일드 글, 론 브룩스 그림,
최순희 옮김, 시공주니어

2. 『우리 할아버지』
존 버닝햄 글·그림, 박상희 옮김,
비룡소

「할머니가 남긴 선물」에서

는 아이는 고양이의 죽음을 통해 생명의 의미를 자연스럽게 이해합니다. "우리 집 고양이 바니가 지난 금요일에 죽었습니다. 난 정말로 슬펐어요"라고 시작하는 이 책은 자기가 아끼던 고양이의 죽음을 슬퍼하는 아이의 마음을 손에 잡힐 듯이 그립니다. 텔레비전도 보지 않고 잠자리에 들어 엉엉 울어버리는 모습에서는 고양이를 생각하는 아이의 애틋한 마음이 그대로 전해집니다. 아이는 엄마의 제안에 따라 바니의 좋은 점 열 가지를 생각합니다.

"바니는 용감해요. 그리고 멋있고, 재미있고, 깔끔하고 귀엽고, 잘생겼고, 새를 잡아먹은 건 딱 한 번뿐이고……."

열심히 바니의 좋은 점을 찾지만 아홉 가지밖에 찾지 못합니다. 아이는 집에 놀러온 옆집 친구와 바니가 어디 있는지 이야기하다가 정원에서 일하는 아빠를 통해 바니의 열 번째 좋은 점을 발견합니다. 바니가 흙으로 돌아가 새로운 생명의 씨앗이 된다는 사실, 즉 죽음은 또다른 생명을 잉태하는 원천이라는 사실을 깨달은 거지요.

그래도 여전히 '죽음'이 현실로 받아들여지지 않고 죽음이 모든 것의 마지막이라고 생각하는 아이도 있을 것입니다.

그러나 『애니의 노래』를 보면 죽음은 모든 것의 마지막이 아니라 새로운

162

1>

2>

시작임을 느끼게 됩니다. 이야기의 배경은 미국 서부의 드넓은 사막에 있는 신비스러운 나바호 인디언 마을입니다. 애니가 세상에서 가장 좋아하는 할머니는 어느 날 가족들에게 애니 엄마가 짜고 있는 양탄자가 완성되면 대지로 돌아가겠다고 말합니다. 애니는 일부러 말썽을 피워 엄마가 양탄자를 짜지 못하게 하고, 우리에 있는 양을 풀어놓아 식구들이 양을 찾느라 시간을 보내게 하며, 밤마다 엄마가 짜놓은 양탄자를 풀어버립니다. 할머니는 이런 애니를 지켜보다가 뒷동산으로 데려갑니다. 그리고 생명의 순환에 대해 조용히 설명합니다. 살아 있는 모든 것은 대지에서 생겨나 대지로 돌아간다는 사실을, 애니도 할머니도 대지의 일부분이고 앞으로도 줄곧 그리리라는 사실을 말입니다. 태어나고 죽어 흙으로 돌아가는 일이 자연의 일부라는 사실을 받아들이는 순간, 애니는 할머니의 부재를 인정하고 새로운 시간 앞에 마주서면서 성큼 자라 있습니다.

죽음을 보는 다양한 시각

만약 사람이 죽음이라는 자연의 순리를 거부한다면 어떻게 될까요? 『트리갭의 샘물』에서 나탈리 배비트는 "한 번 마시면 영원히 죽지 않는 샘물이 있는데, 어떻게 하겠는가?"라는 재미있는 질문을 던집니다. 아버지 터크는 영원히 산다는 것은 자연

1. 『애니의 노래』
미스카 마일즈 글, 피터 패놀 그림,
노경실 옮김, 새터

2. 『트리갭의 샘물』
나탈리 배비트 글, 최순희 옮김,
대교

의 순리를 거역하는 행위라는 이유로 반대합니다. 어머니인 매는 자신이 늙거나 죽거나 상관하지 않고 현실에서 맡은 일을 열심히 하며 충실하게 살면 된다고 생각합니다. 맏아들 마일즈는 늙지도 죽지도 않는 것은 불행이라 생각하지만, 뭔가 좀더 의미 있는 일을 찾고자 합니다. 막내인 제시는 인생은 즐기기 위한 것이라 여기고 세상 곳곳을 돌아다니면서 삶을 즐깁니다.

죽음은 언제나 살아 있는 사람의 처지에서 바라보게 됩니다. 그러나 『잘 가라, 내 동생』은 죽은 사람의 입장에서 죽음을 바라보는 책입니다. 열 살짜리 주인공 벤야민은 심장마비로 세상을 떠납니다. 그러나 벤야민은 몸에서 빠져나온 영혼으로 세상을 봅니다. 가족들은 아무도 알아보지 못하지만 벤야민은 가족들 주변을 서성입니다. 그러다가 피엔테 할머니의 영혼과 만나 죽은 자의 축제에 갔다가 한 친구를 알게 됩니다. 그 친구는 자신 때문에 인생을 포기한 채 살아가는 부모를 걱정하느라 6년이나 이승을 떠나지 못하고 있습니다. 벤야민이 가족들을 살펴보니 아빠, 엄마, 누나 역시 벤야민 생각으로 슬픈 하루하루를 보내고 있습니다. 벤야민은 가족들이 자신의 죽음을 극복하고 이 세상에서 건강하게 살 수 있도록 도운 뒤 가족들의 사랑을 간직한 채 이승을 떠납니다.

『할아버지는 수레를 타고』는 삶의 의미를 찾지 못하고 죽기를 작정했던 노인이 손자와 이웃 사람들을 통해 삶의 의미를 되찾는 과정을 그렸고, 『할머니』는 노인들도 자신을 필요로 하는 이들에게 인정받고 사랑받고 싶어하는 인격적인 존재라는 점을 다시 한 번 상기시켜줍니다. 때로는 견딜 수 없는 외로움과 언젠가 문득 찾아올 죽음의 그림자를 느끼며 심리적인 불안감을 안고 있지만, 노인들도 자기 몫의 삶을 살아가는 존재임을 인식하게 합니다. 이 책들은 할아버지나 할머니가 젊은이에게는 없는 풍부한 삶의 지혜를 갖고 있으며, 따라서 노인은 세상의 한 부분을 차지하는 소중한 존재임을 일러줍니다.

이렇듯 다양한 어린이책에서는 늙음과 죽음이 삶의 한 부분이며 자연의 질서라는 것을 인식하게 합니다. 노인이 있기에 젊음이 더욱 눈부시다는 것을 알려주고, 노인의 현명함이 세상을 지탱하는 큰 힘이라는 것을 발견하게 합니다. 아이에게 이런 이야기가 담긴 책을 읽어주거나 이야기를 들려줌으로써 늙거나 죽는다는 것의 의미를 새롭게 인식하게 하면, 아이가 느끼는 불안도 조금씩 줄어들 것이라고 봅니다.

이야기에 소개한 작품

할머니가 남긴 선물 마거릿 와일드 글, 론 브룩스 그림, 최순희 옮김, 시공주니어 | **우리 할아버지** 존 버닝햄 글·그림, 박상희 옮김, 비룡소 | **바니가 우리에게 해 준 열 가지 좋은 일** 주디스 바이어스트 글, 에리크 블레그바드 그림, 서애경 옮김, 파랑새어린이 | **애니의 노래** 미스카 마일즈 글, 피터 패놀 그림, 노경실 옮김, 새터 | **트리갭의 샘물** 나탈리 배비트 글, 최순희 옮김, 대교 | **잘 가라, 내 동생** 빌리 슈에즈만 글, 민은경 그림, 김서정 옮김, 크레용하우스 | **할아버지는 수레를 타고** 구드룬 파우제방 글, 잉게 쉬타이네케 그림, 햇살과나무꾼 옮김, 비룡소 | **할머니** 페터 헤르틀링 글, 페터 크노르 그림, 박양규 옮김, 비룡소

더 읽어볼 책

낡은 자동차 귀도 스타스 글, 김홍래 옮김, 서광사
젊은이들에게 밀려 뒷전 신세가 되었지만, 자존심과 약간의 허풍과 삶의 의욕이 가득한 노인들의 지혜와 사랑을 엿보게 한다.

미라가 된 고양이 재클린 윌슨 글, 닉 샤랫 그림, 햇살과나무꾼 옮김, 시공주니어
엄마가 기르던 얼룩 고양이 메이블은 엄마가 세상을 떠나자 곧 죽는다. 엄마의 죽음과 고양이의 죽음을 통해 사랑하는 이들과의 이별을 겪는 아이가 죽음을 이해하는 과정을 그린 동화.

안녕 할아버지 엘피 도넬리 글, 차경아 옮김, 창비
암에 걸린 할아버지와 사랑을 나누던 미키는 할아버지가 세상을 떠난 뒤 "네 인생이 내가 살았던 것만큼 행복하기를 바란다"는 편지를 받고 할아버지를 마음에 묻는다. 가까운 이의 죽음이 한 아이의 정신적 성장을 돕는 밑거름이 되는 것을 볼 수 있다.

이름짓기 좋아하는 할머니 신시아 라일런트 글, 캐드린 브라운 그림, 신형건 옮김, 보물창고
집안 사물 모든 것에 이름을 붙이는 할머니. 이별이 두려운 할머니는 이별의 아픔을 줄 존재에게는 이름을 지어 주지 않는다. 그러던 어느 날 작은 강아지 한 마리를 통해, 이별이 두렵기는 하지만 살아 있는 동안에는 맘껏 사랑해야 한다는 것을 깨닫는다.

할아버지와 마티아 로베르토 피우미니 글, 체코 마리니엘로 그림, 이현경 옮김, 문학과지성사
죽음을 앞둔 할아버지와 손자 마티아는 할아버지와 함께 모험 여행을 시작한다. 여행하는 동안 할아버지가 점점 작아지더니 결국 마티아의 몸으로 들어가고, 마티아는 언제나 할아버지와 함께한다고 믿게 된다.

따돌리는 아이들, 따돌림받는 아이들

'왕따'가 심각한 사회문제가 된 지는 꽤 오래된 일입니다. 요즘에도 신문 지상 등에 따돌림을 당하다 스스로 목숨을 끊거나 아니면 자신을 따돌린 아이에게 앙갚음하는 등의 기사가 심심찮게 실리는 것으로 미루어 따돌림 문제가 갈수록 심각해지고 있음을 알 수 있습니다. 어린 시절에 겪은 이러한 정신적, 육체적인 피해는 한 사람의 인생을 송두리째 망쳐놓을 만큼 위험한 일입니다. 그러나 아이들은 문제 해결의 주체로 서지 못하고 있습니다.

문학작품은 삶의 본질에 대한 이해를 돕는 것이지만 책을 읽어나가면서 사람의 가치를 발견할 수 있고, 그것이 따돌림 문제를 해결하는 열쇠도 될 수 있다고 봅니다. 무엇보다 사람이 또다른 사람에게 가하는 폭력의 부당함을 힘있게 인식시킵니다. 따돌림에 관한 책을 살펴보도록 하지요.

모두를 피해자로 만드는 따돌림

『까마귀 소년』은 따돌림당하는 아이의 섬세한 마음과 그 아이를 한 인간으로 보아주는 교사의 진실성이 깊은 감동을 이끌어냅니다. 멀고 먼 산길을 걸어 등교하는 땅꼬마는 아이들과 잘 어울리지도 못하고 반에서 늘

꼴찌입니다. 아이들은 이런 땅꼬마를 따돌립니다. 혼자가 된 땅꼬마는 계절에 따라 달라지는 자연의 변화와 자연의 온갖 소리를 동무삼아 외로움을 달랩니다. 땅꼬마는 나무, 꽃, 풀 등 자연에 대해서 모르는 것이 없습니다. 새로 부임한 선생님은 이를 눈여겨봅니다. 초등학교 졸업식날 선생님이 학예회 무대에 올려주자 땅꼬마는 6년 동안 혼자 학교를 오가며 마음에 담아온 갖가지 까마귀 울음소리를 냅니다. 사람들은 그제야 따돌림으로 깊은 외로움에 시달렸을 아이의 마음을 헤아리고 눈물을 흘립니다. 이 작품은 따돌림이 얼마나 무자비한 폭력인지 느끼게 합니다. 판화로 되어 있는 그림 역시 따돌림당하는 아이의 외로움과 슬픔의 이미지를 효과적으로 전달합니다.

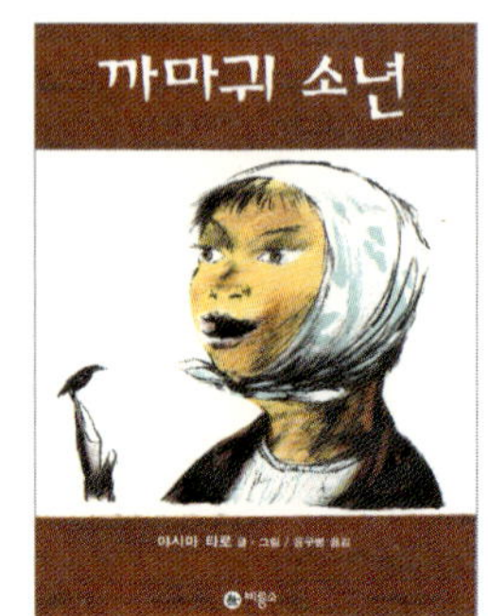

독일 작가 이리나 코르슈노프가 쓴 『내 친구 꼬마 용』은 이렇게 따돌림받는 아이들에게 자신감과 용기를 불어넣어 주는 작품입니다. 한노는 학교가 즐거울 줄 알았지만 막상 입학을 하고 보니 아이들이 '굴러다니는 소시지' 아니면 '똥배'라고 놀리자 점점 학교 가기가 싫어집니다. 그러던 어느 날, 공원 벤치에서 몸집이 작은 꼬마 용 맥스를 만납니다. 알고 보니 맥스 역시 용 나라에서 따돌림을 받고 있었습니다. 다른 용들은 머리가 셋인데 맥스는 하나였기 때문입니다. 둘은 함께 그림도 그리고 노래도

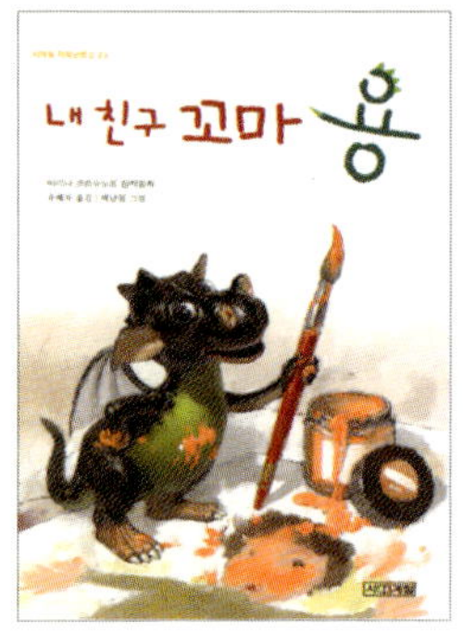

1. 『까마귀 소년』
야시마 타로 글·그림,
윤구병 옮김, 비룡소

2. 『내 친구 꼬마 용』
이리나 코르슈노프 글,
백남원 그림, 유혜자 옮김, 사계절

부르고 나무타기도 하면서 점점 자신감을 갖습니다. 그리고 아이들 앞에 당당히 서게 되지요. 아이들에게는 저마다 숨은 재능과 자신감이 있습니다. 단지 억압된 분위기 속에서 이러한 재능을 펼쳐보이지 못할 뿐이지요. 『내 친구 꼬마 용』은 아이들 각자가 그러한 점을 드러낼 수 있도록 자신감을 심어줍니다.

채인선은 『내 짝꿍 최영대』에서 따돌림당하는 아이와 그것을 바라보는 아이의 중간 지점에서 양쪽의 심리를 흥미롭게 전개합니다. 엄마가 없어서 차림새가 지저분한데다 말도 잘 안 하고 공부도 못하는 영대를 아이들은 굼벵이라고, 이상한 냄새가 난다고, 바보라고 놀리고 때립니다. 가방을 빼앗아 교실 밖으로 던지고 팔을 흔들어 우유를 쏟게 합니다. 화장실이 더러운 것도 영대 탓이라며 날마다 화장실 청소를 시키기도 합니다. 그러다 수학여행지에서 누군가 영대가 방귀를 뀌었다며 뒤집어씌우자 억울함을 견디지 못한 영대는 그동안의 설움을 쏟아내듯 어깨를 들썩이며 울음을 토해냅니다. 이 작품을 읽고 아이들과 함께 영대가 따돌림당하는 이유와 따돌림 문제를 해결하는 방법을 좀더 적극적으로 찾아보는 역할극이나 인형극 등을 해보는 것도 좋겠습니다.

어떻게 해결할 수 있을까

일본 작가 요시모토 유키오는 『왜 나를 미워해』에서 중국 아이 요징이 일본으로 이사와 일본 아이들에게 따돌림당하는 상황을 사실적으로 묘사하면서, 따돌림당하는 아이가 문제를 어떻게 바라보고 해결해가는지를 그려 보입니다. 태어난 지 두 달 만에 간질에 걸려 말도 글도 서툰 요징은 일본 아이들이 "중국놈, 나쁜 놈" 하면서 욕하고, 밥도 "넌 화장실에 가서 먹어"라고 말하거나, 쓰레기를 요징 몸에 쏟아붓고 아픈 다리를 걸어찰 때마다 중국에서 행복하게 지내던 시절을 생각하며 눈물을 흘립니다. 선생님은 따돌리는 아이들을 향해 "한 사람은 모두를 위해, 모두는 한 사람을 위해"라는 급훈을 정하고 함께 실천하자고 호소하지만 아이들은 달라지지 않습니다. 요징은 "그 사람도 외롭기 때문에 남을 괴롭힌다"면서 따돌리는 아이들을 마음으로 이해하려고 애씁니다. 죽음까지 생각하는 상황에서 자기를 따돌리는 아이들을 용서한다는 게 쉽지는 않겠지요. 그러나 자기를 따돌리는 아이들을 불쌍히 여기고 용서함으로써 따돌림에서 벗어날 수도 있다는 가능성을 열어 보입니다.

『모르는 척』의 작가 우메다 순사코는 따돌림은 모두를 피해자로 만든다고 말합니다. 돈짱은 재채기를 한 '잘못' 때문에 야라가세 4인조에게 잔인하고 교묘한 괴롭힘을 당합니다. 갖은 애를 써보지만 결코 빠져나오지 못합니다. 그런데도 '나'는 4인조가 무서워서 '모르는 척'합니다. 그러다가 돈짱은 결국 오랜 결석 끝에 전학을 갑니다. 모든 과정을 지켜본 '나'는 졸업식날 전교생 앞에서 "용기가 없어서 괴롭힘을 당하는 친구를 보고도 모르는 척할 수밖에 없었는데 이건 말도 안 된다"는 양심선언을 합니다. 여기서 작가는 돈짱도, 야라가세도, '나'도 모두가 따돌림의 피해자임을 깨닫게 하지요.

『아슬아슬 삼총사』는 왕따를 소재로 사람들간의

1>

2>

1. 『왜 나를 미워해』 요시모토 유키코 글, 김환영 그림, 김미혜 외 옮김, 보리

2. 『모르는 척』 우메다 순사코, 요시코 글·그림, 송영숙 옮김, 길벗어린이

'관계'에 대해 이야기하는 작품입니다. 고타니는 공부는 잘하지만 소심하기 짝이 없고, 숫기라곤 없는 아이입니다. 모두들 즐겁기만 한 봄소풍도 고타니에게는 곤욕스러운 행사지요. 이런 고타니에게 위험인물 둘이 접근합니다. '전설의 거대녀'라는 별명답게 큰 덩치와 힘으로 아이들을 제압하는 시노와 필리핀 혼혈아, '폭탄' 앨리사입니다. 시노는 고질라 같아서, 앨리사는 혼혈이라서 아이들 사이에서는 왕따이지요. 하지만 그 둘은 누구의 눈치도 보지 않고 자유롭습니다. 어울리지 않는 세 명이 친구가 되면서 고타니는 차츰 자신과 주위를 새로운 시선으로 보게 됩니다. 그리고 자기에게 손 내밀어 오는 반아이들을 보면서 '나는 무엇을 그렇게도 무서워했을까?' 하고 되뇌입니다.

따돌림은 아이들 대부분이 어떤 식으로든 경험했거나 경험할 수 있는

『아슬아슬 삼총사』
하나가타 미쓰루 글, 김무연 그림,
고향옥 옮김, 사계절

이야기입니다. 기본적으로는 따돌림을 당하는 아이, 따돌리는 아이, 그것을 바라보는 아이를 객관적으로 생각하게 하는 것이 중요하다고 봅니다. '따돌리는 것은 나쁘다'는 것은 누구나 알고 있는 사실입니다. 중요한 것은 따돌림 문제에서는 따돌리는 아이도, 따돌림당하는 아이도, 그것을 바라보기만 하는 아이도 모두가 피해자라는 사실입니다.

모든 문제에는 원인이 있게 마련인데, 그 원인을 밝혀내는 과정으로서 토론과 역할극, 글쓰기를 통해 아이들이 상처받은 마음을 드러낼 수 있게 할 필요가 있습니다. 제 상처를 드러내고 억눌린 마음을 풀어낼 수 있을 때, 누군가에게 위로받을 수 있을 때, 아이들은 따돌림이 서로에게 폭력이 된다는 사실을 인식하고 따돌림에서 벗어날 수 있을 것입니다.

이야기에 소개한 작품

까마귀 소년 야시마 타로 글·그림, 윤구병 옮김, 비룡소 | **내 친구 꼬마 용** 이리나 코르슈노프 글, 백남원 그림, 유혜자 옮김, 사계절 | **내 짝꿍 최영대** 채인선 글, 정순희 그림, 재미마주 | **왜 나를 미워해** 요시모토 유키오 글, 김환영 그림, 김미혜 외 옮김, 보리 | **모르는 척** 우메다 순사코, 요시코 글·그림, 송영숙 옮김, 길벗어린이 | **아슬아슬 삼총사** 하나가타 미쓰루 글, 김무연 그림, 고향옥 옮김, 사계절

더 읽어볼 책

왕따 리포트 우리교육
왕따문제에 대해 왕따 실태와 원인, 해결 방안까지를 다룬 종합보고서.

엄마, 아기는 어디에서 나와요?

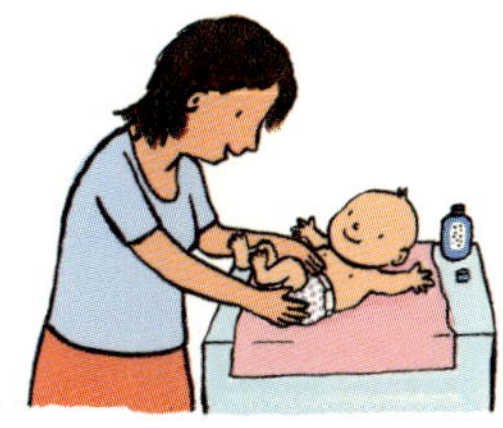

어느 날 학부모 강연장에서 "우리 아이가 잠지에 털이 났다면서 자랑을 하는데, 바로 볼 수가 없었어요. 어떻게 설명해야 할지 난감해서 대충 넘겼어요"라는 어머니를 만났습니다. 성에 관한 질문에 대답하기 어려워하는 부모들은 대부분 이렇게 대충 얼버무리고 넘어가려 합니다. 그러나 아이들은 여러 매체에서 얻은 정보를 통해 알 것 다 알고 있는 경우가 많으며, 어른들이 이를 꺼려하기 때문에 터놓고 얘기하지 못하는 아이들도 많습니다. 이런 아이들과 "성에 대해서 어디까지, 어떻게 이야기하느냐?"가 학부모들의 공통된 고민입니다.

여기에 대해 뭐라고 정답을 제시하기는 어렵습니다. 아이들마다 성에 대해서 이해하고 받아들이는 정도가 모두 다르고, 가정에서 성 문화가 형성된 정도에 따라서 모두 다를 테니까요. 기본적으로는 아이가 궁금해하는 것을 솔직하게 일깨워주는 것이 좋다고 봅니다. 자기 또래 동무들을 통해 섣부르게 얻은 정보나 인터넷, 잡지 따위에서 얻은 정보로 왜곡되게 인식할 수 있기 때문이지요. 직접 설명하기 곤란할 때에는 책을 이용하는 것도 한 방법입니다.

아기는 어떻게 생겨요?

아이들이 가장 궁금해하는 것은 아이가 어떻게 생기는지, 아기는 어떻게 태어나는지입니다. 아이들은 네 살 전후로 성에 관심을 기울이기 시작합니다. 이는 자연스러운 호기심입니다. 아직 뭘 모르는 아이가 자위를 하거나 성기를 갖고 노는 것을 보셨을 것입니다. 이 때 무조건 야단치거나 죄악시하면 성을 부정적으로 인식하기 쉬우니 주의해야 합니다.

이런 유아기 아이들에게 성에 관한 지식을 전달하는 데 도움이 되는 책이 바로 『나는 사랑의 씨앗이에요』입니다. 의인화된 정자와 난자가 여행을 통해 만나고, 좋은 친구가 되어 꼭 껴안고 하나가 된 뒤(수정), 따뜻하고 아늑한 곳(자궁)에서 무럭무럭 자라 좁은 동굴을 나와 엄마 아빠와 만납니다. 아기가 만들어지고 태어나는 과정을 단순한 그림과 글로 쉽고 친절하게 전달하는 그림책입니다.

유년기가 되면 막연한 호기심이 좀더 구체화됩니다. '엄마와 함께 보는 성교육 그림책' 시리즈인 『내 동생이 태어났어요』, 『나는 여자, 내 동생은 남자』, 『소중한 나의 몸』은 생명의 탄생, 몸의 변화, 남자와 여자로 성장하는 변화를 그림 중심으로 보여줍니다. 『내 동생이 태어났어요』에서는 새로 태어나는 동생을 가족으로 받아들이면서 자신의 존재를 새롭게 인식하게 합니다. 『나는 여자, 내 동생은 남자』는 자라면서 점점 변하는 남자와 여자의 몸을 보여줌으로써 남녀의 신체 차이를 인식하게 합니다. 『소중한 나의 몸』에서는 우리 몸은 생명을 잉태하는 곳이기 때문에 소중하게 지켜야 한다는 것과 그 방법을 설명합니다. 성은 서로 존중하고 배려하는 몸의 언어이기에 보호하고 존중해야 한다는 사실을 일깨워줍니다.

때로 아이들은 아기가 어디에서 나오느냐고 묻기도 합니다. 배빗 콜의 『엄마가 알을 낳았대』는 이런 질문이 당혹스러운 어른들의 고민을 속 시

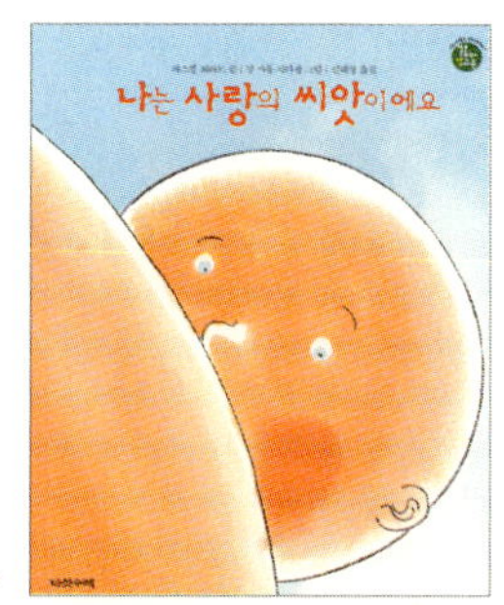

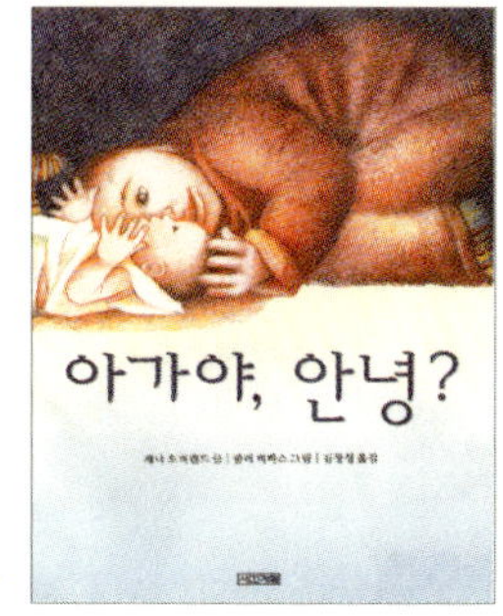

원하게 풀어줄 것입니다. 책을 보면, 아기가 어떻게 태어나느냐고 묻는 아이에게 엄마 아빠는 이렇게 말합니다.

"남자 아기는 달팽이와 강아지 꼬리를 섞어서 만들지. 공룡이 아기를 가져다 줄 때도 있고, 돌 밑에서 나올 때도 있단다."

아이는 엄마 아빠가 말도 안 되는 말을 하고 있다고 펄쩍 뜁니다. 그러고는 색연필로 열심히 그림을 그려가며 아빠의 아기씨가 엄마 몸에 들어가서 자라고 태어나는 과정을 설명합니다. 아이들이 알고 있는 지식을 역설적인 방법으로 풀어내게 하는 기발하고 유머러스한 글과 그림이 임신과 출산에 대한 궁금증을 풀어주는 그림책입니다. 이 책은 성이 결코 부끄럽거나 감추어야 할 것이 아닌 자연스런 일상이라는 것을 보여줍니다.

『아가야, 안녕?』은 엄마의 출산을 온 가족의 행사로 받아들이면서 새로 태어나는 동생을 자연스럽게 받아들이는 모습을 따뜻하게 묘사합니다. 이 책은 동생을 보는 형의 시점에서 엄마의 출산과정을 전달합니다. 아이들 네 명을 포함해 온 가족은 임박한 엄마의 출산을 위해 부지런히 준비합니다. 드디어 엄마는 벌거벗은 몸을 아빠에게 의지해 기대어 섭니다. 곧이어 엄마의 엉덩이 사이로 아기 머리가 나옵니다. 아이들은 이 모든 장면을 숨죽이고

1. 『나는 사랑의 씨앗이에요』
파스칼 퇴라드 글,
쟝 샤를 사라쟁 그림, 신혜정 옮김,
다섯수레

2. 『아가야, 안녕?』
제니 오버랜드 글,
줄리 비바스 그림, 김장성 옮김,
사계절

지켜봅니다. 세상에 나온 아기가 소리내어 울자 형은 "아가야 안녕? 내가 바로 네 형이야" 하고 반깁니다. 엄마는 갓 태어난 아기를 사랑스런 눈길로 바라봅니다. 아빠는 엄마를 위해 식사를 마련하고 음악을 틀어줍니다. 형은 아기를 위해서 엄마 품을 양보하고 아빠 품에서 잠이 듭니다. 큰일을 치른 가족들은 장작 타는 소리를 들으며 난롯가에서 깊은 잠에 빠집니다. 병원에서 아이를 낳아 안고 오는 데에 익숙한 우리나라 아이들에게, 온 식구가 참여하는 엄마의 출산은 가족이라는 울타리가 주는 든든함을 느끼게 합니다.

아기의 탄생은 아이부터 어른에 이르기까지 누구에게나 신비한 사건입니다. 『아기는 어떻게 태어났을까?』는 프랑스 초등학교 어린이들이 선생님의 도움을 받아 글을 쓰고 그림을 그려서 만든 성교육 책입니다. 이 책을 만들기 위해 어떤 아이는 어머니에게 묻고, 어떤 아이는 도서관에 있는 책을 참고하기도 하면서 지혜를 모았다고 합니다.

이 책에는 아기가 생기는 과정부터 세상에 태어나서 자라고 어른이 되고 늙어가는 과정이 담겨 있습니다. 남자와 여자가 결혼하고, 엄마에게 있는 아기씨와 아빠에게 있는 아기씨가 만나 아기가 되고, 엄마 뱃속에서 자라는 아기와 아기를 가진 엄마의 몸가짐, 아기가 태어나는 과정을 아이들이 직접 쓰고 그림으로써 성이 쑥스럽거나 부끄러운 일이 아니라 아주 자연스런 삶의 일부분임을 알게 합니다.

내 몸이 달라지고 있어요

이렇게 아이가 태어나고 자라는 과정을 옆에서 지켜본 아이들은 3·4학년쯤 되면 직접 자기 몸의 변화를 겪습니다. 중요한 곳에 털이 나고, 여자아이들은 가슴이 봉긋 나오고 생리를 시작하며, 남자아이들은 몽정을 시

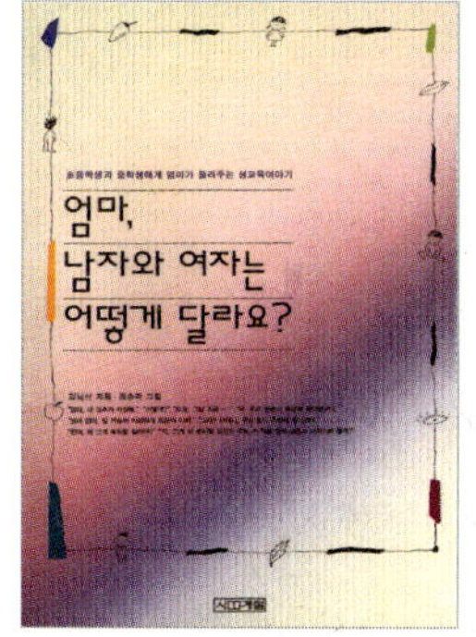

작합니다. 아이들은 이런 현상 때문에 놀라기도 하고 자랑스러워하기도, 쑥스러워하기도 합니다.

『내 고추는 천연기념물』은 초등학교 3학년 교실을 무대로, 포경수술을 앞둔 남자아이들의 심리를 담았습니다. 남자아이들이 몽정이나 포경수술을 경험하면서 느끼는 불안하고 쑥스럽지만 우쭐대는 심리를 잘 포착해냈으며, 포경에 대한 이해도 돕습니다.

『이상한 곳에 털이 났어요!』는 몸의 변화에 대한 아이들의 궁금증을 유머러스하게 풀어갑니다. '호르몬 아저씨'와 '호르몬 아줌마'는 "엄마가 될 능력이 생겼다는 걸 알려주는 신호야"라는 말로 여성의 생리 현상에 대해 말하면서 여성과 남성의 몸의 변화와 그 의미를 설명합니다. 또한 임신과 출산을 여성과 남성이 함께 치르는 일로 설명하며, 여성과 남성은 서로 정서적으로뿐만 아니라 생리적으로도 이해할 필요가 있다는 사실을 익살스럽게 풀어갑니다.

좀더 나이가 많은 고학년 아이들이라면 이런 이야기쯤 우습다고 하겠지요. 벌써 다 지나온 과정일 테니까요. 이런 아이들에게는 『엄마, 남자와 여자는 어떻게 달라요?』가 알맞겠습니다. 이 책은 하나의 생명체가 인격체로 성장하는 과정에서 겪는 일들이 인체의 생리적인 현상이며, 그것이 곧 성(性)

1. 『내 고추는 천연기념물』
박상률 글, 최민오 그림,
시공주니어

2. 『엄마, 남자와 여자는 어떻게
달라요?』 김남선 글, 정승각 그림,
사계절

이라는 사실을 알려줍니다. 사춘기에 접어드는 현용이와 호미 두 아이에게 엄마가 편안하게 이야기하는 형식으로 성에 대한 지식을 얘기합니다. 1부에서는 생명의 뿌리가 어디이며 사람은 어떻게 해서 태어나는지를 알려주고, 2부는 사춘기 여성과 남성의 몸의 변화, 인체의 구조를 비교해서 글과 그림으로 보여줍니다. 3부에서는 사춘기에 겪는 마음의 변화를, 4부에서는 진정한 사랑과 성행위, 임신과 피임, 성병과 위생까지 다룹니다.

요즘은 초등학교 아이들 사이에서도 성폭력이 일어나고 있습니다. 인터넷이나 비디오 때문에 아이들이 맹목적인 호기심을 추스르지 못한 나머지 일어나는 일이지요. 사실 온갖 정보가 여기저기 널려 있어서 어른들도 주변의 자극적인 정보에서 자유롭지 못합니다. 더군다나 심리적·정서적으로 혼란스럽고 불안한 시기의 아이들인지라 성에 대해 잘못 알거나 그릇된 호기심을 갖게 되지요. 그러므로 자연스런 대화를 통한 성교육이 절대로 필요합니다. 사람이 살아가는 데 여러가지 많은 지식이 필요하겠지만, 성교육은 우리 몸의 소중함을 인식하게 한다는 점에서 결코 그냥 지나칠 문제가 아닙니다.

쑥스러워하지 마세요. 그리고 아이들을 마냥 어리다고만 생각하지 마세요. 아이들이 자기 주변의 모든 일에 호기심이 많은 것처럼 성에 대해서도 마찬가지입니다. 그러므로 아이 몸의 나이를 살펴가면서 아이의 정서와 심리에 맞게 이야기를 나누세요. 아이가 궁금하면 편안하게 물어볼 수 있도록 항상 마음을 열어놓는 자세도 필요합니다.

이야기에 소개한 작품

나는 사랑의 씨앗이에요 파스칼 퇴라드 글, 장 샤를 사라쟁 그림, 신혜정 옮김, 다섯수레 | **내 동생이 태어났어요, 나는 여자, 내 동생은 남자, 소중한 나의 몸** 정지영 정혜영 글·그림, 비룡소 | **엄마가 알을 낳았대** 배빗 콜 글·그림, 고정아 옮김, 보림 | **아가야, 안녕?** 제니 오버렌드 글, 줄리 비바스 그림, 김장성 옮김, 사계절 | **아기는 어떻게 태어났을까?** 알렉시아와 카넬 선생님 지도, 마리안느와 리즈 그림, 박동혁 옮김, 다섯수레 | **내 고추는 천연기념물** 박상률 글, 최민오 그림, 시공주니어 | **이상한 곳에 털이 났어요!** 배빗 콜 글·그림, 최성희 옮김, 여명미디어 | **엄마, 남자와 여자는 어떻게 달라요?** 김남선 글, 정승각 그림, 사계절

더 읽어볼 책

가족앨범 실비아 다이네르트·티네 크리그 글, 울리케 볼얀 그림, 엄혜숙 옮김, 사계절
어린이 성폭력 문제를 쥐 가족을 의인화하여 자연스럽게 녹여낸 그림책이다. 단비 삼촌은 단비 엄마가 바쁜 틈을 타서 단비에게 다가가 뽀뽀를 한다. 단비는 이상했지만 삼촌의 협박에 아무 말을 못 한다. 가족 내 성폭력의 상처를 감싸주는 엄마 쥐의 사려 깊은 태도가 돋보이는 책이다.

너랑 나랑 뭐가 다르지? 빅토리아 파시니 글·그림, 김소희 옮김, 비룡소
남자와 여자의 신체 구조는 어떻게 다른지, 성장하면서는 어떤 변화가 오는지, 아기는 어떻게 생기는지를 재미있는 그림과 함께 설명해준다.

몸이 자라면 마음도 아픈가요? 장수하늘소 글, 황정아 그림, 영교
포경수술, 성에 대한 알 수 없는 호기심, 성기관의 구조, 사정, 월경, 정자와 난자, 아기의 탄생, 2차 성징 등을 이야기 형식으로 풀어 알려주는 책. 성장하면서 자연스럽게 나타나는 몸의 변화와 더불어 다양한 성 지식을 전한다.

생리야 놀자 다카하시 유이코 글·그림, 김숙 옮김, 북뱅크
은비는 초경을 맞이하고 당황한다. 그 때 슈퍼문이 나타나 월경을 시작하면서 겪는 문제들을 알려주는 형식으로 여성의 월경에 관한 이야기를 다룬다.

초경 파티 노지은·이현정 글, 장정예 그림, 또하나의문화
월경이란 무엇인지, 사회·문화에 따라서 월경을 어떻게 받아들이는지 등을 만화 형식의 그림과 글로 재미있게 알려준다.

여성과 남성은 동등한 인격체

2005년 3월, 숱한 논란을 일으켜 왔던 호주제가 폐지되었습니다. 2008년 1월부터는 이 법률이 실제 적용된다고 합니다. 호주제는 여성을 예속적인 존재로 규정해, 아버지쪽 혈통만을 중시하여 부부의 평등권을 침해하고, 성차별을 발생시킨다는 문제점을 안고 있었습니다.

이렇듯 여성과 남성간의 성차별에 대한 문제점은 그동안 많이 논의되었고, 또 많이 개선되어 왔습니다. 요즘 초등학교에서는 오히려 여자아이들이 모든 면에서 우위에 있다고도 합니다. 하지만 아직까지도 여전히 "여자가 무슨……", "너는 여자니까……" 등의 잘못된 고정관념이 사회 곳곳에 남아 있습니다. 이러한 고정된 틀에서 벗어나 '여자, 남자'가 아니라, 좀더 자유롭고 평등한 한 사람으로 설 수 있게 하는 책들을 살펴보겠습니다.

남자와 여자는 하는 일이 다르다?

예부터 중요한 일은 언제나 남자들 몫이었습니다. 폼 나는 일은 남자가, 허드렛일은 여자가, 능력 있는 여자도 결혼하면 자기 일을 포기해야 하는 분위기가 오랫동안 우리 사회를 지배했지요. 널리 알려진 우리나라 신화도 대부분 단군, 고주몽, 해모수 같은 남성신을 건국의 주인공으로 내세움

으로써 알게 모르게 남성 중
심의 사고를 형성해왔습니다.

조선시대에는 암탉이 울면
집안이 망한다며 여성을 사회
적인 존재로 인정하지 않았습
니다. 세상 일은 남자의 것이
었으며, 여자는 감히 알아서
는 안 되었습니다.

『조선의 여걸 박씨부인』은
기품 있고 덕이 많은 여인으
로, 앞날을 내다보는 지혜로
운 눈과 남자보다 더 큰 배짱
을 갖고 있었지만 아버지의
업으로 얻은 흉물스러운 외모

「조선의 여걸·박씨부인」 정출헌 글, 조혜란 그림, 한겨레

때문에 첫날밤 남편에게 소박맞고 아무도 찾지 않는 뒷방에서 몇 년 세월
을 보냅니다. 그 무렵 조선은 무능한 임금과 간신배들의 모략 때문에 흔들
리고 있었는데, 그 틈을 타서 청나라 오랑캐가 쳐들어옵니다. 조정에서 아
무런 대책 없이 쩔쩔매고만 있을 때 박씨 부인은 남다른 용기와 배짱 그리
고 신통력으로 청나라 오랑캐를 거뜬히 물리칩니다. 그러다가 아버지의
업이 풀리면서 원래의 모습을 찾고, 남편과 시어머니의 사랑까지 되찾습
니다. 외모 콤플렉스를 극복하지 못하는 요소가 아쉽습니다만, 남자의 그
늘에 가려 수동적인 삶을 살아야 했던 여인이 나라의 주인으로, 삶의 주인
으로, 가정의 주인으로 우뚝 서는 과정은 여성의 가치에 눈뜨게 합니다.

어린이책의 몫은 여자나 남자 모두가 자기 정체성을 가진 사회 구성원으로 성장하도록 돕는 것입니다. 『세상에서 가장 큰 여자 아이 안젤리카』에 등장하는 안젤리카는 우리 사회가 여성에게 암묵적으로 요구하던 얌전함, 연약함, 부드러움, 고분고분함, 내숭 따위의 고정관념을 거부합니다.

태어날 때부터 남들과 달리 좀 크게 태어나 두 살 때 오두막을 짓고, 열두 살 때는 늪에 빠진 마차를 번쩍 들어올릴 만큼 힘센 안젤리카가 마을의 양식을 빼앗아가는 큰 곰 벼락을 잡기 위해 열린 사냥 대회에 참가하자, 남자들은 "집에 가서 이불이나 꿰매라"며 무시합니다. 그러나 안젤리카는 벼락과 한판 승부를 벌여 통쾌하게 승리합니다. 오랫동안 남자들 몫이었던 마을 일, 힘이 필요한 일, 위험한 일을 멋지게 해결하면서 남자들의 오만한 편견을 극복한 안젤리카 이야기는 미국 전통의 민속예술 방식을 이용한 독특한 그림과 함께 여걸 안젤리카의 이미지를 성공적으로 그려냅니다.

개성 있고 진취적인 다양한 여성상

인어공주, 백설공주 등 아름답고 순종적인 먼 나라 공주 이야기에 흠뻑 빠져 있던 아이들에게 『종이 봉지 공주』는 수동적인 여성에서 자기 삶의 주인이 되어 진취적으로 살아가는 현대의 여성상을 보여줍니다. 보통 동화에서는 인형처럼 예쁘고 착

1. 『세상에서 가장 큰 여자 아이 안젤리카』 앤 이삭스 글, 폴 젤린스키 그림, 서애경 옮김, 비룡소

2. 『종이 봉지 공주』 마이클 메첸코 글, 로버트 문치 그림, 김태희 옮김, 비룡소

한 공주가 힘있고 멋진 왕자를 만나 위기를 극복하고 행복하게 삽니다. 여자는 연약해서 남자가 보호해야 한다는 의식이 깔려 있기 때문에 공주는 왕자가 있어야만 완성된 삶을 살아갈 수 있다는 생각을 만들어내는 거지요. 종이 봉지 공주는 그런 나약한 여성상을 거부합니다.

궁에 느닷없이 용이 들이닥쳐 불을 내고 왕자가 잡혀갑니다. 그러자 공주는 종이 봉지 한 장을 찾아 옷을 해입고 온갖 우여곡절 끝에 왕자를 구합니다. 그런데 왕자는 머리가 헝클어지고 지저분해진 공주를 보고는 툴툴거리면서 "진짜 공주처럼 챙겨입고 다시 오라"고 합니다. 그러자 공주는 "넌 겉만 번지르르한 껍데기야"라고 따끔하게 말한 뒤 이기적인데다가 외모 콤플렉스에 갇혀 있는 왕자를 미련 없이 떠남으로써 통쾌함을 줍니다. 사회적 존재이자 독자적인 존재로서 자신의 삶을 개척하며 살아가는 현대 여성상을 제시하는 동화라고 할 수 있겠지요.

황선미는 2000년도 최고의 베스트셀러 『마당을 나온 암탉』에서 거친 세상과 당당하게 마주서서 자신의 정체성을 확립하는 여성상을 제시합니다. 닭장에 갇혀 알만 낳아야 하는 삶을 거부하던 잎싹은 꽃을 피우는 아카시아 잎처럼 되고 싶어서 스스로 잎싹이라는 이름을 지어 갖습니다. 잎싹은 그토록 염원하던 마당으로 나오지만 그곳에는 먼저 기득권을 차지한 마당 식구들의 싸늘한 따돌림이 기다리고 있을 뿐입니다. 게다가 시시각각 자기 목숨을 노리는 족제비와 치열한 신경전을 벌여야 하고, 먹이와 잠자리도 스스로 마련해야 할 만큼 세상은 냉혹합니다. 그러나 족제비에게 목숨을 내준 청둥오리가 낳아놓은 알을 품으면서 생명의 움직임에 희열을 느끼며 잎싹은 그토록 소망하던 어미가 됩니다. 잎싹은 종족이 다른 초록머리를 절대적인 사랑으로 키워내지만 초록머리는 자기 종족을 찾아 떠나고, 잎싹은 처절한 외로움에 떨다가 기꺼이 족제비의 한 끼 식사가 되어줍

니다. 자기 삶의 주체로 거듭나는 암탉을 통해 세상은 당당하게 마주하는 자의 것이라는 인식에 도달하게 합니다. 세상에는 거저 되는 일도, 우연도 없다는 냉엄한 진리와 함께 말입니다.

아스트리드 린드그렌이 탄생시킨 『산적의 딸 로냐』는 열두 살 여자아이 이야기입니다. 로냐는 숲에서 태어나고 자란 야생마 같은 아이입니다. 로냐는 남의 것을 막무가내로 빼앗는 산적 아버지의 행위를 용납하지 못합니다. 가문의 전통에 따라 산적이 되라는 것도, 로냐의 친구 비르크를 원수의 아들이라 하여 받아들이지 않는 것도 이해하지 못합니다. 로냐는 탐욕과 권위와 이기심 가득한 어른들에게 저항하고 갈등하다가 끝내는 아버지를 떠나기까지 합니다. 로냐의 용기는 원수처럼 지내는 비르크네 집안과 화해하게 하는 힘이 되지요. 이런 이야기를 읽고 아이들이 어른들 말을 듣지 않으면 어떻게 하느냐고 걱정하실지도 모르겠습니다. 그러나 로냐는

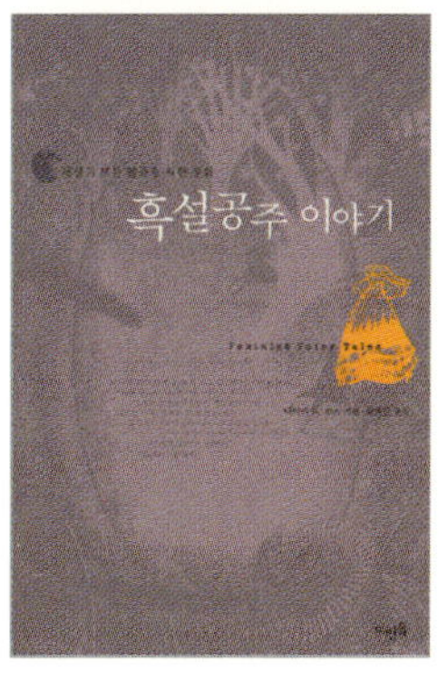

전혀 합리적이지 않은 기성세대의 욕심과 이기심에 저항하는 것이지, 부모 말을 무조건 거역하는 것은 아닙니다.

개 성 으 로 구 별 되 는 남 과 여

'세상의 모든 딸들을 위한 동화'라는 부제가 달린 『흑설공주 이야기』만큼 억눌려 살아온 여성들을 통쾌하게 하는 이야기도 드물 것입니다. 고전 명작동화를 패러디한 이 동화집은 명작동화 속에 담긴 여성에 대한 편견을 거두고 여성의 눈으로 세상을 보게 합니다.

지금 이 순간에도 세상의 수많은 아이들에게 '고전 명작'이라는 이름으로 읽히는 『백설공주』, 『신데렐라』, 『미녀와 야수』 등은 여성에 대한 편견으로 가득합니다. 미모를 자신의 무기로 삼는 여성, 성공한 남성의 권력에 안주하는 여성, 사악한 계모 등 여성에 대한 부정적인 시각이 가득합니다.

작가 바바라 G. 워커는 『흑설공주 이야기』에서 여성에 대한 편견을 조장하는 그런 이야기 대신 적극적이고 발랄한 여성 주인공을 등장시켜 자기 삶의 주체가 된 진취적인 여성들의 삶을 그려나갑니다. 사악한 계모와 전처 딸의 갈등을 그린 「백설공주」 대신 두 여성이 힘을 합해 위기를 극복하는 「흑설공주 이야기」, 공주와 함께 자기만 잘 먹고 잘 사

1. 『산적의 딸 로냐』
아스트리드 린드그렌 글,
일론 비클란드 그림, 이진영 옮김,
시공주니어

2. 『흑설공주 이야기』
바바라 G. 워커 글, 박혜란 옮김,
뜨인돌

는 알라딘이 아니라 부를 분배하여 전쟁도 계층도 계급도 없애고 평화롭고 평등한 사회를 만든다는 「알라딘과 신기한 램프」, 마법에 걸려 몇백 년 동안 잠자면서 왕자를 기다리는 공주 대신 자기 운명을 스스로 개척하기 위해 모험을 떠나는 「퀘스타 공주」 등은 세계 명작동화에 담긴 남성 중심의 편견을 버리고 저마다 개성이 뚜렷한 여성을 만나게 합니다. 오랫동안 남성의 전유물이었던 권력과 진취성과 모험의 세계를 여성에게도 활짝 열어 준 것입니다.

박씨부인, 종이 봉지 공주, 안젤리카, 잎싹, 로냐, 흑설공주……. 이들은 남성의 그늘 아래 안주하지 않습니다. 남자와 동등한 인격체로 마주 서기 위해 고통스럽지만 적극적인 삶을 살았고, 자유와 사랑과 삶의 기쁨을 얻어냅니다.

다만 아쉬운 점이 있다면 여자는 약하다는 통념에 대한 반작용 때문인지, 이들 동화에서 그리는 여성은 대체로 씩씩함을 강조하고 있다는 점입니다. 마치 남자의 전유물처럼 되어 있는 '씩씩함'을 부여하면 남녀간의 차별이 극복된다는 의식이 깔려 있는 것은 아닌지 모르겠습니다. 여성과 남성은 '힘'이 아니라 '개성'으로 구별해야 합니다. 이런 점을 염두에 두고 책을 읽는다면 아이가 자기 본연의 빛깔을 발휘하면서 당당하게 세상과 마주할 수 있지 않을까요.

이야기에 소개한 작품

조선의 여걸 박씨부인 정출헌 글, 조혜란 그림, 한겨레 | **세상에서 가장 큰 여자 아이 안젤리카** 앤 이삭스 글, 폴 젤린스키 그림, 서애경 옮김, 비룡소 | **종이 봉지 공주** 마이클 마첸코 글, 로버트 문치 그림, 김태희 옮김, 비룡소 | **마당을 나온 암탉** 황선미 글, 김환영 그림, 사계절 | **산적의 딸 로냐** 아스트리드 린드그렌 글, 일론 비클란드 그림, 이진영 옮김, 시공주니어 | **흑설공주 이야기** 바바라 G. 워커 글, 박혜란 옮김, 뜨인돌

더 읽어볼 책

잔디숲 속의 이쁜이 이원수 글, 웅진닷컴
잔디숲 속에 사는 여자 개미 이쁜이가 조직이라는 이름으로 저질러지는 횡포를 거부하고 개미나라를 탈출해 이런저런 고생 끝에 자유와 사랑을 찾아가는 여정을 그린 장편동화.

내 멋대로 공주 배빗 콜 글 · 그림, 노은정 옮김, 비룡소
내 멋대로 공주는 결혼하고 싶지가 않다. 하지만 왕자들은 공주와 결혼하고 싶어한다. 공주는 왕자를 차례차례 만나 시험을 하며 비리비리한 왕자들을 물리친다는 얘기가 재밌고 즐겁게 담겼다.

치마 폭에 꿈을 그린 신사임당 김별아 글, 송진희 그림, 창비
현모양처로만 알려진 신사임당을 여성의 눈으로 새롭게 들여다본 인물이야기.

여자는 힘이 세다 유영소 글, 원유미 그림, 교학사
각 인물의 삶을 압축해서 다루면서 여성들이 어떠한 시대에 어떻게 어려움을 헤쳐 나갔는지를 생생하게 전한다. 국가가 어려웠던 시절, 남성 못지않은 애국심과 열정으로 나라를 위해 애쓰는 이야기가 가슴을 뭉클하게 한다.

여자 아이, 클로딘 마리 크리스틴 엘리슨 글, 이브 보자르 그림, 박희원 옮김, 바람의아이들
하루 열 시간 씩 베틀을 돌려 천을 짜느라 폐병이 난 클로딘은 이모네 집으로 요양을 떠난다. 삭막한 집과는 달리 이모네 집은 따뜻한 사랑과 넉넉한 온기가 가득하다. 이곳에서 클로딘은 글을 배우고, 그림을 보며 자신의 미래를 스스로 설계해 간다.

물이, 길 떠나는 아이 임정자 글, 지혜라 그림, 문학동네
어렸을 때부터 늘 곁에 있던 구렁이가 자신이 잃어버린 마음 한 조각이라는 것을 알게 된 물이는 온전한 자기 자신이 되기 위해 남의 머리카락으로 구렁이의 옷을 짓는다. 자아 찾기라는 다소 추상적인 주제를 옛이야기의 틀 안에서 새롭게 풀어냈다.

장애인을 바라보는 시각

국제연합이 정한 「장애인 권리 선언문」 제1조에서는 장애인을 "선천적이든 후천적이든 신체적·정신적 능력의 불완전으로 인하여 일상의 개인 또는 사회생활에 필요한 것을 자기 스스로 완전히 또는 부분적으로 수행할 수 없는 사람을 뜻한다"고 규정했지만, 사실 몸의 장애보다 일반 사람들이 지닌 마음의 장애가 더 큰 벽으로 느껴질 때가 얼마나 많습니까? 신은 아마도 서로 도와가며 살아가라는 뜻에서 사람마다 조금씩 모자라는 부분을 남겨두었는지도 모르겠습니다.

바람직한 어린이책이라면 장애인은 무조건 도와주어야 할 대상이라는 섣부른 교훈을 강조하지 않습니다. 그들도 우리와 함께 살아가는 사회의 한 구성원으로 인식하게 할 것입니다.

장애인도 우리와 똑같은 사람

『내 마음의 선물』에 나오는 유타는 팔다리가 없지만 친구들과 어울려 수다를 떠는 보통 아이입니다. 요시다 선생님은 유타를 다른 아이들과 똑같이 꾸짖고 사랑합니다. 동무들도 유타를 특별하게 대하지 않습니다. 요시다 선생님은 농구 경기를 할 수 없어 눈물을 흘리는 유타에게 심판을 맡

『내 마음의 선물』
오토다케 히로타다 글, 사와다
도시카 그림, 정경빈 옮김, 창해

기고, 동무들은 유타가 심판을 제대로 보지 못하자 다투고 말도 안 합니다. 그러다가 유타는 6학년 전체가 참가하는 반 대항 이어달리기 시합에 참가하여 마침내 승리합니다. 작가 자신의 이야기이기도 한 이 작품은 자신을 보통 친구로 대해준 친구들에게 바치는 마음의 선물로 쓴 것이라고 합니다. 여기서 유타는 장애가 있는 불쌍한 아이가 아니라, 꿈 많고 친구 좋아하는 보통 아이일 뿐입니다.

장애인 문제는 그것을 문제라고 보는 사람들이 있기 때문에 문제가 됩니다. 『아주 특별한 우리 형』에 나오는 종식이는 난산으로 인해 뇌성마비로 태어나 휠체어가 없으면 아무 데도 갈 수 없는 일급 장애인입니다. 그렇지만 컴퓨터를 능숙하게 다루고, 장애인이 장애 정도에 따라 사용할 수 있는 자유키 프로그램을 개발하여 그것이 필요한 이들에게 거저 나누어주는 등 적극적으로 살아갑니다. 그러나 주변 사람들의 따가운 시선 때문에 마음 고생이 심합니다.

  같은 작가가 쓴 『경찰 오토바이가 오지 않던 날』
에는 장애인을 이용하여 자신의 욕심만 채우는 경
찰관이 등장합니다. 동수는 두 다리가 불편해서 날
마다 엄마 등에·업혀 등하교를 합니다. 그렇지만 씩
씩한 성격답게 보통 아이들과 똑같이 생활하려 하
지요. 하지만 반 아이 창진이는 그런 동수를 못마땅
하게 생각합니다. 그러다 한 경찰관 아저씨가 동수
의 등하교를 돕겠다고 나섭니다. 따뜻한 봉사활동
으로 언론의 주목을 받게 된 경찰 아저씨는 승진을
하게 되고 다른 곳으로 발령이 나면서 봉사활동도
그만두어버립니다. 그 일로 동수는 마음에 깊은 상
처를 입습니다. 그런 동수를 보면서 창진이와 반 아
이들은 몸의 장애보다 마음의 장애가 훨씬 더 무섭
다는 사실을 깨닫게 됩니다.

  『황금새』에 나오는 스웨인 선생님은 이러한 편견
이 없는 사람입니다. 아빠를 잃은 충격으로 언어장
애를 갖게 된 앤드류는 누구와도 말을 하지 않는 지
독한 부끄럼쟁이에다 열등감으로 똘똘 뭉친 아이
입니다. 그러나 새로 부임한 스웨인 선생님은 〈잠
자는 숲 속의 공주〉라는 연극을 준비하면서 가장
중요한 황금새 배역을 앤드류에게 제시합니다. 말
없이 수락한 앤드류는 남모르게 연습을 거듭합니
다. 마침내 공연날, 관객들은 앤드류의 황금새 연

1>

2>

1. 『아주 특별한 우리 형』
고정욱 글, 송진헌 옮김, 대교

2. 『경찰 오토바이가 오지 않던
날』 고정욱 글, 윤정주 그림,
사계절

190

기를 보고 넘치는 기쁨을 맛봅니다. 앤드류 자신도 스스로 발견한 자신의
가능성에 기뻐서 눈물을 흘리는 모습이 가슴을 뭉클하게 합니다.

　이런 감동은 『우리 누나』에서 또다른 빛깔로 다가옵니다. 장애인이 등
장하는 여섯 편의 이야기는 우리 가슴에 진실함, 소박함 그리고 애틋함과
따뜻함을 꾸밈없이 전달하여 큰 울림을 이끌어냅니다. 작가는 상투적인
구호를 들이대지 않습니다. 장애인이 한 인간으로 살아가면서 느끼는 삶
의 기쁨, 세상의 부당한 질서에 온몸으로 저항하는 힘, 이성에게로 향하는
마음의 움직임을 진지하게, 섬세하게, 잔잔하게 펼쳐 보입니다.

「경찰 오토바이가 오지 않던 날」에서

문학에서 그리는 사실은 현실을 반영하긴 하지만 어디까지나 허구입니다. 그러나 인물이야기는 실존 인물을 다룬다는 점에서 좀더 실감나게 다가옵니다.

『루이 브라이』에 나오는 루이 브라이는 1800년대 초에 살았던 흑인이자 맹인입니다. 루이는 세 살 되던 해 마구를 만드는 아버지의 작업장에서 한쪽 눈을 송곳에 찔려 시력을 잃은 뒤, 맹인들의 인간적인 권리와 존재감을 찾기 위해 글자의 필요성을 절감하고 글자 개발에 들어갑니다. 그렇지만 흑인에다 맹인이라는 이유로 편견을 가진 백인들의 이기심과 편협한 마음 때문에 벽에 부딪칩니다. 그가 세상의 편견과 싸워나가면서 점자를 개발하고 맹인들의 권리를 찾아가는 과정이 감동적으로 다가옵니다.

미국의 천재 물리학자 스티븐 호킹은 루게릭이라는 병 때문에 온몸의 근육이 마비된 중증 장애인입니다. 스스로 움직일 수 있는 것은 손가락 두 개밖에 없지만, 그는 우주의 탄생과 성장과정 그리고 지구가 생성된 비밀을 파헤쳐 세계적인 물리학자로 우뚝 섭니다. 이런 스티븐 호킹의 삶을 다룬 『블랙홀에 빠져 버린 천재 물리학자 스티븐 호킹』은 아이들에게 우주에 대한 호기심을 전하면서 장애인에 대한 편견을 극복하게 합니다.

책에서 만나본 장애인들은 한 인간으로 존중받으며 살고 싶어합니다. 그들의 삶은 비장애인들의 삶의 질을 끌어올리는 지렛대 구실을 하며, 장애인들에게는 큰 희망으로 다가갑니다.

이런 책들은 우리 아이들 마음에 자리잡고 있는 장애인에 대한 편견은 물론 더 나아가 '다른 사람'에 대한 편견을 벗게 하는 데 도움이 될 것입니다. 또한 장애인을 무조건 도와주어야 할 대상으로 본다거나 불쌍하게 보기보다 그들과 함께 인간적인 관계를 맺어나가면서 그저 우리와 함께 살아가는, 조금 다르지만 그저 그뿐인 동무로 인식하게 하는 훈련이 필요하겠습니다.

이야기에 소개한 작품

내 마음의 선물 오토다케 히로타다 글, 사와다 도시카 그림, 정경빈 옮김, 창해 | **아주 특별한 우리 형** 고정욱 글, 송진헌 그림, 대교 | **경찰 오토바이가 오지 않던 날** 고정욱 글, 윤정주 그림, 사계절 | **황금새** 벌리 도허티 글, 존 로렌스 그림, 문명식 옮김, 웅진닷컴 | **우리 누나** 오카 슈조 글, 카미야 신 그림, 김난주 옮김, 웅진닷컴 | **루이 브라이** 마가렛 데이비슨 글, 자넷 캠페어 그림, 이양숙 옮김, 다산기획 | **블랙홀에 빠져 버린 천재 물리학자 스티븐 호킹** 홍당무 글, 노혜연 그림, 파란자전거

더 읽어볼 책

깃털 없는 기러기 보르카 존 버닝햄 글·그림, 엄혜숙 옮김, 비룡소
깃털 없이 태어난 기러기 보르카는 다른 기러기 형제들에게 놀림을 받는다. 모두들 따뜻한 곳으로 갈 때도 아무도 보르카를 데려가지 않는다. 혼자 남겨진 보르카는 긴 여행 끝에 런던에 있는 큐 가든에 도착해, 깃털이 없어도 아무도 이상하게 여기지 않는 기러기들과 어울리며 비로소 행복을 찾는다.

나와 조금 다를 뿐이야 이금이 글, 원유미 그림, 푸른책들
세상에 태어나 엄마의 보살핌을 제대로 받지 못해 '맘대로 병'(정서장애)에 걸린 수아는 천방지축이지만 보통 아이들에게는 없는 특별한 능력이 있음을 그려 보인다.

내 동생 아영이 김중미 글, 권사우 그림, 창비
다운증후군 아영이, 이런 아영이 때문에 걱정이 많은 오빠 영욱이, 아영이에게 위로를 얻는 희수. 이 세 아이들이 서로에게 조금씩 마음을 열어가는 과정을 담았다.

에디에게 잘 해주렴 버지니아 플레밍 지음, 플로이드 쿠퍼 그림, 강연숙 옮김, 느림보
주인공 소년 크리스티가 다운증후군에 걸린 에디와 친구가 되는 과정을 사실적인 그림과 함께 보여주는 따뜻한 그림책.

전쟁과 싸움을 멈추세요

　2001년 9월 11일, 아랍인들은 비행기를 몰고 미국의 심장부라 할 수 있는 뉴욕 세계무역센터를 향해 돌진했습니다. 이 일로 몹시 자존심이 상한 미국의 부시 대통령은 범인으로 예상되는 빈 라덴을 내놓지 않으면 가만 있지 않겠다고 엄포를 놓았습니다. 그러고는 미국편에 서지 않으면 주변 나라를 모두 적으로 간주하겠다고 펄펄 뛰더니, 결국에는 아프가니스탄에 미사일을 쏘아대 수도 카불을 불바다로 만들었습니다.

　그뿐만이 아닙니다. 미국은 이라크를 침공하여, 그 나라의 수많은 아이들과 어른들을 죽음으로 몰았습니다. 이러한 미국의 폭력 때문에 맑은 눈망울을 한 아프가니스탄의 아이들이, 이라크의 아이들이, 아이들의 부모와 형제가 죽어갔습니다.

　그런데 이런 전쟁을 생생하게 중계방송하는 텔레비전을 보면서 마치 운동경기처럼 즐기는 아이들이 적지 않더군요. 이런 아이들에게 전쟁의 참상을 바로 알려주고 평화를 지켜야 할 당위성을 인식하게 해야 한다는 생각에 마음이 조급해지기도 합니다.

　우리가 일제 강점기에서 벗어나 같은 민족끼리 참혹하게 전쟁을 치른 것이 겨우 반 세기 전입니다. 6·25 전쟁으로 부모와 형제를 잃거나 헤어져 만나지 못한 채 애끓는 한을 품은 채 죽은 사람도 많고, 단 한 번만이라도 핏줄을 만나고 싶다는 소망에 목숨을 거는 사람들도 많습니다.

지금 이 순간에도 강대국들이 힘없고 만만한 나라들을 상대로 휘두르는 폭력 때문에 세계 곳곳에는 처절한 고통의 소리가 가득합니다. 평화를 깨뜨리는 일은 전쟁말고도 피부색으로 인한 갈등, 인종간의 갈등, 억압된 교육이나 제도, 빈부의 문제 따위가 있습니다. 아이들 세계에서는 친구의 약점을 꼬집어 놀리거나 약한 친구의 것을 빼앗는 일, 친구를 따돌리는 일, 자기만 아는 일, 욕심을 부리는 일 따위가 되겠지요.

문학을 통해 우리 아이들에게 강자의 논리가 지배하는 부당한 세계질서의 본질을 알리고, 그러한 횡포에 저항하는 정신을 길러주는 것은 바로 우리 어른들의 의무입니다.

전쟁은 무서워요

전쟁과 싸움을 멈추세요
어린이 얼굴에 웃음이 살아나게
비행기와 폭탄을 멈추게 하세요
어린이 얼굴에 웃음이 살아나게
군대와 자동차들을 모두 멈추게 하세요
어린이 얼굴에 웃음이 살아나게
죽이고 부수는 모든 것을 멈추게 하세요
어린이 얼굴에 행복한 웃음이 살아나게

—『나는 평화를 꿈꿔요』에서

전쟁이 나면 가장 먼저 피해를 당하는 사람은 힘없는 아이들입니다. 『나는 평화를 꿈꿔요』는 유고슬라비아에서 벌어진 전쟁을 겪은 다섯 살부터 열두 살까지의 어린이들이 글과 그림을 통해 아이들의 경험을 생생하게 전달하는 책입니다. 아이들은 총탄이 날아다니고 포탄이 떨어지는 전쟁의 한가운데서 부모가 총탄을 맞고 피를 흘리며 쓰러지는 장면을 낱낱이 목격합니다. 썩은 빵조각을 찾아 폐허가 된 거리를 헤맵니다. 삼촌과 이웃 아저씨가 불려나가 총살당하는 장면을 보았다고도 합니다. 이 아이들은 호소합니다. 전쟁을 멈추라고, 비행기와 폭탄을 멈추게 해달라고, 죽이고 부수는 것을 멈춰달라고 말입니다. 폭탄을 맞아 심한 화상을 입고 "나는 평화를 꿈꿔요"라고 말하며 눈을 감는 사라예보의 어린이 알렉산드르를 비롯한 여러 아이들은 전쟁의 부당성을 온몸으로 느끼게 합니다.

우리가 겪은 6·25 전쟁도 마찬가지로 끔찍했습니다. 『초가집이 있던 마을』은 그 시절의 이야기입니다. 전쟁이 일어나기 전, 마을은 가난했지만 평화로웠습니다. 그러나 전쟁은 마을을 이편과 저편으로 가르고 아버지와 아들이, 형과 아우가, 동무와 동무가 적이 되어 총부리를 겨누고 싸우게 했습니다. 바로 어제까지만 해도 사이좋게 지내던 이웃들이 적이 되는 것, 공산주의가 무엇인지 민주주의

『나는 평화를 꿈꿔요』
유니세프 엮음, 김영무 옮김, 비룡소

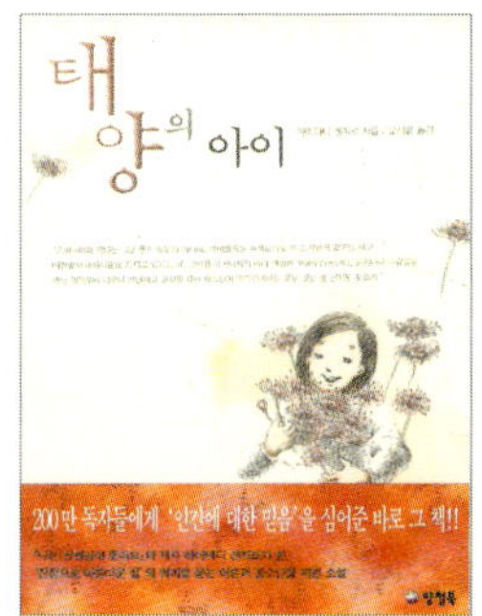

가 무엇인지도 모르면서 편을 갈라 싸우며 죽고 죽이는 것이 전쟁입니다. 이 작품은 아직도 휴전선이라는 전쟁의 상처를 안고 살아가는 우리에게 전쟁 뒤에는 강대국의 힘이 작용하고 있다는 사실을 일깨우는 동시에 반전의지를 갖게 합니다.

『태양의 아이』는 2차 세계대전을 치르면서 같은 일본 사람들끼리 적이 되어야 했던 이야기입니다. 아버지가 병든 원인을 찾아가던 초등학교 5학년 소녀 후짱은 예전 오키나와의 비극과 만나게 됩니다. 제2차 세계대전 때 치열한 전투가 벌어졌던 오키나와에서는 미군의 침공으로 주민의 3분의 1이 처참하게 죽어갑니다. 후짱의 아빠는 전쟁이 끝난 지 30년이 지났는데도 전쟁 중이라는 환상에 빠져 불안에 떨고 있으며, 로쿠 아저씨는 적에게 어린아이의 울음소리가 들릴까 봐 자신의 어린 딸을 스스로 죽여야 했던 마음의 상처에서 벗어나지 못합니다. 전쟁의 상처로 얼룩진 마음을 타인을 사랑하는 마음으로 승화시켜가고자 하는 오키나와 사람들의 인간애가 바로 평화의 주춧돌이라는 사실을 깨닫게 합니다.

유고의 아이들이, 한국의 아이들이, 오키나와 사람들이 겪은 전쟁이 언제 다시 우리 앞에 현실로 다가올지 모릅니다. 세상의 강자들은 총알과 폭탄으로 대량파괴를 하는 전쟁에서 한 걸음 더 나아가 핵

『태양의 아이』
하이타니 겐지로 글,
오석윤 옮김, 양철북

을 사용한 절대적인 파괴마저도 주저하지 않을지
도 모릅니다. 핵전쟁의 참상을 보여주는 『핵 폭발
뒤 최후의 아이들』은 핵의 위험을 있는 그대로 보
여줍니다.

　『핵 폭발 뒤 최후의 아이들』에서 롤란트네 가족
은 시골로 가는 길에 차 안에서 핵폭탄이 터지는 장
면을 봅니다. 엄청나게 밝은 빛과 폭풍이 휩쓸고 지
나가자 모든 것이 폐허로 변하고 아무것도 남지 않
습니다. 그 뒤에 찾아오는 굶주림, 전염병, 약탈,
추위 등이 살아남은 얼마 안 되는 사람들마저도 서
서히 죽음으로 몰고 가는 과정을 보여주면서 핵무
기 생산을 중단하지 않으면 인류의 미래를 보장할
수 없다고 경고합니다.

　『전쟁은 왜 일어날까?』는 이런 끔찍한 전쟁이 왜
일어나는지 생각해보게 합니다. 프랑스의 질 페로
선생님과 아이들이 6가지 주제를 놓고 토의하는 과
정에서 사람들은 전쟁이 나쁜 줄 알면서도 왜 자꾸
전쟁을 하는지, 전쟁은 어떤 사람들이 일으키는지,
전쟁에 대한 그들의 욕심을 어떻게 막을 수 있는지,
더는 전쟁이 일어나지 않게 하는 방법은 무엇인지
등을 생각하게 합니다. 프랑스 아이들은 우리나라
의 사례를 들어 "한 나라가 둘로 쪼개지는데도 국
민들은 가만히 보고 있었나요?"라고 묻습니다. 지
구상의 마지막 분단국가라는 불명예를 안고 살아

1>

2>

1. 『핵 폭발 뒤 최후의 아이들』
구드룬 파우제방 글, 최혜란 그림,
함미라 옮김, 보물창고

2. 『평화는 어디에서 오나요』
구드룬 파우제방 글, 이영경 그림,
신홍민 옮김, 웅진닷컴

가는 우리 겨레가 평화로운 나라가 되기 위해 무엇을 해야 할지 생각해보게 합니다.

남을 배려하는 데서 오는 평화

우리 주변을 살펴보면 전쟁말고도 사소한 일 때문에 평화가 깨지는 일이 많습니다. 진정한 평화는 상대방을 배려하는 데서 시작하지요. 그런데도 동무들을 괴롭히면서 재미를 얻는 아이들, 나만 생각하는 아이들이라면 『평화는 어디에서 오나요』를 통해서 평화의 의미를 다시금 깨닫게 할 수 있겠습니다.

학교를 어지럽히는 데 신바람이 난 아이들, 선생님을 골탕먹이는 데 재미를 붙인 아이들, 만나기만 하면 뒤죽박죽 엉켜 싸움판을 벌이는 거칠고 버릇없는 아이들이 어느 날 선생님들도 믿지 못할 만큼 평화로운 교실을 만들어가는 모습을 그린 「기가 막힌 생각」, 전쟁이나 가뭄 때문에 굶주리는 아이들을 위해 저금통을 내놓는 아이들과 어머니, 계획했던 일을 나중으로 미루고 돈을 내놓는 아버지 등 따스한 가족의 모습을 통해서 이기심을 버리는 일이야말로 평화를 불러오는 지름길이라는 것을 보여주는 「마음을 아프게 하는 것」 등 이 책에 실린 여러 편의 동화는 평화가 남을 배려하는 데서 온다는 걸 보여줍니다.

또한 저마다 다른 처지를 인정하기만 해도 거기에 바로 평화가 있음을 알 수 있습니다. 『정말 그런 인종이 있을까?』에서 '나'는 숙제를 하면서 세상에는 수많은 나라가 있고 수많은 인종이 있다는 사실을 알게 됩니다. 그리고 인종과 국적과 피부색과 사는 형편에 관계 없이 서로 존중하고 배려하는 동무로 만날 때 세상에 평화가 온다는 평범하면서도 소중한 진리를 깨닫습니다.

『흑인 소년 삼미』의 주인공 삼미는 피부색 때문에 고난을 겪으면서도 늘 웃음을 잃지 않고 구두를 닦는 부지런한 소년입니다. 그런데 어느 날 뚜렷한 이유도 없이 백인 소년들에게 죽도록 몰매를 맞습니다. 삼미는 자기가 흑인이라는 사실에 눈물 흘리지만, 사랑만이 서로의 적의를 녹일 수 있다는 사실을 깨닫고 백인 소년과 친구가 되기 위해 애씁니다. 삼미의 따뜻한 마음에 백인 소년도 마음을 돌려 삼미와 친구가 됩니다. 이런 과정을 통해 피부색이 다르다는 것이 사람을 판단하는 잣대가 될 수 없다는 걸 깨닫게 합니다.

『무기 팔지 마세요!』는 전쟁, 무기, 평화 등을 생각하면서 반전 평화운동을 펼치는 아이들의 이야기입니다. 보미는 교실에서 비비탄이라는 장난감 총알에 맞은 것을 계기로 마음 맞는 친구들과 ‘평화 모임’을 만듭니다. 그리고 학교에서 ‘장난감 무기 수거운동’을 벌이는 한편 학교 앞 문방구에서 ‘장난감 무기를 팔지 마세요’라는 팻말을 들고 호소합니다. 그러자 보미에게 총을 쏘았던 경민이를 비롯한 남자아이들은 홈페이지를 만들어 주는 등 보미의 평화운동에 참여하게 됩니다. 보미의 이런 활동이 인터넷을 통해 미국 어린이 제니에게 전해지고, 미국 어린이와 부모들도 무기가 없는 세상을 위해 평화운동을 벌이게 된다는 이야기입니다. 전

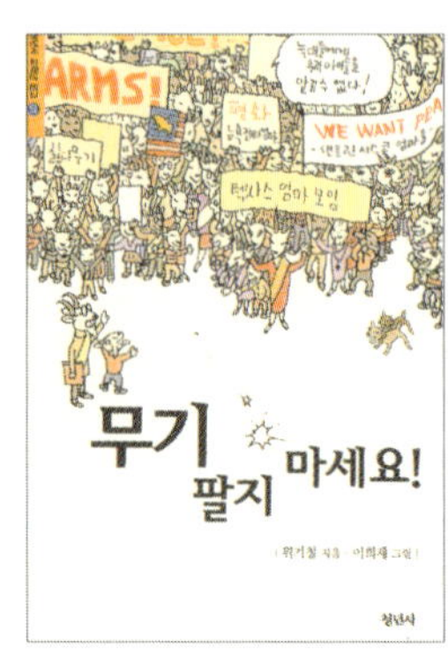

『무기 팔지 마세요!』
위기철 글, 이희재 그림,
청년사

쟁이 일어날 가능성은 항상 우리 곁에 있지만, 이렇게 평화를 지키려는 이들이 많아질 때 지구에는 평화의 물결이 넘실거리겠지요.

이야기에 소개한 작품

나는 평화를 꿈꿔요 유니세프 엮음, 김영무 옮김, 비룡소 | **초가집이 있던 마을** 권정생 글, 이철수 그림, 분도 | **태양의 아이** 하이타니 겐지로 글, 오석윤 옮김, 양철북 | **핵 폭발 뒤 최후의 아이들** 구드룬 파우제방 글, 최혜란 그림, 함미라 옮김, 보물창고 | **전쟁은 왜 일어날까?** 질 페로 글, 세르쥬 블로슈 그림, 박동혁 옮김, 다섯수레 | **평화는 어디에서 오나요** 구드룬 파우제방 글, 이영경 그림, 신홍민 옮김, 웅진닷컴 | **정말 그런 인종이 있을까?** 실비아 론칼리아 글, 크리스티아나 체레티 그림, 채윤경 옮김, 서광사 | **흑인 소년 삼미** 귀도 스타스 글, 김홍래 옮김, 서광사 | **무기 팔지 마세요!** 위기철 글, 이희재 그림, 청년사

더 읽어볼 책

구름 구드룬 파우제방 글, 김헌태 옮김, 일과놀이
핵발전소 사고로 방사능이 유출되어 겪는 비극을 토대로, 인류에게 다가올지도 모를 총체적인 비극을 그린 책. 반핵 평화의지를 키워준다.

독수리의 눈 론 버니 글, 심우진 그림, 지혜연 옮김, 우리교육
미국인들이 호주 원주민을 철저하고 잔인하게 멸족시키는 과정을 그린 장편동화.

몽실 언니 권정생 글, 이철수 그림, 창비
한국전쟁으로 주인공 몽실이네 가족이 해체되고, 그 때문에 어린 나이에 탁류처럼 밀려오는 온갖 고난과 맞서면서 묵묵히 살아가는 몽실이의 삶을 그린 한국 아동문학의 고전.

문이 라스칼 글, 소피 그림, 홍성혜 옮김, 마루벌
문이는 부모에게서 버려졌다가 다 자란 뒤 양부모한테 자신을 떠나보낼 수밖에 없었던 친부모의 이야기를 듣는다. 6·25 전쟁으로 인해 해외로 보내진 이 땅의 아이들 모습을 담았다.

시냇물 저쪽 엘즈비에타 글·그림, 홍성혜 옮김, 마루벌
서로 보고 싶다는 것밖에 생각할 줄 모르는 맑고 순진한 아이의 눈에 비친 전쟁 이야기.

여섯 사람 데이비드 맥키 글·그림, 김중철 옮김, 비룡소
아무 욕심 없이 조그만 땅을 일구며 평화롭게 살던 여섯 사람은 넉넉한 수확을 거두자 욕심이 생긴 나머지 병사를 고용해 전쟁을 일으키지만, 모두 파국을 맞고 다시 살아갈 땅을 찾아 떠난다.

전쟁과 소년 윤정모 글, 김종도 그림, 푸른나무
마을에 전쟁이 일어났는데 필동이 엄마는 아이를 낳느라고 피난을 가지 못한다. 낯선 군인들이 오가는 가운데 탑골에 맡겨진 북한군의 딸 담선이와 필동이의 순수한 마음이 짠하게 다가온다.

전쟁놀이 현길언 글, 이우범 그림, 계수나무
태평양전쟁으로 아들을 잃고 손자에게 절대적인 사랑을 쏟는 할머니의 슬픔을 배경으로, 일본군에 끌려간 삼촌을 부러워하며 전쟁놀이에 빠져든 소년의 이야기가 펼쳐진다.

친구는 세상을 보는 또다른 눈

　세상을 살아가는 데 없어서는 안 될 것이 많이 있습니다. 그 중에서도 가장 소중한 것 가운데 하나는 '친구'일 것입니다. 어떤 상황에서도 믿어 주는 친구, 가장 어려운 순간이나 가장 기쁜 순간에 떠오르는 친구는 세상을 살아가는 데 큰 힘이 됩니다.

　새 학기가 되면 아이들은 새로운 선생님, 새로운 동무들과 만납니다. 그들과 함께 부대끼는 가운데 관계를 맺는 방법을 배우고 세상을 살아가는 원리를 배웁니다. 세상에 흐르는 삶의 질서도 배웁니다. 서로 나누고 도와야 한다는 것을 비롯해 상대방을 인정하고 받아들이는 태도도 배웁니다. 이해하고 배려할 줄도 알게 됩니다. 경우에 따라서는 물러서야 할 때가 있고 양보해야 할 때가 있다는 것도 배웁니다. 이해타산을 따지기보다 서로의 차이를 인정하고 상대방의 장점은 물론 단점까지 끌어안는 태도를 배웁니다. 다른 사람의 처지에서 생각할 줄 아는 폭넓은 마음도 키우게 됩니다. 즉 아이들에게 친구는 세상을 보는 또 하나의 창이 되는 것입니다.

　친구와의 우정을 주제로 한 책은 아이들에게 세상은 혼자서 살아가는 것이 아니라 더불어 살아가는 것이라는 사실을 터득하게 해줍니다. 사회

생활을 하다 보면 원하건 원치 않건 수많은 관계를 맺게 되는데, 원만한 관계의 기초는 어린 시절에 맺는 친구관계에서 비롯한다 해도 과언이 아닙니다.

새로운 만남의 설렘이 담겨 있는 책

아이들은 자기 또래 아이를 처음 만났을 때 사귀고 싶은 마음이 들어도 쑥스럽고 어색하고 상대방이 어떻게 생각할까 하는 걱정 때문에 선뜻 다가서지 못하는 경우가 많습니다. 뭐라 말을 붙이긴 해야겠는데 그 첫 열쇠를 어떻게 풀어야 할지 난감해할 때 『우리 친구하자』를 슬쩍 건네보세요. 아이는 새로 이사 온 낯선 동무에게 아무도 모르게 제비꽃, 종이인형 같은

『우리 친구하자』 쓰스이 요리코 글, 하야시 아키코 그림, 한림

『샬롯의 거미줄』
엘윈 브룩스 화이트 글,
가즈 윌리엄즈 그림, 김화곤 옮김,
시공주니어

선물을 보내면서 조금씩 마음을 내비칩니다. 그러면서도 선뜻 다가서지 못하고 주춤거리면서 마음을 전합니다. 유년기 아이들의 심리와 새 친구를 사귄 기쁨, 새 친구에 대한 기대감이 생생하게 다가오는 그림책입니다.

이런 기쁨은 새끼 돼지와 회색 거미의 우정을 다룬 『샬롯의 거미줄』에서 눈물겹도록 아름답게 전개됩니다. 윌버는 감성이 아주 풍부한 돼지입니다. 그런데 불행하게도 너무 약하게 태어났다는 이유만으로 죽게 될 위기에 놓입니다. 그러나 약한 것이 윌버의 잘못은 아니지 않냐는, 농장주인 딸 펀의 눈물겨운 애원 덕분에 겨우 목숨을 건지고 주커만 농장으로 팔려갑니다. 그 곳에서 윌버는 세상에 둘도 없는 친구 샬롯을 만납니다. 샬롯은 크리스마스 때 베이컨과 햄이 될 거라는 소식에 울고 있는 윌버에게 다가와 친구가 되어주겠다고 약속합니다. 그리고 몸에서 거미줄을 뽑아 돼지우리 위에 '대단한 돼지', '근사한 돼지', '겸허한 돼지'라는 글자를 짜 넣어 사람들이 윌버를 기적을 일으키는 돼지로 여기게 하여 살려냅니다. 그렇지만 샬롯은 돼지 품평회장 한 구석에서 쓸쓸하게 죽고, 윌버는 샬롯이 남긴 새끼들을 돌보면서 살아갑니다.

친구라는 이유만으로 이처럼 목숨을 걸고 도움을 주는 샬롯과 순박한 새끼 돼지 윌버가 진실한 우

정을 나누는 모습은 넘치는 감동을 선사합니다. 이 작품은 이야기의 무대가 되는 농장 헛간, 주커만 농장의 냄새마저도 느껴질 만큼 표현력이 풍부해 어린이문학의 깊이를 아낌없이 보여주는 작품입니다.

강무홍의 『깡딱지』는 이제 막 새로운 인간 관계를 형성해 가기 시작하는 학년 초에 아이들이 느끼는 미세한 감정과 설렘이 담겨 있는 책입니다. 4학년 초, 인우는 주먹대장으로 소문난 한수랑 짝이 되지 기분이 별로 좋지 않습니다. 그러던 어느 날, 인우는 한수를 따라 기찻길에 갔다가 깡딱지를 만드는 비밀을 알게 되지요. 보잘것없는 병뚜껑이 멋진 딱지가 되어 빛나는 걸 본 인수는 가슴이 벅차오릅니다. 꾸밈없고 소박한 인우와 거칠고 퉁명스럽지만 마음이 여린 주먹대장 한수, 두 아이는 서로의 아픔과 상처를 보듬으면서 진정한 친구로 거듭납니다.

요즘 아이들의 감성을 생생하게 묘사한 『루카—루카』는 10대 아이들의 아련한 감성이 녹아 있는 사랑이야기입니다. 초등학생 루카와 파니가 조심조심 다가가서 서로 마음을 확인하는 모습을 섬세하게 묘사하고 있습니다. 파니는 루카를 만지고 싶고, 늘 함께 있고 싶고, 루카가 자기만 생각하기를 바라지만 늘 그렇듯 사랑은 원하는 대로만 되지는 않습니다. 그래서 파니는 사랑의 기쁨뿐만 아니라 질투, 실망, 외로움, 고독과 같은 복잡한 심리를 경험하게 됩니다.

예전보다 일찌감치 사춘기에 접어든다는 요즘 아이들입니다. 루카와 파니의 모습을 보면 마음이 풍부해지고 카타르시스도 느끼면서 스스로 마음 다스리는 방법을 터득할 수 있을 것 같습니다. 그 다음에는 마음이 훌쩍 자라 있겠지요. 파니가 그런 과정을 고스란히 보여주거든요.

친구 사이의 갈등을 푸는 지혜가 담긴 책

마음이 맞는 친구 사이에도 갈등은 존재합니다. 『화요일의 두꺼비』는 친구 사이에서 흔히 생길 수 있는 갈등을 풀어가는 묘미를 보여줍니다. 흰 눈이 쌓인 어느 겨울, 친구를 가져본 적도 없고, 그래서 친구가 좋은 줄도 모르는 올빼미 조지가 여행 중인 두꺼비 모턴을 잡아다가 자기 둥지에 가두고 자기 생일인 화요일에 잡아먹으려고 합니다. 하지만 두꺼비 모턴은 올빼미에게 이름을 지어주고 따뜻한 차를 끓여 함께 마시면서 조지의 이야기에 귀를 기울이기도 합니다. 모턴과 지내면서 닫혀 있던 마음의 문을 조금씩 열던 조지는 모턴을 위해 노간주 열매를 구하러 나섭니다. 그러나 조지는 위험에 처하게 되고, 이를 본 모턴은 조지를 구해줍니다. 자기를 잡아먹으려고 했던 친구를 위해 위험을 무릅쓴 모턴의 마음이 따스하게 전해져옵니다.

『개구리와 두꺼비는 친구』는 연작 시리즈로, 뒷다리가 늘씬한 초록색 개구리와 통통하고 작달막한 황색 두꺼비가 세상에 둘도 없는 친구 사이로 나옵니다. 봄 이야기, 단추 찾기, 수영하기, 편지 쓰기 등의 이야기에서는 아픈 친구를 위해 이야기를 들려주고 어려운 일을 함께 풀고 놀이를 즐기는 가운데 서로 이해하고 아끼게 되는 친구의 참모습을 볼 수 있습니다.

러시아 동화 『내 친구 비차』는 공부하기를 싫어하는 비차와 친구들 이야기입니다. 비차네 학급은 최고 성적의 학급이 되고자 하지만 산수를 싫어하고 축구만 좋아하는 비차 때문에 점수가 엉망으로 나옵니다. 비차는 친구들의 도움을 받아 자신의 의지력을 길러나가고 마침내 좋은 성적을 올리게 됩니다. 또한 자기와 비슷했던 친구 코스차도 공부에 재미를 붙이도록 이끌어줍니다.

『아모스와 보리스』는 땅에 사는 생쥐와 바다에 사는 고래가, 그러니까 형편과 처지가 전혀 다른 환경에서 만난 두 동물이 나누는 진한 우정이야기입니다. 세상 구경을 위해 항해에 나선 생쥐 아모스가 풍랑을 만나 죽는 순간만을 기다리고 있을 때, 볼일이 있어 지나가던 거대한 고래 보리스가 가던 길을 멈추고 아모스를 태워 고향으로 데려다 줍니다. 아모스는 집으로 가는 동안 보리스의 친절에 감동하고, 보리스는 아모스의 섬세함과 따뜻함에 깊은 감동을 느끼는 과정이 아름답게 묘사됩니다.

몇 년 뒤, 태풍에 밀려 아모스가 사는 마을까지

1>

2>

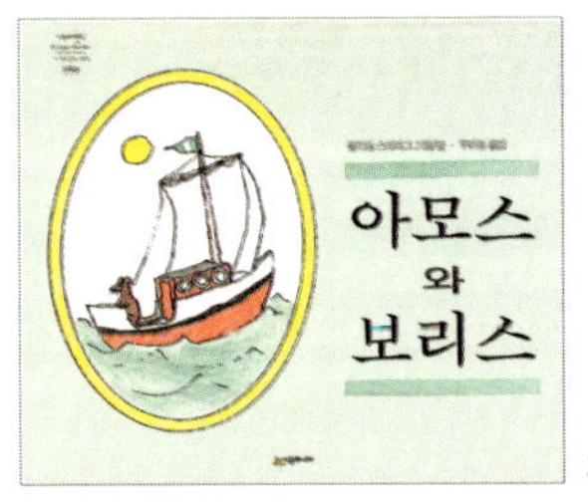

3>

1. 『화요일의 두꺼비』
러셀 에릭슨 글, 김종도 그림,
햇살과나무꾼 옮김, 사계절

2. 『내 친구 비차』 니콜라이
노소프 글, 윤경희 그림,
엄순천 옮김, 사계절

3. 『아모스와 보리스』
윌리엄 스타이그 글 · 그림,
우미경 옮김, 시공주니어

떠밀려온 보리스는 위험한 상황에 처해졌는데 그 때 아모스의 눈에 띕니다. 둘은 즉시 알아보았고, 보리스는 아모스에게 도움을 청합니다. 그러나 보리스가 '저렇게 조그만 생쥐가 나를 도울 수 있을까?' 생각하며 절망에 빠져 있을 때, 아모스는 커다란 코끼리 두 마리를 데려와 보리스를 물에 밀어넣어줍니다. 뭍에 사는 동물과 물에 사는 동물은 이제 영원히 잊을 수 없는 친구가 됩니다. 친구와 나누는 신뢰와 우정이 삶을 얼마나 풍부하고 의미 있게 해주는지를 감동적으로 느끼게 하는 이야기지요.

우정을 통해 세상 보는 눈 넓히기

친구와 우정을 주제로 한 책은 자칫하면 '친구와 사이좋게 지내야 한다'는 뻔한 내용으로 흘러 아이들을 식상하게 할 수 있습니다. 이런 교훈담은 아이들에게 아무런 의미도 주지 못합니다. 같은 주제라 할지라도 아이들이 현실에서 맞닥뜨릴 수 있는 문제, 즉 친구 사이에서 일어날 수 있는 다양한 일을 사실적으로 그린 이야기들이 아이들이 공감할 만한 내용으로 탄탄하게 구성되어 있어야 합니다.

궁극적으로 친구 관계는 삶을 공유할 수 있는 사이임을 깨닫게 할 수 있어야 합니다. 저학년 때는 친구를 사귀고 사이좋게 지내고 양보하는 미덕이 앞서겠지만, 학년이 올라가면서 친구 관계는 좀더 복잡한 양상을 띱니다. 아무리 좋은 친구 사이라도 선의의 경쟁을 할 때가 있고, 사소한 일로 마음에 상처를 입을 수도 있다는 사실을 알게 됩니다. 나아가 믿고 신뢰할 수 있는 친구 관계를 유지할 수 있는 해법을 깨우쳐가는 것도 삶의 과정이라는 점을 깨달을 때, 아이들이 세상 보는 눈은 조금씩 넓어질 것입니다.

아이들과 책을 읽은 뒤 좋은 친구란 어떤 사이인지, 친구 사이의 예절, 친구와 사이좋게 지내는 방법에 대해서 토의해보면 좋겠습니다. 친구 자세히 그리기, 친구에게 편지 쓰기, 친구와 함께하는 놀이 따위를 글이나 그림으로 표현하게 해보는 것도 좋습니다.

고학년 아이들은 바람직한 친구 관계란 어떤 것인지, 친구를 배려한다는 것은 어떤 것인지, 진정한 우정이란 어떤 것인지 등의 주제를 정해서 토론해보는 것도 좋겠지요. 또 내가 자랑하고 싶은 친구 소개하기, 친구와 나눈 우정 이야기, 공부 못하는 친구를 위해서 할 수 있는 일, 친구가 어려움에 빠졌을 때, 친구가 나쁜 길로 빠졌을 때는 어떻게 할까 등 다양한 상황을 주제로 정해 토론하고 글로 써보게 해도 좋습니다.

이야기에 소개한 작품

우리 친구하자 쓰쓰이 요리코 글, 하야시 아키코 그림, 한림 | **샬롯의 거미줄** 엘윈 브룩스 화이트 글, 가스 윌리엄즈 그림, 김화곤 옮김, 시공주니어 | **깡딱지** 강무홍 글, 양혜원 그림, 사계절 | **루카-루카** 구드룬 멥스 글, 미하엘 쇼버 그림, 김경연 옮김, 풀빛 | **화요일의 두꺼비** 러셀 에릭슨 글, 김종도 그림, 햇살과나무꾼 옮김, 사계절 | **개구리와 두꺼비는 친구** 아놀드 로벨 글·그림, 엄혜숙 옮김, 비룡소 | **아모스와 보리스** 윌리엄 스타이그 글·그림, 우미경 옮김, 시공주니어 | **내 친구 비차** 니콜라이 노소프 글, 윤경희 그림, 엄순천 옮김, 사계절

더 읽어볼 책

내 친구가 마녀래요 E. L. 코닉스버그 글, 윤미숙 옮김, 문학과지성사
전학을 온 엘리자베스는 외톨이로 지내다가 자기를 마녀라고 소개하는 제니퍼와 친구가 된다. 외톨이인 아이가 당당해지는 모습과 아이들의 우정, 성장 등을 생생하게 그렸다.

내 친구 삼례 박재형 글, 이동진 그림, 현암사
제주도 성산 일출봉 옆에 있는 섬, 우도를 배경으로 한 동화. 어느 날 영순이의 이모는 삼례를 수양딸로 데리고 온다. 섬에서 달리기도 1등, 공부도 1등이던 영순이 앞에 삼례가 나타나면서 겪게 되는 일들을 그렸다.

도돌마루의 깨비 이금이 글, 김재홍 그림, 푸른책들
여덟 살 은우는 마을 사람들이 좀 모자라다고 '모질이'라고 부르는 스무 살 깨비 형에게 두발 자전거 타는 법을 배우게 되고, 두 사람은 친해진다. 마음 속에 편견을 가진 사람이 진짜 바보라는 것을 전한다.

호주머니 속의 귀뚜라미 레베카 커딜 글, 에벌린 네스 그림, 이상희 옮김, 사계절
제이는 처음 학교에 가던 날 친구인 귀뚜라미를 호주머니 속에 넣고 간다. 그리고 떨리는 마음으로 친구들에게 귀뚜라미를 소개하는데……. 낯선 세계에 첫 발을 딛는 마음을 따뜻하게 담아냈다.

어린이책 Q&A 4부

학부모들이 궁금해하는
어린이책에 관한 모든 것

우리 아이는 여섯 살입니다. 늘 전집을 사주다가 이웃집
엄마의 권유로 낱권 그림책을 사주기로 마음먹었습니다.
그런데 어떤 기준으로 골라야 할지 막막합니다.
그림책 고르는 방법을 알려주세요.

그림만으로도 이해가 가는 책을 고르세요

유아기와 유년기 아이들은 책을 읽을 때 글자보다 그림을 읽습니다. 학교에 다니는 아이들이 동화를 글로 읽으면서 상상하는 즐거움을 느낀다면 유년기 아이들은 그림책의 그림을 즐깁니다. 그렇기 때문에 그림만으로도 이해가 가고 재미있게 느껴지는 그림책이 좋겠지요.

아이들은 책 속에서 자기와 비슷한 요소를 발견할 때 즐거워합니다. 예를 들어 『빨간 끈으로 머리를 묶은 사자』는 따스하고 부드러운 색채가 편안한 느낌을 주는 그림책입니다. 아이들을 꼭 닮은 사자는 빨간 끈으로 머리를 묶고 싶지만, 빨간 끈이 땅에 깊숙이 박혀 있어 혼자서는 끈을 뽑을 수가 없습니다. 혼자서 쩔쩔매는 사자를 보고 동무들이 나서서 도와주어 머리를 묶게 되지요. 아이들은 사자가 동무들의 도움으로 머리를 묶을 수 있게 되자 기쁨과 안도감을 느낍니다.

특히 이 책은 사자와 코끼리, 사슴, 토끼, 딱따구리 같은 동물의 다양한 표정이 재미있습니다. 아이들은 이런 표정을 통해 등장인물의 마음을 읽고

『빨간 끈으로 머리를 묶은 사자』 남주현 글·그림, 돌베개어린이

자신과 동일시하면서 즐거움을 느끼게 되는 것입니다.

　아이들은 누군가에게 인정받고 사랑받고 싶은 마음으로 가득 차 있습니다. 그것이 때론 잘난 체하는 모습으로 나타나기도 하지요. 『무지개 물고기』에 등장하는 무지개 물고기는 바다에서 가장 아름답지만 동무들을 무시하고 혼자 잘난 체하다가 동무를 모두 잃습니다. 아이들에게 동무가 없는 것처럼 큰 벌이 있을까요. 모두 떠나고 혼자 남아 외로움과 쓸쓸함을 겪으면서, 아무리 좋은 것도 혼자서는 아무 의미가 없다는 사실을 깨달아 가는 무지개 물고기는 아이들이 자신과 동일시하기에 좋은 대상입니다. 이 책은 무지갯빛을 내는 특수 인쇄된 그림이 상투적인 소재를 평범한 듯 비범하게 소화시켜 아이들의 마음을 끌어당깁니다.

　좋은 그림책은 풍부한 감성을 키워줍니다. 『우리끼리 가자』는 연필 하나만으로도 작가의 메시지를 훌륭하게 전달하면서 읽는 이에게 즐거움을 주는 그림책입니다.

　좋은 그림책은 우리의 문화와 정서를 느끼게 합니다. 생활환경은 한 나

라 문화의 토대를 이루는 중요한 근원입니다. 『모
기와 황소』, 『반쪽이』 같은 그림책에는 우리나라
사람만이 느낄 수 있는 정서가 있습니다. 물론 도
시화된 아이들에게는 어리석기 짝이 없는 반쪽이
나 한없이 순박하기만 한 황소 아저씨가 바보처럼
보일지 모르지만, 거기에 배어 있는 정서와 철학은
바로 우리의 정체성을 확인하게 합니다.

좋은 그림책은 사물의 본질에 가까운 색으로 색
에 대한 감각을 키워주고 감흥을 줍니다. 조혜란의
『참새』는 연필로 그린 그림이 정겹게 다가오는 그
림책입니다. 엄마 아빠의 어린 시절을 그리고 있는
이 그림책은, 처마 밑에서 새끼 참새를 꺼내 데리
고 놀다가 머리맡에 두고 잠들지만 아침에 싸늘하
게 죽어버린 새끼 참새를 발견한다는 내용입니다.
그 때 느껴지는 미안하기도 하고 슬프기도 한, 한
생명에 대해 교차하는 온갖 느낌들이 그림 속에 살
아 숨쉽니다.

새벽의 서늘함과 축축함과 고요함이 천천히 다
가오는 『새벽』이나 자유분방한 가운데 마음껏 상상
력을 발휘하게 하는 『생각만해도 깜짝 벌레는 정말
잘 놀라』는 구석구석 볼거리를 많이 제공하고 있
고, 이야깃거리가 많습니다. 아이하고 이야기하기
에 참 좋은 책이지요.

떨어지는 눈송이를 입으로 받아먹기도 하고 세

216

기도 하면서 노는 여자아이를 통해 눈송이의 아름다움을 넘치도록 표현한 그림책 『수백만 개의 눈송이들』에서는 눈송이를 받는 여자아이의 표정과 몸짓이 아주 멋집니다.

아이를 위한 책을 고를 때는 아이의 정서와 심리 상태를 고려해야 합니다. 또 그 책이 아이의 삶을 즐겁고 행복하게 할지를 생각해보세요. 어른들을 위한 책으로는 『어린이와 그림책』이 있습니다.

저는 그림동화보다 애니메이션 동화가 왠지 친숙하게
느껴집니다. 저 때문인지는 모르지만 우리 아이도
좋아하는 편이고요. 그런데 주변에서는 그림동화를
더 좋아하고 많이 읽히는 것 같은데, 애니메이션 동화와
그림동화는 어떤 차이가 있나요?

애니메이션 동화만 보면 색에 대한 감각을 잃어요

애니메이션(animation)은 희랍어의 'animal'(동물)과 영혼·정신·생명을 뜻하는 라틴어의 'anima'라는 단어에서 유래한 말이며, 동사형인 'animate'는 '생명을 불어넣다, 활동시키다'는 뜻입니다. 따라서 넓은 의미에서 'animation'이란 사물에 생명을 부여하는 행위라고 할 수 있습니다. 그러니까 애니메이션 동화는 그림이나 인형 등 실제로 움직이지 않는 대상을 조금씩 그 자세나 위치를 바꾸면서 한 장면씩 촬영하여 동작을 나타내는 방법으로 제작한 만화영화 형태의 책입니다. 스토리가 있기는 하지만 만화 형태의 그림에 더 중심이 가 있지요.

그림책은 그림이 중심이 되는 책으로, 지식을 전달하기 위한 책과 이야기를 들려주기 위한 책으로 나눌 수 있습니다. 지식을 전달하는 책은 동물이나 식물, 사물이나 사람 등을 소재로 하여 아이들에게 필요한 정보를 제공합니다. 이야기 그림책은 그림이나 글로 주제를 형상화하여 아이들의 감성을 자극함으로써 즐거움을 안겨줍니다.

우리 아이들이 읽는 애니메이션 동화책은 백설공주, 신데렐라, 인어공주 같은 서구의 동화들이 주류를 이룹니다. 미국의 월트 디즈니 만화영화의 성공으로 디즈니는 애니메이션의 대명사로 인식되고 있습니다. 애니메이션의 성공에 힘입어 디즈니 캐릭터가 세계적인 상품으로 떠오르면서 책, 만화, 문구류, 의류, 팬시 상품 등도 아이들 생활에 깊숙이 파고들어 의식을 지배하고 있어 안타깝습니다.

세계 각국의 문화상품에는 그 나라의 정서가 짙게 깔려 있습니다. 특히 서구 애니메이션 동화는 그림이나 내용에서 절대적으로 서구인의 가치관을 반영합니다. 또한 대개 빨강, 파랑, 초록, 주황, 노랑색 같은 원색에서 나오는 자극적이고 동적인 이미지 때문에 아이들이 좋아하지만 이런 색에 길들여지면 색에 대한 감각을 잃어버릴 수 있습니다. 우리 주변에는 수많은 색깔이 있으며, 그것은 사물의 본질을 전달하는 데 크나큰 역할을 합니다. 개나리의 노랑색과 바나나의 노랑색이 같을 수 없는데, 애니메이션 동화는 '노랑색'으로 통일하고 있습니다. 이런 이유 때문에 어릴 때일수록 우리 문화와 정서를 바탕으로 한 우리 그림동화를 먼저 읽으면서 우리 정서가 몸에 배도록 하는 것이 중요합니다.

4학년 아이를 둔 엄마입니다. 우리 아이는 어릴 때부터 책을 많이 읽어서 그런지 제법 수준이 높아 보입니다. 그래서 이제는 좀더 수준 높은 책을 읽게 하고 싶습니다. 그런데 고전 명작들은 너무 두껍더군요. 줄임판을 읽게 하고 싶은데, 그렇게 해도 괜찮을까요?

조금 더 천천히 원작의 향기를 느끼도록 해주세요

요즘은 책읽기가 입시와 연결되어 있어서 한국의 명작이라는 「삼대」, 「상록수」, 「흙」 등의 작품도 줄임판으로 나와 있습니다. 중학교나 고등학교 때 읽어야 할 책을 '미리' 읽어둔다는 의미에서 초등학교 아이들에게 읽히고 있지요. 그러나 단순히 읽기 위해서 읽는 것이 아니라면 원작을 천천히 읽으면서 행간에 숨은 뜻을 파악하고, 작가와 주인공과 나누는 은밀한 대화도 즐길 수 있게 했으면 좋겠습니다.

중학교나 고등학교에 가서 읽을 책을 미리 읽어두면 이롭다는 생각 때문에 줄임판을 권하는 경향이 있는데, 많이 읽는 것이 좋은 게 아니라 무엇을 느꼈는지가 중요하다고 여긴다면 아이 수준에 맞는 책을 읽게 하는 것이 좋겠지요. 유명한 책이지만 아이가 어려워한다면 지금은 읽을 때가 아닌 것입니다. 그러니 그런 책은 아이가 이해할 만한 때에 읽게 하면 어떨까요?

아이가 이해하기에 벅찬 책을 줄임판으로라도 읽혀야 할 이유는 없습니다. 몸이 자라는 것처럼 아이의 나이에 맞는 경험과 학습이 어우러지면 정신도 조금씩 자랄 테니까요. 그러면 지금 이해할 수 없는 책들도 이해하게 될 때가 올 것입니다. 지금 줄임판으로 열 권 읽는 것보다 좀더 커서 온전하게 한 권을 읽는 것이 더 효과적일 것입니다.

독서력이 높다고 생각되는 4학년 아이에게 권하는 책

나니아 나라 이야기(전7권) C. S. 루이스 글, 폴린 베인즈 그림, 햇살과나무꾼 옮김, 시공주니어
영국 판타지 문학의 고전으로 꼽히는 책. 현실세계 너머에 있는 나니아 나라로 들어간 소년과 소녀들이 겪는 흥미진진한 모험소설이자 서사시로 공상의 세계에 푹 빠져들게 한다.

돼지가 한 마리도 죽지 않던 날 로버트 뉴턴 펙 글, 김옥수 옮김, 사계절
가난한 농부의 아들인 열두 살 로버트를 주인공으로 하여, 자연과 인간에 대한 믿음과 사랑을 절제된 언어로 묘사하면서 참된 삶의 의미를 일깨워주는 성장소설.

떡갈나무 바라보기 주디스 콜·허버트 콜 지음, 후박나무 옮김, 사계절
'동물들의 눈으로 본 세상'이라는 부제를 달고 있는 이 책은 우리와 함께 이 세상을 살아가는 다른 생명체를 이해하고 존중해야 하는 까닭을 알게 한다.

모모 미하엘 엔데 글, 한미희 옮김, 비룡소
도시의 외곽 원형 경기장에서 사는 거지 소녀 모모는 시간을 훔치는 도둑들과 싸워 이긴다. 현대인을 지배하는 시간의 의미와 삶의 의미를 돌아보게 하는 책.

아벨의 섬 윌리엄 스타이그 글·그림, 송영인 옮김, 다산기획
아내와 함께 소풍길에 나섰다가 폭풍을 만나 무인도에 떨어진 아벨이 숱한 고생을 거듭한 끝에 다시 육지로 돌아오는 과정이 밀도 있는 이야기 속에 녹아 있다.

아주 작은 개 치키티토 필리퍼 피어스 글, 엔터니 메이클런드 그림, 햇살과나무꾼 옮김, 시공주니어
개를 무척이나 갖고 싶어하는 밴이 상상 속에서만 만날 수 있는 아주 작은 개 치키티토와 사랑을 나누는 과정에서, 간절히 원하는 것이라고 해서 모두 가질 수는 없다는 진실을 터득한다.

3학년 남자아이를 둔 엄마입니다.
책은 사주어야겠는데 잘 몰라서 그냥 이름 있는 회사에서
나오는 전집을 구해주었습니다. 할인 혜택도 있고 해서
그 기회를 잡았죠. 그런데 아이는 별로 관심이
없는 것 같습니다. 책을 잘못 고른 걸까요?

다양함이 살아 있는 낱권을 골라주세요

1960년대부터 80년대까지 전집은 우리나라 어린이책의 대명사나 마찬가지였습니다. 1960년대와 70년대, 아이들이 있는 집이면 예외 없이 ㄱ출판사의 빨간색 위인전집이나 세계명작전집이 책장을 장식했지요. 책이 없던 시절, 이 전집이 아이들의 지적 욕구를 충족시키는 데 크게 기여한 건 사실입니다.

그러나 이제는 사정이 달라졌습니다. 1980년내 중반부터 단행본 시장이 형성되기 시작해 지금은 아주 다양한 분야의 책이 다양한 출판사에서 넘치도록 많이 나오고 있습니다.

저라면 아무리 할인을 해준다 해도 전집을 사지는 않겠습니다.

첫째, 전집은 값이 비싸기 때문입니다. 물론 아이들에게 그 정도쯤이야 투자할 수 있지만, 비싼 돈을 주고 샀기 때문에 아이가 기분 좋게 읽지 않으면 손해를 본다는 느낌이 들 수도 있지 않을까요?

엄마들은 전집을 들여놓고 절대로 가만 있지 않습니다. 아이가 책에 소

홀하다 싶으면 당당한 목소리로 "너 저 책 얼마나 주고 산 줄 알아?", "저 책 다 읽기 전에는 절대 다른 책 안 사줘!", "빨리 읽어!", "독후감 썼어?", "어디 봐, 이게 뭐야! 잘 좀 써봐" 하며 온갖 위세를 다 부립니다. 전집을 들여놓고 나면 책을 사줘야 한다는 부담에서 벗어나 한껏 자유로움을 느끼기도 하고요. 시시각각 아이들의 호기심을 끄는 매력적인 책들이 얼마나 많이 나오는지도 모르면서 말입니다.

아이는 갑자기 몇십 권이나 되는 책을 보면 처음에는 기분이 좋았다가도 저걸 다 읽어야만 한다는 압박감에 시달릴 수 있습니다. 읽고 싶어서 읽는 것이 아니라 엄마의 압력 때문에 책을 읽어야 한다면 책읽기가 즐거움을 주기는커녕 오히려 큰 짐으로 다가올 수 있습니다.

사실 전집을 사면 어른들은 편합니다. 책값이 좀 비싸긴 하지만 나누어 내니까 부담이 덜합니다. 부담이 된다 해도 그 정도는 감수할 수 있습니다. 아이들 교육을 위해서니까요. 서점 나갈 시간도 없는데 한꺼번에 사서 들여놓으면 일일이 사러 나가지 않아도 되고 편하지요.

그러나 아이들 처지에서 생각해봅시다. 아이들이 읽는 책은 아이들 의견을 반영해서 사는 것이 좋습니다. 그런데 전집을 구입할 때 아이들의 뜻은 막혀 있습니다. 이건 좀 불합리하지 않나요?

둘째, 전집은 획일적인 편집, 똑같은 판형으로 아이들이 다양하게 사고할 수 있는 통로를 막기 때문입니다. 우리가 살고 있는 도시공간이나 주거공간, 학교공간이 대부분 네모꼴로만 되어 있어서 사람들의 사고가 유연하지 못하다는 이야기를 어디선가 들은 기억이 납니다. 그 말을 듣고 주위를 돌아보니 정말 우리는 네모 나라에 살고 있었습니다. 모든 것이 규격화된 공간에서 규격화된 교육을 받고 있었습니다. 집도 학교도 어른들의 일터도 그렇습니다.

전집 역시 규격화된 판형에 규격화된 내용을 담고 있습니다. 편집과 디자인이 다양하지 못합니다. 전집이라는 틀에 맞춰 책의 크기를 일률적으로 만들어야 하기 때문입니다. 내용에 따라 두께나 판형, 재료가 저마다 개성을 발휘하는 낱권과는 달리 똑같은 크기와 길이, 같은 편집, 비슷한 삽화 따위로 규격화된 '상품'을 아이들에게 건네는 것은 다시 생각해볼 필요가 있습니다.

아이들에게는 새롭고 다양한 세계에 대한 본능적인 욕구가 있습니다. 새로운 것에 대한 끊임없는 시도는 창의력과 상상력을 자극합니다. 그렇기 때문에 아이들에게 세상이 얼마나 다양한지 알려주고 다양한 사람들과 함께 어울려 살아가는 것을 가르쳐주는 책읽기에서는 늘 새로운 내용과 새로운 모습으로 선보이는 낱권을 선택하라고 권하고 싶습니다.

낱권을 만드는 출판사들이 책 한 권을 만드는 데 들이는 노력은 한꺼번에 4, 50권을 만드는 것보다 훨씬 어렵고 힘듭니다. 시장에서 살아남으려면 독자들의 마음을 사로잡아야 하기 때문입니다.

세상의 모든 것을 향해서 열려 있는 아이들의 사고와 호기심을 전집 속에 가두지 마세요. 몇 년 전 '피터 래빗' 이야기가 손바닥보다 조금 더 큰 판형의 책 세 권으로 한 세트가 되어 나온 적이 있습니다. 세계적인 걸작으로 꼽히는 그 책이 참 예쁘고 내용도 좋아서 보고 또 보면서 즐겼습니다. 그런데 유럽에 가보니까 어린아이 손바닥만한 것부터 아주 큰 것까지 정말 여러 종류가 있었습니다. 권수도 20여 권이 넘었고, 어느 서점에서나 낱권으로 살 수 있었습니다. 뿐만 아니라 접시, 필통, 가방, 지갑, 컵 등 온갖 팬시 상품과 함께 아예 피터 래빗 코너가 따로 마련되어 있었습니다.

그런데 우리나라에서는 이 책들이 전집에 묶여 있어서 그동안 시장에서 볼 수 없었던 것입니다. 전집에 묶여 있는 동안에는 폭넓은 관심을 끌지 못하다가 여러 출판사에서 낱권으로 펴내면서 많은 사람들에게 알려진 거지요.

전집보다 낱권을 권하고 싶은 세 번째 이유는, 외판원을 통해 방문 판매하는 전집은 선택의 여지가 별로 없기 때문입니다. 낱권은 신문이나 잡지에서 책에 관한 정보가 다루어지고, 서점에서 여러가지를 놓고 비교해볼 수도 있습니다. 그러나 전집은 시장구조상 오로지 외판원의 말에 의존해야 하니 객관적으로 판단하기가 쉽지 않지요. 물론 낱권도 발품을 팔아야 하고, 서점에 가도 판단의 잣대가 명확하지 않은 상태에서 책을 고르기란 쉽지 않습니다. 그러나 마음만 먹으면 주위에 널려 있는 정보를 활용하고 아이와 함께 의논하면서 책을 고르는 기쁨을 느낄 수 있습니다. 아이도 엄마도 이런 과정을 거치면서 덤으로 책을 보는 안목까지 자연스럽게 얻을 수 있겠지요.

좋은 책을 내는 곳으로 인정받는 출판사의 책 광고가
여러 신문에 전면으로 실렸습니다. 한 번도 아니고
여러 번에 걸쳐 계속해서 실리고, 신문마다 좋은 책이라고
알리는 기사가 나오는 바람에 사서 읽어야 할 것만 같은
생각이 들었습니다. 그런데 막상 읽어보니 광고 문구만큼
좋은 점을 발견할 수 없었습니다. 책 광고나 신문기사를
잘 판단하는 방법이 있을까요?

냉정하고 객관적인 눈으로 보시면 됩니다

책을 좋아하는 사람들이면 누구나 이런 경험을 해보았을 것입니다. 물론 책을 선택할 때 광고에서 중요한 정보를 얻기도 합니다. 그런데 말씀하신 대로 무조건 광고를 믿었다가 낭패를 보는 일도 심심찮게 있습니다. '책'이라는 특수성 때문이지요.

예를 들어 가전제품은 사람들이 기대하는 기계적 성능이 똑같습니다. 그런데 책은 사람마다 판단하는 기준이 다르고 받아들이는 것도 달라서, 누구에게는 좋은 책이 또다른 누구에게는 별 볼일 없는 책으로 받아들여지기도 합니다. 또 출판사에서 하는 책 광고는 상품 가치를 우위에 두고 소비자의 욕구를 자극하기 위해 심혈을 기울입니다. 그래서 관점에 따라 별 볼일 없는 책도 광고효과에 힘입어 날개 돋친 듯이 팔려나가고 베스트셀러가 되는 일이 얼마든지 있습니다. 명망 있는 출판사라고 해서 예외는 아닙니다. 출판사도 자본의 논리에서 벗어날 수 없기 때문에 경제적인 면을 먼저 생각하게 마련이니까요.

그러므로 이제는 독자들이 좀더 냉정하게 바라보는 객관적인 눈을 가져야 합니다. 나날이 쏟아지는 수많은 책 가운데 아이들에게 어떤 책을 읽힐 것인지, 어떻게 고를 것인지 잘 몰라 광고를 무조건 믿는 일은 없어야겠지요.

미국의 에머슨이라는 학자는 출판된 지 일 년이 지나지 않은 책은 선택하지 말라는 말을 했습니다. 좋은 책은 과대광고에 의해서가 아니라 그 책을 읽은 독자들의 입에서 입으로 전해지니까요. 또 광고나 신문 기사에 나온 책을 취사선택하는 안목을 키우는 데는 어린이책 관련 단체의 정보나 자료를 이용하는 것도 좋은 방법입니다.

서점에 나가보면 먼지를 뒤집어쓴 채 구석에 놓여 있는 책들 중에서도 보물 같은 좋은 책을 찾을 수 있습니다. 책은 나날이 쏟아지는데 서점 진열대는 한정되어 있습니다. 그러니 독자들에게 사랑받지 못하는 책은 바로 다음 책에 자리를 내주어야만 합니다. 그러나 아무리 오래된 책이라도 찾는 독자들이 있으면 자리를 빼앗기지는 않지요.

또 신간에 너무 의존하기보다는 정평이 나 있는 책 가운데 우리 아이에게 알맞은 책을 고르는 것이 좋습니다. 어른들이 발품을 팔 생각이 있다면 부족하나마 아이들 책에 관한 정보를 얻을 수 있는 통로는 꽤 많습니다.

한때 시내 유명 서점들에서 자체적으로 어린이책 베스트셀러를 뽑아 발표한 적이 있습니다. 그러나 얼마 뒤 서점 스스로 그 일을 그만두었습니다. 어린이에게 좋은 영향을 주는 책이 아닌데도 매스컴의 영향으로 베스트셀러에 오르고, 어린이나 부모들이 베스트셀러를 기준으로 책을 선택하는 건 바람직하지 않다는 것을 알고 스스로 내린 윤리적인 결단이었다고 합니다.

우리가 이미 알고 있는 대로 베스트셀러는 어느 한 시기 동안 매스컴이나 광고의 힘을 빌려 많이 팔리는 책을 뜻할 뿐, 책의 좋고 나쁨과는 전혀 상관 없습니다. 그렇게 때문에 냉철한 시선으로 바라보는 게 좋습니다.

위기철의 『생명이 들려준 이야기』나 노경실이 쓴 『상계동 아이들』과 같은 책은 시간이 흘러도 여전히 많은 어린이들에게 사랑을 받고 있는 책입니다. 현명한 엄마라면 좋은 책을 골라낼 줄 아는 지혜를 무기삼아 아이를 싸구려 베스트셀러에서 지켜낼 것입니다.

『상계동 아이들』
노경실 글, 김호민 그림, 사계절

책을 고르는 데 도움이 되는 책

그림책 사냥을 떠나자 이지유 글, 미래M&B | **내 아이가 책을 좋아하게 하려면** 곽정란 글, 차림 | **내 아이 책은 내가 고른다 1·2** 조월례 글, 푸른책들 | **동화, 이렇게 보세요** 어린이도서연구회 엮음, 웅진닷컴 | **동화책을 먹는 치과 의사** 신형건 글, 푸른책들 | **어린이 책을 읽는 어른** 이주영 글, 웅진닷컴 | **책아, 우리 아이 마음을 열어 줘** 하제 글, 청어람미디어 | **우리 아이, 책날개를 달아주자** 김은하 글, 현암사

어린이문학 이론과 관련된 책

아동문학 입문 이원수 글, 소년한길 | **아동문학론** 릴리언 H. 스미스 글, 김요섭 옮김, 교학연구사 | **약이 되는 동화 독이 되는 동화** 심혜련 글, 이프 | **세계 걸작 동화로 배우는 동화창작법** 니시모토 게이스케 글, 최현숙 옮김, 미래M&B | **숲에서 어린이에게 길을 묻다** 김상욱 글, 창비 | **책·어린이·어른** 폴 아자르 글, 햇살과나무꾼 옮김, 시공주니어 | **판타지 동화 세계** 이재복 글, 사계절 | **현대 어린이문학** 우에노 료 글, 햇살과나무꾼 옮김, 사계절

제 아이는 4학년 남자아이입니다. 어른들이 읽는
『동의보감』이나 『개미』, 『태백산맥』 같은 베스트셀러를 읽고
스스로 자랑스러워합니다. 이런 책들을 계속 읽게 해도
괜찮은지요?

아이의 심리 발달에 맞춰 책을 찾아주세요

아이들이 『동의보감』이나 『태백산맥』 같은 어른 소설을 읽는 것은 아이들 세계를 훌쩍 뛰어넘어 어른의 세계를 기웃거리는 일입니다. 동화가 시시해서 그럴 수도 있고 어른들 세계가 궁금해서 그럴 수도 있습니다. 또 단순히 재미있기 때문일 수도 있습니다.

그렇지만 어른들 책이 담고 있는 정서와 언어는 어린이책과 분명히 다릅니다. 빨리 어른이 되고 싶은 마음에서 어른들의 세계를 기웃거리는 일시적인 심리일 수 있겠으나, 그것은 아이들의 삶이 아니며 또한 실천할 수 있는 일도 아닙니다. "그런 세상이 있구나" 하고 관념의 세계를 형성하게 할 수도 있습니다. 아이들을 배려하지 않은 어른들 책의 가치체계 때문에 혼란을 불러올 수도 있습니다. 글자를 읽을 수는 있어도 그 안에 담긴 가치까지 온전히 이해할 수는 없을 테니까요.

문학의 힘은 문학이 가진 진정성을 통해 경험을 넓히는 것입니다. 그것이 세상을 이해하는 힘으로 나아가고, 자신의 신념을 구체화시키며 삶을

살찌워주는 것이지요. 아이들의 시간은 금세 지나갑니다.

아이들이 이렇게 어른들 책을 기웃거리기 전에, 성장하는 아이들 나이에 맞는 책을 그때 그때 챙겨주면 좋겠습니다. 아이들의 심리 발달단계와 아이들의 관심 분야에 맞는 책을 골라주어 어린 시절에 어린이책이 주는 즐거움을 풍부하게 느끼게 하는 것이 중요합니다.

4학년 아이에게 권하는 책

검은 여우 베치 바이어스 글, 김우선 그림, 햇살과나무꾼 옮김, 사계절
부모님이 여행을 떠난 여름 동안 이모네 농장에서 지내게 된 톰. 농장 생활은 지루하고 따분하기만 하다. 그러나 검은 여우를 만나 자연의 아름다움을 느끼고 야생동물에 대해서도 이해하게 된다.

고래는 왜 바다로 갔을까 과학아이 글, 윤정주 외 그림, 창비
고래에 관한 지식책. 역사 속에 나타난 고래와 사람과의 관계나 고래에 얽힌 동서양의 이야기 등과 고래의 종류나 생태적 특징, 고래의 멸종위기 따위의 자연과학적 정보를 함께 담았다.

고맙습니다 선생님 패트리샤 폴라코 글 · 그림, 서애경 옮김, 아이세움
5학년이 되도록 글을 읽지 못하는 트리샤에게 폴커 선생님은 그림 그리는 솜씨를 칭찬하면서 문장을 이해할 수 있도록 지도해준다.

과수원을 점령하라 황선미 글, 김환영 그림, 사계절
과수원을 둘러싸고 벌어지는 이야기. 쥐, 고양이, 오리, 나무귀신, 찌르레기 등 과수원은 온갖 생명의 노랫소리가 퍼지는 곳이다.

나는 둥그배미야 김용택 글, 신혜원 그림, 푸른숲
논 가운데서도 둥그렇게 생긴 논을 '둥그배미'라 부르는데 그 논이 들려주는 이야기를 담았다. 땅의 소중함을 아는 사람들의 모습과 함께 논의 일 년을 보여준다.

제가 사는 지역에 있는 어린이책 전문서점이 경영에 어려움을 겪고 있습니다. 어린이책에 관심이 많은 엄마들도 인터넷 서점이나 할인점 등을 통해 책을 사기 때문에 더욱 그런 것 같습니다. 예전에 "우리가 출판 유통을 바꿔야 한다"는 선생님 말씀을 들은 적이 있는데 어린이책 전문서점의 중요성과 책을 싸게 살 때 생길 수 있는 문제 등을 다시 한 번 짚어주시면 고맙겠습니다.

어린이책 전문서점은 어린이의 문화공간

문화는 인간의 삶을 풍요롭게 하는 토대입니다. 특히 어린이문화는 어린이들의 마음을 살찌우는 데 절대적으로 필요한 요소입니다. 그러나 우리나라에서는 어린이를 소비의 대상으로만 보는 경우가 많습니다. 텔레비전을 보아도 온통 먹어라, 입어라, 신어라 하는 광고만 나옵니다. 어린이를 위한 도서관, 놀이시설, 문화시설은 너무나도 빈약합니다. 이런 측면에서 볼 때 어린이책 전문서점은 복합 문화공간으로서 중요한 구실을 한다고 생각합니다.

책이라는 매체는 모든 문화의 집합체이자 연결고리입니다. 특히 도서관이 절대적으로 부족한 우리 현실에서 어린이책 전문서점은 도서관 기능을 하고, 아이들이 문화적인 감성을 키울 수 있는 공간이라는 의미가 큽니다. 어린이책 전문서점은 단순히 책을 사고 파는 상행위만 하는 공간이 아니라, 아이들이 정신을 살찌우고 문화적인 욕구를 해소할 수 있는 공간이기 때문입니다.

어린이책 전문서점은 아이들이 수시로 드나들면서 책문화에 익숙해지게 합니다. 좋은 책을 자주 접하다 보면 새로운 정보를 얻을 수도 있겠지요. 이런 전문서점이 유지되려면 경제적인 기반이 마련되어야 하며, 그것은 책을 팔아서 남는 이익금으로 충당되어야 합니다.

독자들이 인터넷이나 할인점에서 책을 싸게 사는 것은 어린이책 전문서점이 가져가야 할 이윤을 독자들이 가져가는 것입니다. 할인점은 대량으로 판매하니까 이윤을 조금 남겨도 큰 이익을 볼 수 있지요. 그러나 1990년대 초반부터 생기기 시작한 어린이책 전문서점은 어린이 문화운동의 관점에서 출발했기 때문에 상업적인 이윤이 많은 책보다는 좋은 책 위주로 다룹니다. 따라서 대량판매가 불가능한 것이지요.

또 동네 서점들은 인근의 제한된 독자들을 대상으로 하게 됩니다. 그런데 그 제한된 독자들에게조차 책값을 할인해주다 보면 경영에 어려움을 겪을 수밖에 없고, 마침내는 문을 닫게 될 것입니다. 그러면 아이들은 다시 동네 싸구려 만화방이나 책 대여점을 찾을 수밖에 없지요. 어린이책 전문서점은 어린이들에게 책에 대한 정보를 알려주는 한편 어린이책을 유통시키는 실핏줄 같은 구실을 합니다.

생각해보세요. 어린이책 전문서점이 생기기 전 동네를 누비고 다닌 사람들은 세계명작전집 외판원들이었습니다. 우리나라 어린이책의 출판시장은 외판원들이 장악했습니다. 특히 대도시에서 멀수록 오늘날의 어린이책 전문서점에서 다루는 책들을 만난다는 것은 거의 불가능했습니다. 설령 좋은 어린이책이 나온다 해도 동네 서점들은 이윤이 많이 남는 학습지나 만화, 저질 애니메이션 중심으로 책을 진열하기 때문에 상대적으로 이윤의 폭이 좁은 어린이책을 진열하지 않았으며, 독자들은 좋은 책 정보의 사각지대에 놓여 있었습니다. 어찌어찌해서 좋은 책에 대한 정보를 얻어도 동네 서점에서 구하기 어렵기 때문에 부모들은 어쩔 수 없이 명작동화 전집이나 위인전집을 사줄 수밖에 없었습니다.

만일 어린이책 전문서점이 없어지면 좋은 책이 나와도 그것에 관한 정보를 알 수 있는 길이 막혀버릴 것입니다. 물론 인터넷을 통해 좋은 책을 검색할 수는 있겠지만, 아무래도 한계가 있지요. 그림이나 디자인이나 간단한 내용이라도 눈으로 직접 보고 만져보면서 책의 가치를 가늠할 수 있는 건데, 인터넷으로는 그렇게까지 할 수가 없으니까요.

어린이책 전문서점은 어린이문화를 이끄는, 그래서 아이들에게 문화적인 감성을 키워주는 공간입니다. 깨어 있는 독자들이 어린이책 전문서점의 중요성에 대해서 다시 한 번 생각해봤으면 합니다.

우리 아이는 흥미 위주의 책을 좋아하는데,
저는 그리 나쁘지 않다고 생각합니다. 애들 책은 일단
재미있어야 하니까요. 그런데 한편에서는
상업주의적인 책이라고 비판해서 마음에 걸립니다.

가벼운 책만 읽으면 생각하는 힘을 잃어요

아이들 하나하나를 놓고 보면 어떤 책이 좋다, 나쁘다 함부로 규정하는 게 위험한 일입니다. 물론 절대적으로 나쁜 책은 예외겠습니다만, 어떤 아이에게는 나쁜 책이 어떤 아이에게는 좋은 책이 될 수도 있기 때문입니다. 나쁜 만화책이 토론하기에는 오히려 좋은 교재가 될 수 있는 것처럼 말이지요.

그렇지만 말씀하신 흥미 위주의 책은 경우가 조금 다르지 않을까 싶습니다. 요즘에는 텔레비전 드라마가 금세 어린이책으로 나오곤 합니다. 이런 책들은 그야말로 흥미 위주로 전개되는데, 아이들에게는 어떤 면에서든 전혀 의미가 없는 책입니다.

어린이책의 중요한 기능은 교육입니다. 아이들이 성장하는 데 필요한 교육적인 요소들을 담아내는 것이 책이기 때문입니다. 음식을 만들 때 기본 재료에 여러가지 양념을 해서 맛을 내듯, 어린이책은 교육이라는 기본 재료에 여러가지 재미라는 양념을 넣어 흥미를 끌어내야 합니다. 그래서

교육성과 더불어 '재미'는 어린이책이 갖추어야 할 일차적인 조건으로 꼽히는 것입니다.

그러나 흥미만을 쫓는 책은 재미의 본질을 왜곡하게 됩니다. 아이들은 '최불암 시리즈'도 재미있다 하고 『몽실 언니』도 재미있다 하지만, 본질은 분명히 다르지요. 말장난으로 시작해 말장난으로 끝나는 책이 주는 얄팍한 재미와 삶의 본질을 추구하는 재미는 서로 견줄 수가 없는 것입니다.

재미의 질에 따라서 좋은 책이 될 수도 있고 나쁜 책이 될 수도 있으며, 아이에게 약이 될 수도 있고 독이 될 수도 있습니다. 아이들의 삶에 아무런 영향을 주지 못하고 말초신경을 자극해 순간적인 흥미만 주는 책을 읽게 하느니, 그 시간에 동무들하고 신나게 뛰놀게 하는 편이 백 번 낫습니다. 이런 책에 익숙해진 아이들은 결코 진실이 담긴 책, 생각을 해야 하는 책이 주는 감동을 맛보기 어렵습니다. 그러한 책을 읽어낼 능력을 일찌감치 잃어버리기 때문입니다. 삶의 문제에 대해 생각하기를 싫어하고 진지함을 모르는 아이가 되기를 바라지 않는다면 흥미 위주의 책은 경계해야 마땅합니다.

『몽실 언니』
권정생 글, 이철수 그림, 창비

우리 딸은 4학년입니다. 아이가 어려서부터 책을 좋아해
전집을 많이 사주었습니다. 가끔 책방에도 함께 가는데,
갈 때마다 엄마하고 다른 책을 골라 갈등을 겪습니다.
어떻게 해결할 수 있을까요?

아이의 생각을 존중해 주세요

"엄마, 나 이 책 살래요."

"안 돼."

"에이."

"너 이 책 사라."

"재미 없을 것 같은데……."

"그럼 이 책은 어때?"

"엄마 그 책은 저질이에요."

어느 날 서점에서 우연히 본 풍경입니다. 엄마가 고른 책을 아이가 저질
이라고 해서 슬쩍 넘겨다봤더니 그 책은 정말 질이 안 좋은 책이었습니다.
아이가 말한 '저질 책'은 그 무렵 유행하던 성교육 동화였는데, 분명히 읽
어서 좋을 게 없는 책이었습니다. 그러나 질이 낮은 책이라고 해서 아이들
이 보지 않느냐 하면, 그렇지는 않습니다. 어른 모르게 저희끼리 돌려봅니
다. 좋지 않은 걸 알기 때문에 떳떳하게 꺼내놓고 읽지 않을 뿐입니다.

236

최근 들어 아이와 함께 서점에 가서 책을 고르라는 목소리가 높아지면서 어른들이 아이와 함께 서점에 가는 것까지는 성공했습니다. 그런데 서점에 가서 생기는 갈등은 해소되지 않는 것 같습니다. 어른은 어른대로, 아이는 아이대로 자기가 고른 책을 사자고 실랑이를 하다가, 심하면 엄마가 아이를 쥐어박으면서 자신의 선택을 강요하는 것입니다.

사람들마다 생각이 다른 것은 당연한 일입니다. 부모 자식이라고 해서 생각이 같아야 한다는 법은 없습니다. 이럴 때는 마음에 들지 않아도 아이의 의견을 존중해주세요. 아이가 원하는 책과 어른이 원하는 책을 다 사서 기분 좋게 집으로 오세요. 그리고 집에 와서 읽어보세요. 다 읽은 뒤에 자연스럽게 느낌을 이야기해보세요. 그렇게 하다 보면 차츰 좋은 책과 나쁜 책, 나쁘지는 않지만 읽어도 그만 안 읽어도 그만인 책을 구별하는 힘이 생긴답니다.

어린이 독서 지도에서 중요한 것은 아이 스스로 좋은 책을 고를 수 있는 능력을 키워주는 것입니다. 이런 능력은 하루 아침에 생기지 않습니다. 무수한 실패의 경험이 있어야만 얻어지지요. 아이의 선택권을 존중하는 것은 아이 스스로 실패의 경험을 쌓게 하며, 어른들이 아이의 독서 패턴을 이해하는 데 매우 중요합니다.

책방에 가기 전 아이와 함께 신문이나 인터넷에서 책에 대한 정보를 알아보고 사고자 하는 책의 목록을 만들어보세요. 목록은 좀 넉넉하게 준비하세요. 실제로 책방에 가서 책을 보면 기대한 만큼 좋은 책이 아닐 수도 있기 때문입니다.

아이가 고른 책은 관심을 갖고 함께 보세요. 좋지 않은 책은 어떤 면에서는 가장 좋은 교재가 될 수 있습니다. 무엇이 어떻게 나쁜지 분명하게 드러나기 때문이지요.

아이도 자기 스스로 고른 책은 좀더 관심있게 보게 마련입니다. 자신의 선택에 대해 스스로 판단할 기회도 되겠지요. 이런 과정을 통해서 책을 고르는 안목이 조금씩 쌓이게 된답니다.

도서관도 마찬가지입니다. 도서관에서는 대개 관외 대출 도서가 한정되어 있지요. 그러니 빌릴 수 있는 책 가운데 아이가 원하는 책과 어른이 원하는 책을 반반씩 빌리세요. 이 때 아이가 고른 책이 마음에 들지 않아도 일단 받아들이고, 읽고 난 뒤에 이야기로 풀어나가는 것이 좋습니다. 도서관을 이용할 때는 공공장소에서 지켜야 할 예의, 여러 사람이 보는 책을 다루는 태도, 책을 돌려주는 날짜를 지켜야 한다는 것도 가르쳐주세요. 책읽기는 우리가 바르게 살아가는 것을 배우는 여러가지 방법 가운데 하나이니까요.

여섯 살 된 아이입니다. 제가 일이 있어서 바쁘기 때문에
책을 읽어주기보다는 애니메이션 비디오 테이프를 많이
보여주었습니다. 그런데 이젠 시간을 내어 책을
읽어주려고 해도 비디오 테이프를 보겠다고 합니다.
이대로 그냥 두어도 좋은지, 달리 지도 방법이 있는지
알려주세요.

아이를 안고 책을 자주 읽어주세요

일본의 유명한 어린이책 편집자 마쯔이 다다시는 아이를 엄마 품에 꼭
안고 책을 읽어주라고 말합니다. 아이는 어른이 읽어주는 책이나 들려주
는 이야기를 통해서 언어의 기쁨을 느끼기 때문이라는 것이지요. 아이가
새로운 말을 알아가는 말할 수 없는 기쁨을 누리는 때는 바로 엄마가 품에
안고 책을 읽어주는 시간입니다. 할머니나 아빠, 고모나 이모라도 괜찮습
니다. 아이는 누군가와 함께 책을 읽으면서 정서적으로 안정을 얻고 편안
함을 느낍니다.

이는 아이가 자라면서 만날 수많은 사람들과 원만한 관계를 맺어가는
기초가 될 것이며, 책읽기란 정말 기쁜 일이라는 사실을 알게 할 것입니
다. 평생 책을 즐겨 읽으며 생활하는 기초를 닦는 일이기도 합니다.

엄마나 아빠, 할머니 할아버지가 따스한 애정을 담아 이야기를 들려주
면 서로 눈도 맞추고, 재미있는 장면이 나오면 함께 웃기도 하고 표정을
나누는 등 인간적인 교감을 나눌 수 있습니다. 그러나 비디오 테이프를 보

여주는 것은 아이에게서 이야기의 재미를 빼앗는 것입니다.

그래도 아이가 비디오를 보려고 고집한다면 좋은 원작을 바탕으로 만든 비디오나, 작품성이 있는 걸 찾아 보여주세요. 밤새 눈이 내린 다음날 아침 눈사람을 만든 아이가 눈사람과 함께 밤하늘로 신나는 여행을 떠난다는 내용의 『눈사람 아저씨』, 또 할아버지와 손녀가 놀이를 하며 신나는 나날을 보내다 어느 날 문득 비어 있는 할아버지의 의자를 통해 손녀가 할아버지의 죽음을 알게 된다는 『우리 할아버지』 등은 좋은 책을 원작으로 한 작품이기 때문에 믿고 보여줄 수 있는 작품들입니다. 이러한 비디오를 통해 아이가 자연스럽게 그림책을 접할 수도 있겠지요.

이야기는 지식을 쌓기 위한 것만은 아닙니다. 가슴으로 이해하고 받아들일 수 있어야 합니다. 그런 책읽기가 아이의 삶을 변화시키는 힘이 됩니다. 엄마가 안아주고 눈을 맞추면서, 아이의 관심과 흥미를 관찰하면서, 아이의 표현에 반응하면서 읽어주세요. 그러면 그림책이 주는 즐거움을 알고 삶에 대해 긍정적인 마음을 키워가게 됩니다.

아이들이 볼만한 비디오테이프

강아지똥 인피니스
권정생의 그림책 『강아지똥』을 클레이 애니메이션으로 제작했다. 민들레 꽃을 피우는 강아지똥의 애기가 감동적으로 펼쳐진다.

까이유 비엠코리아
귀엽고 천진난만한 까이유와 가족들을 통해 아이들의 심리를 재미있고 사실적으로 그려냈다. 전세계 75개국에 번역되어 판매되고 있는 그림동화책 『까이유』가 원작이고, 캐나다에서 제작했으며 국내 EBS에서 방영된 바 있다.

나무를 심은 사람 성베네딕도수도원
장 지오노의 『나무를 심은 사람』을 프레드릭 백이 영상화한 작품. 황량한 들판에 묵묵히 나무를 심는 노인의 이야기가 감동적이다.

레오 니오니의 동물우화 문진미디어
세계 어린이로부터 가장 사랑받는 작가 중의 한 명인 레오 리오니의 대표작품 다섯 편이 담겨 있는 비디오. 재미있는 동물 친구들의 이야기를 통해 아이들에게 우정과 사랑의 진한 감동을 전달한다.

리틀 베어 비엠코리아
다정하고 호기심 많은 꼬마 곰의 하루를 재미있고 흥미진진하게 그려낸 작품. 칼데콧 수상작인 모리스 샌닥의 『리틀 베어』를 원작으로 제작한 애니메이션으로, 제미니상을 수상했다.

무지개 물고기–아기 공룡 대즐 문진미디어
마르쿠스 피스터의 그림책을 바탕으로 만들어진 애니메이션. 무지개 물고기와 아기공룡 대즐이 펼치는 신나는 모험 이야기가 담겨 있다.

배고픈 애벌레 인피니스
갓 태어난 애벌레가 배고픔을 느끼고 먹을 것을 찾아 맛있는 음식을 먹게 되지만 결국 배탈이 나고, 그 후 애벌레에게 놀라운 일이 벌어진다. 전세계적으로 1천만 부 이상 팔린 에릭 칼의 그림책을 원작으로 했고, 한국 YMCA의 '청소년을 위한 좋은 비디오 1위'로 선정된 바 있다.

아이가 학교에서 선생님이 주셨다며 도서목록을
가져왔습니다. 선생님이 사고 싶은 책을 골라오라고
했답니다. 그런데 제가 보기에는 아이에게 읽힐 만한 책이
없었습니다. 그런데도 아이는 선생님이 골라오라고 했다면
서 떼를 쓰다시피 합니다. 이럴 때는 어떻게 해야 할까요?

바람직한 독서환경을 위해 해야 할 일들

"어쩌면 아이들에게 그런 책을 사라고 할 수 있어요? 세상에, 도서관에
가보니 케케묵은 책만 가득하더라구요. 학교에서 도서 바자회를 한다며
아이가 목록을 가져왔는데, 이건 말도 안 되는 책인 거예요."

문화센터 강의를 마치고 질의 응답을 하는 시간에 느닷없이 학부모들의
불만이 터져나왔습니다.

학교 도서 바자회에 나오는 책의 지질성 때문에 분개하는 학부모나 교
사들을 수없이 만났습니다. 리베이트 때문에 뿌리뽑히지 않는 이런 관행
에 분개하고 문제라고 느끼는데도 그것이 개선되지 않는 이유는 선생님이
권하는 책이기 때문에 어쩔 수 없이 책을 사야 한다는 현실 때문입니다.
이런 약점을 이용해 업자들은 학교 도서 바자회를 유치하려고 혈안이 됩
니다.

이런 책의 유통을 막지 못하는 한, 좋은 책이 아이들에게 다가갈 수 있
는 길은 자꾸만 멀어질 수밖에 없습니다. 이렇게 되면 좋은 책은 아이들

손에서 멀어지고 좋은 책을 만드는 출판사는 위축됩니다. 좋은 책을 만드는 출판사는 어떤 재주를 부려도 책값의 40~50퍼센트나 되는 중개료를 학교에 줄 수 없습니다. 그러자면 책값을 지금보다 배는 올려야 하는데, 그렇다고 책값을 올릴 수는 없지요. 이런 악순환을 막으려면 바로 학부모들이 나서야 합니다.

첫째, 학교 도서 바자회에서 판매하는 책이 아이들에게 해를 끼치는 책이라는 사실을 여론화하여 막아야 합니다.

둘째, 질 낮은 바자회용 도서를 막는 대안으로 좋은 책 목록을 구하여 학부모들이 주관하는 도서 바자회를 열도록 합니다. 그러기 위해서는 학교 운영위원회에 적극적으로 참여하여 뜻을 같이하는 사람들과 구체적인 방안을 찾아내는 노력이 필요합니다. 실제로 '대전 동화읽는어른모임'에서는 학부모가 나서서 기존의 도서 바자회를 학부모들이 주관하는 바자회로 바꾸었습니다.

이와 함께 학교 운영위원이 되어 학교 도서관을 살리는 일도 할 수 있습니다. 학교 도서관이 없는 곳도 많고, 있다 하더라도 좋은 책을 구비한 곳은 극히 일부에 불과한 것이 현실입니다. 학교 도서관은 아이들이 자유롭게 드나들면서 책을 읽을 수 있어야 하며, 필요한 자료를 취사선택하여 활용할 수 있어야 합니다. 그러나 아직 학교 도서관 문화에 대한 인식도 부족하고, 그러다 보니 예산도 편성되지 않아 관심 있는 이들이 소수 있어도 제대로 실행되지 않고 있습니다. 이 때 학부모들이 학교 운영위원으로 참여하여 더 많은 사람들에게 학교 도서관의 필요성을 부각시키는 일을 할 수 있겠지요.

그 다음에는 학교 도서관에 있는 부실한 책을 좋은 책으로 바꾸어 채워 넣는 일을 해야 합니다. 좋은 책 목록을 마련하는 일이나 프로그램 운영,

도서관 운영에 필요한 일은 어린이도서연구회 같은 단체에서 도움을 얻을
수 있습니다.

그 밖에 어린이책에 대해서 알 수 있는 세미나를 연다거나 어린이들이
책을 즐겨 읽을 수 있는 여러가지 방법을 찾는 일도 할 수 있겠지요. 도서
관 운영에 관심 있는 엄마들이라면 '동화읽는엄마모임'을 꾸려 좋은 책을
읽어가면서 아이들에게 권하고, 서로서로 바람직한 독서환경을 조성하는
일을 계획하고 실천하면 힘을 얻을 수 있을 것입니다.

초등학교 1학년 여자아이를 둔 엄마입니다. 어려서부터 책을 충분히 읽어주었는데,
요즘 우리 아이를 보면 제가 열심히 해준 만큼의 효과가 없는 것 같습니다.
아이의 행동은 다음과 같습니다.
① 동화책을 읽는 속도가 너무 빨라서 내용을 이해하고 있는지 의심스럽습니다.
　　이 때 확인해도 좋은가요?
② 책 읽는 태도를 보면 억지로 읽는 것 같은데, 아이는 아니라고 하면서 꽤 오랫동안 봅니다.
　　이럴 때는 어떻게 해야 하나요?
③ 그림책은 전혀 안 보려고 합니다. 저는 아이가 동화책과 그림책을 같이 보기를 원합니다.
　　동화책은 천천히 보면서 이해하고 그림책도 같이 보게 하려면 어떻게 하는 게 좋을까요?

# 아이의 취향을 인정해 주세요

질문하신 내용을 차례로 살펴보면 첫째, 아이의 '책 읽는 속도가 너무 빨라서 아이가 내용을 이해하고 있는지 의심스럽다'고 하셨습니다.

책을 읽을 때마다 아이가 내용을 제대로 이해했는지 여부를 굳이 확인할 필요는 없습니다. 아이는 책의 내용을 이해했을 수도 있고, 그렇지 않을 수도 있습니다. 더 중요한 문제는 아이가 그 책을 읽고 제대로 이해했는가 여부보다도 아이가 그 책을 마음으로 공감하고 즐거워했는가입니다. 만약 책을 읽을 때마다 누가 "넌 어땠니?", "토끼가 몇 마리였더라?", "그래서 어떻게 됐어?" 같은 질문을 한다면 어떨까요? 저라면 대답하기 싫을 뿐만 아니라 책 같은 거 보기도 싫어질 것 같습니다.

아이가 책을 읽고 나서 제대로 잘 읽었는지 확인하는 질문은 굳이 할 필

요가 없다고 봅니다. 어른들의 지나친 질문은 아이의 자유로운 사고를 방해하는 요인이 됩니다. 또한 엄마가 질문을 많이 하면 아이는 엄마의 질문을 예상하면서 책을 읽습니다. 그리고 엄마가 질문하면 '이렇게나 저렇게 대답해야지' 하고 생각합니다. 즉 책을 읽으면서 자유로이 감상할 수가 없습니다.

책에서 어른들이 기대하는 것과 상관 없이 아이들은 책을 읽으면서 저마다 마음이 가는 것, 느낌이 오는 것, 공감이 되는 것, 기쁜 것들이 있습니다. 어른들은 이런 아이들만의 느낌을 모두 이해할 수 없지요. 책을 읽은 아이에게 뭔가를 기대하는 것 자체를 떨치면 좋겠습니다.

어린이 책읽기 지도에서 어른들이 할 일은 좋은 책을 아이 곁에 놓아주는 것 뿐입니다. 책 읽는 속도를 조절하는 것이나 책 내용을 받아들이고 버리는 것은 아이의 몫입니다. 그러니까 어른은 아이가 책을 읽을 수 있는 분위기, 즉 시간과 공간과 책을 마련해주고 그 다음은 알아서 하도록 놔둬야 합니다. 어른의 요구대로 선택한 책을 어른의 요구에 따라 읽고 아이 고유의 영역이랄 수 있는 느낌마저도 일일이 확인받아야 하는 것은 올바르지 않습니다.

둘째, 아이가 책을 억지로 읽는지 스스로 좋아서 읽는지 어부를 따지는 일도 하지 말아야 할 것 같군요. 아이 쪽에서 생각하면 책을 억지로 읽는지, 좋아서 읽는지를 누구한테 확인받는다는 게 그리 즐거운 일이 아닐 테니까요. 그것은 오히려 자발적인 독서를 방해할 수 있습니다.

셋째, 아이가 그림책은 전혀 보지 않으려고 하는 것 역시 아이들에 따라 독서 경향이 다 다르다는 사실을 이해하면 아무런 문제가 될 게 없습니다. 그림책은 어린아이부터 노인에 이르기까지 즐겨 보는 책이기는 합니다만, 그것이 모든 아이에게 절대적으로 적용된다고 할 수는 없습니다. 아이가 싫어할 수도 있다는 걸 인정해야 하지 않을까요? 아이 마음이 많이 자라서 그림책이 시시하게 느껴질 수도 있습니다. 아이를 어른의 잣대로 보려는 욕심을 조금 줄였으면 합니다.

저학년 아이를 위한 그림책

똥떡 이춘희 글, 박지훈 그림, 언어세상
뒷간에 빠진 준호는 할머니에게서 "똥통에 빠진 아이는 일찍 죽는다"는 말을 듣는다. 잔뜩 겁먹은 준호가 똥떡을 만들어 뒷간 귀신에게 제사를 올린 뒤 떡은 이웃사람들과 나누어 먹는다는 내용의 그림동화로, 전해오는 이야기에 담긴 토속성, 익살과 더불어 사는 삶의 의미를 읽을 수 있다.

만희네 집 권윤덕 글·그림, 길벗어린이
우리의 생활공간인 집의 구조를 생생하게 그려 보인 그림책. 우리 집과 비교하면서 이야기를 나누어볼 수 있다.

반쪽이 이미애 글, 이억배 그림, 보림
몸이 온전치 못한 반쪽이도 세상에서 훌륭하게 제 몫을 하며 살아간다는 이야기. 반쪽이의 행동에 대해서 이야기를 나누어본다.

쇠를 먹는 불가사리 정하섭 글, 임연기 그림, 길벗어린이
고려 말 개성에 나타나 쇠를 먹어치우고 다녔다는 상상 속의 동물 불가사리가 왜적의 침입으로부터 나라를 지켜 내지만, 권력에 눈먼 임금 때문에 불행한 최후를 맞게 된다는 내용의 그림동화.

훨훨 간다 권정생 글, 김용철 그림, 국민서관
이야기를 좋아하는 할머니 할아버지가 무명 한 필과 바꾼 이야기 한 자리를 주고받다가 집에 들어온 도둑을 쫓아낸다는 옛이야기. 구수한 입말 속에 담긴 해학성을 감칠맛나게 표현한 그림책이다.

우리 아이는 네 살입니다.
주변 엄마들 말로는 그림책을 읽히면 글자를
빨리 깨우칠 수 있다고 하는데,
정말 그런가요?

그림책에서 즐거움을 찾는 일이 먼저입니다

아이가 글자를 빨리 깨우치기를 바라는 엄마의 마음은 충분히 이해할 수 있습니다. 그러나 그림책을 글자를 가르치기 위한 도구로 사용한다면 아이는 영영 그림책이 주는 즐거움을 발견하지 못하고 책을 멀리하게 될 지도 모릅니다.

그림책으로 학습만 추구하다 보면 그림책이 갖고 있는 고유의 가치를 놓치게 됩니다. 즉 여러가지 미적·예술적 가치, 등장인물과 자신을 동일시하는 즐거움, 리듬 있는 언어가 주는 즐거움, 인물들의 다양한 표정, 색깔, 선, 모양 등 여러가지 즐거움을 주는 요소를 못 보게 됩니다.

더구나 '공부'를 해야 하기 때문에 아이가 엄마 기대에 못 미치면 아이를 채근하겠지요. 그림책을 읽어주고 나서 숨가쁜 질문을 퍼붓기도 하겠지요. 이렇게 되면 아이들은 그림책에서 즐거움을 경험하기보다 어른들이 어떤 질문을 할 것인지 예상하면서 답을 준비하느라 그림책 읽는 즐거움을 놓치게 됩니다.

그림책으로 '학습'시키지 마시기 바랍니다. 그림책은 아이들이 갖고 노는 여러가지 장난감 가운데 하나입니다. 의미 없이 책장을 홀홀 넘기기도 하고, 머리에 이기도 하고, 옆구리에 끼고 다니며 놀기도 하는 장난감입니다. 또한 아이와 어른이 정서적인 교감을 나누는 매체이기도 합니다.

그림책을 통해서 학습시키고자 하면 아이는 이런 여러가지 즐거움을 놓치게 됩니다. 풍부하게 읽어주고 이야기를 들려주고 함께 읽다 보면 한글은 자연스럽게 깨치게 될 것입니다. 엄마가 할 일은 그림책에서 아이가 기쁨을 발견하도록 도와주는 일입니다.

네 살 아이에게 권하는 책

개구리네 한솥밥 백석 글, 유애로 그림, 보림
개구리가 형에게 쌀 한 말을 얻으러 가다 어려움에 처한 소시랑게, 방아깨비, 쇠똥구리 들을 구해준다. 돌아오는 길에는 이들의 도움을 받아 무사히 집에 와 밥을 짓고 함께 먹는다. 리듬감 있는 시적 운율이 흥미를 북돋우고 반복되는 의성어, 의태어가 재미있다.

구리와 구라의 빵 만들기 나카가와 리에코 글, 오무라 유리코 그림, 한림
들쥐 형제 구리와 구라는 숲 속에서 커다란 알을 발견하고 빵을 만들기로 한다. 요리를 시작하자, 좋은 냄새를 맡은 숲 속 동물들이 모이고 빵을 나눠먹는다. 아이들이 맛있는 빵을 나눠먹는 구리와 구라를 보면서 함께하는 즐거움을 느낀다.

괴물들이 사는 나라 모리스 샌닥 글·그림, 강무홍 옮김, 시공주니어
저녁밥도 굶은 채 방으로 쫓겨 들어간 맥스는 괴물들이 사는 나라에 가서 왕이 되어 괴물들과 신나게 놀다가 다시 집으로 돌아온다. 화면의 흐름이 재미있다.

까치와 소담이의 수수께끼 놀이 김성은 글, 김종도 그림, 사계절
아직 어려서 언니 오빠들의 놀이에 끼지 못하는 소담이에게 까치는 수수께끼를 낸다. 사계절과 관련된 수수께끼 속에 계절의 변화와 그 속에서 뛰어노는 아이들의 모습이 정감있게 그려져 있다. 수수께끼와 계절의 변화를 적절히 관련시켜 반복 구성의 멋을 살렸다.

노란 우산 신동일 작곡, 류재수 그림, 재미마주
비오는 날 아침 다양한 색깔의 우산들이 빚어내는 색의 조화와 조형적 리듬이 그림을 읽어가는 즐거움을 준다. 또 책읽는 속도에 맞추어 편집된 피아노 선율은 비오는 아침의 촉촉함과 우산의 움직임을 느낄 수 있게 한다.

공부방에서 아이들과 만나고 있는 자원교사입니다.
2·3학년으로 올라가는 아이들과 그림동화책을 이용해서
수업을 했습니다. 쉽게 다가갈 수 있으리라 생각했고
아이들도 좋아했습니다. 그런데 아이들은 그동안 보았던
그림동화책만 반복해서 보려고 합니다. 책을 다양하게
보게 하고 싶은 제 마음과 달리, 고학년 아이들마저 글로 된
책은 보려 하지 않고 만화나 흥미 위주의 책만 보려 합니다.
어떻게 해야 할까요?

책을 읽어 주고 다양한 활동으로 이끌어 보세요

아이들이 글로 된 책을 보려 하지 않는 이유로 몇 가지를 생각해볼 수
있습니다.

먼저 만화영화나 만화, 오락용 책을 주로 읽어왔기 때문에 활자매체에
거부감이 있기 때문입니다. 가벼움에 익숙해져서 진지한 글을 읽어낼 힘
을 기르지 못한 거지요.

또다른 이유로는 혹시 아이들의 현실과 동떨어진 책을 선택해서 그런
건 아닌가 하는 생각도 듭니다. 2·3학년이면 자기 주변 아이들의 생활을
다룬 동화, 즉 아이들이 어디서나 만날 수 있는 인물이 등장하는 이야기,
주변에서 흔히 겪음직한 이야기가 나오면 즐거워합니다. 동화 속 인물과
자신을 동일시하고 이야기에 자신을 대입시키면서 간접경험을 해볼 수 있
기 때문이지요.

이 아이들에게 읽어주거나 들려줄 만한 이야기로 다음과 같은 몇몇 책
이 떠오릅니다.

　　현덕의 『너하고 안 놀아』를 좋아할 만합니다. 각각 성격이 다른 세 아이들이 시골 마을에서 놀고 다투고 화해하고 한데 어우러지는 과정이 재미있게 펼쳐집니다. 아이들의 심리를 그림처럼 명료하게 묘사하여 주인공과 자신을 쉽게 동일시하게 하는 책입니다.

　　장수경의 『오줌멀리싸기 시합』도 재미있게 읽고 들려줄 수 있을 것 같습니다. 남자아이들이라면 누구나 한번쯤은 해봄직한 '오줌멀리싸기 시합'을 소재로, 시골 아이들의 천진한 모습과 풋풋한 우정이 감칠맛나게 녹아 있거든요. 아이들만의 놀이세계와 화해 방식을 보며 아마도 공감을 하겠지요.

　　중학년으로 올라가면서 아이들은 현실적인 감각이 점점 강해집니다.

『오줌멀리싸기 시합』 장수경 글, 권사우 그림, 사계절

3·4학년 아이들에게는 상상의 세계를 다룬 국내외 동화, 과학이야기, 인물이야기, 역사이야기를 읽어주고 들려주세요.

고학년이 되어도 너무 어려운 책보다는 아이들의 삶을 다룬 이야기를 권해주되, 학습적인 요소보다는 즐긴다는 요소에 비중을 두고 책을 선택하시기 바랍니다. 읽을 책의 범위도 낮은 학년보다 좀더 확대해서 국내외 동화, 옛이야기, 과학, 역사 등의 책을 고루 선택해주세요.

『괭이부리말 아이들』은 가난하고 소외된 아이들이 부모들한테마저 버림받은 채 살면서도 서로 가슴에 있는 따뜻한 체온을 확인하면서 꿈을 잃지 않고 더불어 살아가는 이야기입니다.

아이들의 현실을 반영한 책, 아이들이 관심을 갖는 문제를 다룬 책, 그림이나 디자인이 눈길을 끄는 책이면 아이들이 책과 좀더 가까워질 수 있으리라 봅니다. 특히 그림책은 학년에 상관없이 즐길 수 있는 책이니 놓치지 않았으면 합니다.

무게 있는 책을 잘 읽어내지 못하는 아이들은 기간을 두고 나눠서 읽어줘보세요. 선생님이 분야만 정해주고 아이들에게 좋은 책을 골라오라는 숙제도 내주시고, 신문에 나오는 어린이책 기사를 보면서 어떤 책을 읽을지 아이들과 함께 정한 다음 읽어오게도 해보세요. 어린이책에 대해서 신문기사 형식으로 글을 써보게 하세요. 선생님이 아이들에게 무엇을 주기 위해서 고심하는 것도 필요하겠지만, 아이들 스스로 무엇이든 해볼 수 있는 기회를 주면 그걸 하는 동안 책에 대한 관심도 생긴답니다.

다섯 살 된 여자아이를 두었습니다. 어려서부터 책을 읽어주었는데, 아이는 제가 읽어주는 걸 아주 좋아해서 계속 책을 읽어달라고 합니다. 그런데 계속 읽어주면 혼자 읽는 힘이 없어질 것 같고, 나중에 학습지를 풀거나 할 때 문제를 파악하는 힘이 부족해지는 건 아닐까 걱정입니다. 제 생각으로는 아이가 혼자 읽는 것도 나쁘지 않을 것 같은데, 그래도 계속 읽어주어야 할까요?

아이가 원할 때까지 읽어 주세요

그림책은 부모가 아이에게 읽어주는 책입니다. 아이는 어른이 읽어주는 그림책을 눈으로 보고 귀로 들으면서 무수한 경험을 하며, 그것은 아이의 지적 능력을 발전시키는 중요한 요소가 됩니다.

엄마가 읽어주면 아이는 눈으로 그림책을 보면서 귀로 엄마가 읽어 주는 글을 듣게 됩니다. 그러면서 궁금한 점을 묻기도 하고 즐거우면 표현도 합니다. 엄마의 동의를 구하기도 하겠죠. 혼자 책을 읽으면 궁금해도, 즐거워도, 무섭거나 새로운 것을 발견해도 그것을 표현할 수 없습니다. 아이가 책을 읽어달라고 하는 것은 책에 담긴 내용을 즐기기 위해서이기도 하지만, 책을 읽어주는 엄마나 아빠와 함께 있고 싶은 마음의 표현이기도 합니다.

아이 처지에서 생각해보면 이렇습니다. 엄마와 함께 책을 읽으면 책을 읽는다는 핑계로 엄마를 만질 수도 있고, 엄마 냄새를 맡을 수도 있습니다. 어리광을 부릴 수도 있습니다. 그에 비해 혼자서 책을 읽는 것은 재미 없습니다. 외롭고 쓸쓸한 일입니다. 책은 안아주지도 않고 웃어주지도 않으니까요.

무엇보다도 그림책을 매개로 엄마와 함께 있는 기회가 많은 아이들일수록 정서가 풍부합니다. '엄마와 함께 있어서 좋다', '엄마가 나를 사랑한다', '나도 엄마를 사랑한다', '나는 사랑받고 있다'와 같은 느낌을 받으면서 안정감을 얻게 되지요. 유아기에 읽는 책은 지식을 전달하거나 무엇을 가르치는 도구이기 이전에 정서적인 안정감을 주는 매체입니다.

그리고 아직은 엄마 품이 더 좋은 나이입니다. 읽어주는 것만 좋아한다고 나중에 아이가 스스로 책을 읽지 못하는 건 아닐까 걱정하지 않으셔도 됩니다. 어른들과 함께 그림책을 풍부하게 읽은 아이들은 그림책이 주는 재미를 깨우치게 되니까요.

유아기는 대체로 주변 사람들이 자신에게 관심을 갖고 사랑해주기를 강하게 바라는 시기입니다. 그러나 이 시기를 벗어나면 서서히 의식에 변화가 옵니다. 또래 친구집단이 생기고 관심의 범위가 조금씩 넓어지면서 친구들과 노는 일이나 밖에서 일어나는 일에 관심을 기울이게 됩니다. 자의식이 강해지는 것이지요. 그러면 자기 스스로 무엇이든 해보려는 욕구가 생기기 시작합니다. 그 때는 엄마가 아이 옆에 있고 싶어도 아이들 마음은 밖으로 향합니다.

아이가 학년이 올라가더라도 할 수만 있다면 읽어주는 것이 좋다고 봅니다. 책을 읽어주면서 아이가 어떤 책을 좋아하는지도 알게 되고 아이의 독서력도 확인할 수 있으니까요. 또 이야기를 들려주면서 아이와 교감을 나눌 수도 있겠지요. 이런 과정을 충실하게 거치면 학습지를 하는 것보다 훨씬 효과가 있을 것입니다. 책 읽어주는 것에는 나이 제한을 둘 필요가 없습니다. 할 수만 있다면 어른이 되어서도 읽어주면 좋지요.

다섯 살 아이에게 권하는 책

개구쟁이 ㄱㄴㄷ 이억배 글·그림, 사계절
왁자지껄 신나는 개구쟁이의 하루 이야기 속에서 ㄱㄴㄷ 말놀이를 찾아보는 그림책.

곰 사냥을 떠나자 마이클 로젠 글, 헬린 옥슨버리 그림, 공경희 옮김, 시공주니어
온 식구가 곰을 잡으러 가는 과정이 간략한 반복구성을 통해 리듬감있게 진행되다가 곰을 만나는 장면에서는 긴 장감이 극도로 고조된다.

그건 내 조끼야 나카에 요시오 글, 우에노 노리코 그림, 박상희 옮김, 길벗어린이
엄마가 생쥐에게 떠준 빨간색 조끼. 처음엔 오리가 입어 보고, 다음엔 원숭이, 물개, 사자, 얼룩말 그리고 코끼리 가 입어보자 생쥐는 너무 놀라 조끼를 돌려달라고 한다. 반복되는 짧은 문장이 글 읽는 재미를 더해준다.

도깨비를 빨아버린 우리 엄마 사토 와키코 글·그림, 한림
빨래하는 것을 좋아해서 집안에 있는 모든 물건들을 다 빨아버린 엄마가 도깨비까지 빤다는 이야기. 어린이들은 빨래줄에 빽빽하게 널려 있는 온갖 빨래와 고양이, 개, 소시지, 우산, 국자, 도깨비를 보며 즐거워 소리친다.

시리동동 거미동동 제주도 꼬리따기노래, 권윤덕 그림, 창비
말꼬리를 이어가며 부르는 말놀이인 꼬리따기 노래 중 제주도 노래를 그림책으로 엮었다. 제주도 풍경과 색감을 살려낸 그림이 꼬리따기 노래의 매력을 잘 살렸다.

집 나가자 꿀꿀꿀 야규 마치코 글·그림, 고향옥 옮김, 웅진닷컴
날마다 싸우고 말 안 듣는 돼지 삼형제는 엄마의 꾸중에 화가 나 집을 나간다. 토끼, 악어, 까마귀네 아이가 되려 하지만 자기들이 싫어하는 일을 시키기는 마찬가지다.

5학년 남자아이를 두었습니다. 1930, 40년대에 나온 동화들이 다시 발간되고, 그것이 어린이도서연구회 같은 단체에서 펴내는 권장도서 목록에 올라 있는 것을 자주 보게 됩니다. 아이들에게 읽혀보면 별로 흥미를 느끼지 못하는 것 같은데, 권장도서라서 그냥 지나치자니 찜찜합니다. 그래도 굳이 읽혀야 하는지요?

먼저 시대 배경을 설명해주세요

문학작품은 시대를 막론하고 사람의 마음을 움직이며, 바로 그 때문에 오랜 세월 동안 독자들의 사랑을 받습니다. 수많은 사람의 삶이 감동을 주고, 삶은 살아볼 만한 가치가 있다는 것을 발견하게 하고, 세상의 부당한 질서에 눈뜨고 거기에 저항하게 하며, 이 세상의 모든 생명체가 어우러져 살아가는 이치를 깨닫게 합니다. 즉 인간의 모든 정서를 대변하기 때문에 가치 있는 것이고, 그런 이유에서 아이들에게 문학을 권합니다. 그것은 시대가 변해도 바뀔 수 없지요.

요즘 아이들은 가슴보다 머리가 먼저 발달해서 삶의 근원을 생각하게 하는 책을 잘 읽어내지 못하는 경향이 있습니다. 그럼에도 이 시대를 배경으로 한, 이 시대의 사건을 주제로 한 문학작품을 읽어야 하는 이유는 작품 속에 진실을 추구하는 힘, 힘의 논리가 지배하는 부당한 질서를 발견하게 하는 힘이 있기 때문입니다. 이럴 때는 아이들에게 우리 역사에 대한 배경 지식을 갖도록 도와주는 것이 어떨까요?

1. 『나비를 잡는 아버지』
현덕 글, 김환영 그림, 길벗어린이

2. 『이상한 선생님』
채만식 외 글, 이오덕 엮음, 사계절

1930, 40년대는 우리 민족이 다른 민족의 지배를 받아 사회 · 정치적으로 혼란스럽고 경제적으로 궁핍한 때였습니다. 배고픔을 모르는 지금의 아이들에게 그 시대 아이들이 겪은 가난이나 식민지 백성이 겪은 고달픔 같은 것은 꽤 추상적으로 느껴질지도 모르겠습니다.

1930년대에 나온 동화 가운데 현덕이 쓴 『나비를 잡는 아버지』를 예로 들어봅시다. 그 시절에는 일제가 우리의 토지를 강제로 빼앗은 탓에 우리 민족이 일본인 토지자본가의 소작인으로 전락할 수밖에 없었습니다. 그리고 지주가 부리는 마름은 지주 못지않게 소작인 위에 군림하는 또다른 지배계급이었습니다. 이 작품의 밑바탕에는 마름집 아들 경환이와 그 집 땅을 얻어 부치는 소작인의 아들 바우의 계급 갈등과 시대 상황이 깔려 있습니다. 이러한 계급사회가 형성된 배경을 알면 내용을 이해하기가 쉽습니다. 가진 자와 못 가진 자의 깊은 갈등이 전개되는 동안 독자는 경환의 야비한 행동과 뚝심 있는 바우의 자존심 사이에서 시대의 아픔을 경험하고, 바우의 슬픔을 경험합니다. 절뚝거리는 다리로 바우 대신 나비를 잡는 아버지와 바우가 화해하는 마지막 장면은 시대를 초월하여 사람의 마음을 강하게 움직입니다.

채만식이 쓴 「이상한 선생님」은 일제 강점기와

6·25 전쟁을 겪으면서 시시각각 입장을 바꾸는 뺨박 박 선생과 한길을 걷다가 내침을 당하는 강 선생의 이야기를 담고 있습니다. 지금 보아도 재미있게 읽히며 여기에 해방 전후 우리나라의 힘이 약해서 겪을 수밖에 없었던 상황을 이야기해 주면 이야기에 담긴 메시지를 쉽게 이해할 수 있을 것입니다.

『팥죽 할머니와 늑대』에 실린 「참외서리」는 옛날 우리 농촌의 이야기입니다. 참외 농사를 지어놓으면 동네 개구쟁이들이 와서 따먹고 참외밭 주인은 적당히 야단치는 척하고 마는 풍습을 오늘날 아이들은 잘 이해하지 못할 수도 있습니다. 자본과 직결되는 개념으로만 이해한다면 참외서리 하는 아이들은 도둑이 될 수밖에 없지만, 우리의 본래 정서는 농사지어서 한 해 양식을 장만하고 또 이웃끼리 나누어 먹는 것이었습니다. 그러므로 나눔의 미덕을 중시했던 우리 농촌의 정서를 이해시킨다면 더욱 좋을 것입니다.

사실 시대 배경이 다르기는 하지만 이들 동화가 담고 있는 주제는 오늘을 살아가는 아이들에게도 필요한 가치관과 세계관 형성에 도움을 줍니다. 그렇기 때문에 다시 발간된 것이고요. 다만 당시의 시대 상황으로 인해 문학의 예술성보다는 계몽성에 치우쳐 이야기를 풀어갔기 때문에 작품이 조금 건조한 것은 사실입니다. 그래서 한편으로는 좀더 쉽고 재미있게 풀어 썼더라면 하는 아쉬움도 없지 않습니다. 하지만 당시에는 물론이고 그 후에도 우리나라의 형편을 이만큼 그려낸 동화가 흔치 않기 때문에, 이런 책을 제대로 읽게 하기 위해 어른들이 이야기로 들려주고 읽어주는 노력도 필요하다는 생각입니다.

우리 아이는 초등학교 2학년인데요, 『하느님의 눈물』
가운데 「고추짱아」를 읽고 감동받은 내용이나
생각나는 장면을 그려보자고 했거든요. 그런데 책에 있는
삽화가 무척 인상 깊었는지 그대로 따라 그렸습니다.
평소에도 그럴 때가 많은데, 그래도 괜찮을까요?

아이가 쉽게 할 수 있는 것을 표현할 수 있도록 도와주세요

아이들이 책을 읽고 나면 어른들과 으레 이런 대화가 오고 갑니다.

"재미있었니?"

"응."

"어디가 재밌었어?"

"그냥."

"감동받은 건 없어?"

"그냥 재미있었어."

"좀 자세히 말해봐."

"뭐~얼. 그냥 재밌었다니까."

이쯤 되면 엄마는 짜증이 납니다. 그리고 다른 애들은 말도 잘하던데 너는 왜 그러느냐고 아이를 타박합니다.

아이들은 책을 읽는 동안 온갖 생각을 다 합니다. 그렇지만 그걸 어른들이 기대하는 만큼 단어나 문장을 조합해서 조리있게 표현하기는 힘듭니

다. 설령 감동받았다 하더라도 당장 그림이나 말로 표현하기란 쉽지 않은 일입니다. 그림이나 글을 쓰는 것은 자기를 표현하는 방법으로, 많은 훈련이 필요한 일이기 때문입니다. 따라서 책을 읽으면 독후감을 쓰거나 그림으로 그리는 등 책 읽은 결과물을 의무적으로 내놓아야 한다는 부담감에서 벗어나게 해주세요.

대신 책을 읽은 이야기를 할 기회를 줘보세요. 어떤 이야기라도 상관 없습니다. 아이가 이야기하는 것을 들어보면 아이가 책을 얼마만큼 즐겼는지, 어느 장면 어느 인물이 좋았는지를 가늠할 수 있습니다. 그 다음엔 아이가 신바람 내며 이야기하는 장면을 말하듯이 쓰게 합니다. 또 그 때 그 감정을 그림으로 그리게 합니다.

"책에 있는 그림은 네 것이 아니니까 네 마음에 있는 이야기를 그려보자"고 해보세요. 아니면 책에 나오는 특정 상면이나 인물들에 대해서 어른이 먼저 "나는 그 장면이 참 좋더라", "고추짱아가 꼬리가 잘려 아파할 때는 참 불쌍하더라" 정도의 감상을 이야기해주세요. 그러면 아이는 아이 나름대로 이야깃거리를 얘기할 것입니다. 그것을 그림으로 그리거나 글로 쓸 수 있다는 생각을 키워주세요. 2학년 아이는 2학년만큼 표현하면 되니까요. 그러나 이것도 절대적인 방법은 아닙니다. 때에 따라서는

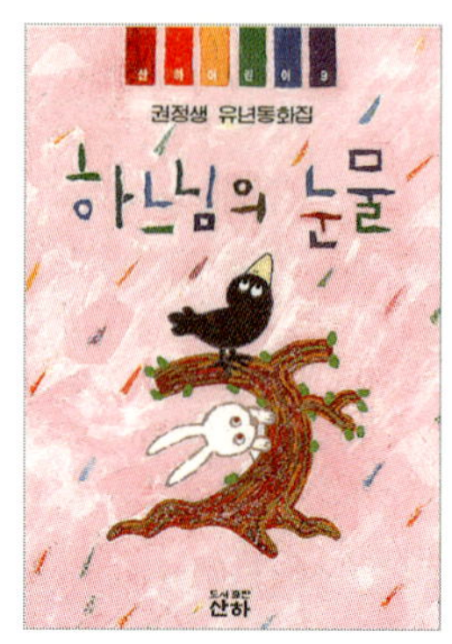

『하느님의 눈물』
권정생 글, 신혜원 그림, 산하

책을 읽는 것만으로 끝날 수도 있고, 이런 활동을 할 수도 있다는 거지요.

책에 있는 삽화를 따라 그리는 것은 자기 생각이 정리되지 않은 상태에서 어른들의 요구를 아무 생각 없이 따르는 행동으로 볼 수 있습니다. 그러니까 막연히 감동받은 장면을 그리거나 글을 쓰라고 시키는 것은 피해야 할 일입니다.

그보다는 아이가 읽는 책을 어른들도 함께 보면서 그 책이 아이의 지적 수준에 맞는지, 아이가 흥미를 느낄 만한 내용인지 등을 살펴보시기 바랍니다. 좋은 책이라고 정평이 난 책일지라도 그것을 모든 아이들이 반드시 다 읽어야 하는 건 아니니까요. 능력과 관심에 따라 책을 읽어야 하고, 그럴 때 아이는 자기 느낌을 즐겁게 표현할 수 있습니다.

2학년 아이에게 권하는 책

가로수 밑에 꽃다지가 피었어요 이태수 글·그림, 우리교육
신도시에 살고 있는 작가가 어느 해 봄부터 초겨울까지 도시 속 생명들을 본 대로 그리고 썼다. 도시에도 많은 생물들이 살고 있다는 걸 새삼 느낄 수 있다.

가슴 뭉클한 옛날 이야기 김장성 글, 권문희 그림, 사계절
읽기만 해도 가슴이 뭉클해지는 옛이야기 다섯 편이 실려 있다. 이야기를 풀어나가는 글쓴이의 적절한 비유가 아주 자연스러운 입말로 되살아난다.

감자를 먹으며 이오덕 글, 신가영 그림, 낮은산
어려서부터 할아버지가 될 때까지 일평생 감자를 드셨다는 이오덕 선생님의 삶이 담겨 있다.

거미와 파리 메리 호위트 글, 토니 디터리지 그림, 장경렬 옮김, 열린어린이
파리를 잡아먹으려는 음흉한 거미와 거미의 사탕발림에 넘어가는 어리석은 파리의 이야기가 한 편의 영화 같다. 진지하면서도 과장되게 표현된 거미와 파리의 모습이 재미있다.

우리 아이는 여섯 살입니다. 그런데 자기가 좋아하는 책만
반복해서 보겠다고 고집을 피웁니다. 저는 다양한 책을
고루 읽었으면 하는 마음에 다른 책을 보여주고 싶은데
아이가 제 맘을 모르는 것 같아 속상합니다. 원하는 책만
계속 읽어주어도 좋은지, 골고루 많이 읽게 하려면
어떤 방법이 좋은지 궁금합니다.

좋은 책이라면 여러 번 읽는 것도 좋습니다

다양한 책을 읽는 것도 좋겠지만 유아기에는 좋아하는 책을 반복해서
읽어도 괜찮습니다. 자기가 좋아하는 책을 마르고 닳도록 보는 것은 유아
기 아이들의 특징이라고 할 만큼 아주 흔한 일이니까 너무 속상해하지 마
세요. 책을 많이 읽어도 아이의 마음을 움직이는 것은 일부분이거든요. 읽
어도 그만, 읽지 않아도 그만인 책을 읽느라고 시간을 낭비하기보다는 좋
은 책을 여러 번 읽게 하는 것이 아이에게는 더욱 즐거운 일이니 지금은
지켜봐주세요.

아이가 책을 많이 읽는 것이 반드시 좋은 것만은 아닙니다. 많이 읽으면
한권 한권의 좋은 점을 제대로 알지 못한 채 수박 겉핥기 식으로 권수만
채우게 될 수 있으니까요. 그렇지만 좋아하는 책을 반복해서 읽다 보면 처
음에 보지 못했던 것을 두 번, 세 번 읽다 보면 발견할 수도 있지요. 그렇
게 새로이 발견함으로써 다가오는 즐거움도 아이에게는 소중한 경험이 된
답니다.

　자기가 좋아하는 책을 반복해서 보는 것은 그 책에 아이의 공감을 살 만한 요소가 있기 때문입니다. 아이들은 이렇게 한 가지만 반복해서 보다가도 시간이 지나면 지적인 능력이 자라기 때문에 또다른 것을 요구하게 됩니다. 엄마가 해야 할 일은 그때 그때 아이의 관심이나 지적 발달 수준에 맞는 책을 골라주는 것입니다.

여섯 살 아이에게 권하는 책

고릴라 앤서니 브라운 글·그림, 장은수 옮김, 비룡소
아이는 아빠와 함께 지내고 싶지만 아빠는 너무나 바쁘고 피곤하다. 아이는 아빠가 사준 고릴라 인형을 통해 판타지 세계로 들어가고, 아빠의 역할을 대신해주는 고릴라와 행복한 시간을 보낸다.

깃털 없는 기러기 보르카 존 버닝햄 글·그림, 엄혜숙 옮김, 비룡소
깃털 없는 기러기 보르카가 형제들과 주변의 냉대를 겪으면서도 씩씩하게 살아가는 이야기.

난 토마토 절대 안 먹어 로렌 차일드 글·그림, 조은수 옮김, 국민서관
편식이 심한 동생 롤라는 당근, 콩, 감자, 생선튀김, 토마토를 절대 안 먹겠다고 말한다. 찰리는 당근이 목성에서 나는 '오렌지뽕가지뽕'이라며 음식마다 재미있는 이름을 붙여 동생이 스스로 먹게끔 유도한다.

도대체 그동안 무슨 일이 일어났을까? 이호백 글·그림, 재미마주
모두들 외출하고 아무도 없는 집에 남겨진 토끼가 집 안에 있는 비디오를 보고, 인라인 스케이트도 타고, 장난감도 갖고 논다. 식구들이 돌아올 때는 아무 일도 없었던 듯하다.

우리 할아버지가 꼭 나만 했을 때 주경호 글·인형제작, 보림
할아버지가 어렸을 때 시골 마을에서 동무들과 함께 놀던 모습을 우리 전래동요와 함께 볼 수 있다. 특별 제작한 인형들이 등장인물로 나온다.

엄마가 책을 읽어주거나 이야기를 들려주면 잘 듣고
재미있어합니다. 어떤 때는 하루에 여덟 권씩,
한 시간 반 동안 읽어주기도 해서 지금까지 4천 번쯤 읽어준
것 같습니다. 그런데 어찌된 일인지 직접 보려고는 하지
않습니다. 우리 아이가 책을 직접 보게 하려면
어떻게 하는 게 좋을까요?

지나친 욕심은 오히려 해가 됩니다

엄마가 책을 읽히겠다는 욕심이 앞서는 바람에 아이가 소화할 수 있는
양보다 많이 읽혀서 배탈이 난 듯합니다. 한꺼번에 여덟 권씩, 한 시간 반
동안 책 내용을 듣는 것은 아이로서는 몹시 힘든 일입니다. 아이들이 이야
기에 집중할 수 있는 시간은 대개 5분에서 10분이거든요. 3·4학년쯤이 되
어도 20분을 넘기지 않는 것이 좋습니다. 게다가 억지로 읽게까지 했으니
정신직으로 신체적으로 아이를 참 괴롭혔습니다.

엄마는 4천여 회나 책을 읽어주었는데도 아이가 책을 좋아하지 않는다
고 하셨지요. 그러나 아이는 4천이라는 숫자를 기억하지 못할 뿐만 아니
라 가슴에 울림을 주는 이야기가 제대로 남아 있지 않을 것입니다. 오로지
주어지는 것을 받아 소화하기에도 벅찬 나머지 어떤 것에도 흥미를 느낄
수 없었을 테니까요. 책이 좋은 것이기는 하지만 그렇게까지 많이 읽어줄
필요는 없다고 봅니다.

음식도 여러 재료가 모여 조화를 이루어 맛을 내듯 아이들이 자라는 데

에도 여러가지 요소가 필요합니다. 아이들의 특징은 넘쳐나는 호기심과 상상력이 가득하다는 것입니다. 그것을 충족시키려면 충분히 놀고, 주변 사람들과 어울리며, 보고 듣고 피부로 느끼는 직접 경험이 필요합니다. 그럴 때 아이들은 새로움을 발견하는 즐거움을 느끼고, 호기심이 발동하며, 상상력을 발휘하게 될 것입니다.

이렇게 무리해서 책을 읽어주었으니 아이가 직접 경험을 할 기회는 거의 없었을 듯하고, 아이 스스로 무엇이든 해볼 기회는 더더구나 없었을 듯합니다. 엄마는 엄마대로 애를 쓰셨지만 결과적으로 아이는 책읽기의 즐거움을 전혀 느낄 수 없는 상황이 되어버린 것입니다.

당분간은 아이를 좀 쉬게 해주세요. 아마도 한동안은 아이가 스스로 책을 읽으려 하지 않을 것 같습니다. 그렇더라도 조바심 내지 말고 기다려주세요. 엄마는 한 걸음 떨어져 아이를 지켜보면서 아이가 호기심을 자연스럽게 발휘할 수 있도록 해주세요. 유년기 아이들은 하루에 한두 권 정도만 읽어줘도 충분합니다. 아이의 마음과 만나는 시간을 좀더 가지세요. 아이를 어른과 소통하는 존재로서가 아니라 가르쳐야 할 대상으로만 파악하면 아이도 어른도 모두 힘듭니다.

6학년 여자아이입니다. 책을 너무 닥치는 대로 읽어 조금 걱정스럽습니다. 그렇다고 책 읽는 것을 방해할 수도 없고요. 그냥 내버려두어야 할지, 지도를 한다면 어떻게 해야 할지 알고 싶습니다.

먼저 우리나라 주요 작가들의 작품을 권해 주세요

아이가 닥치는 대로 읽는 책이 어떤 책들인지 궁금하군요. 책을 닥치는 대로 읽는다는 것을 좋게 해석하면 다양하게 읽는다는 뜻이 되겠지요. 다양하게 읽으면 책을 읽는 동안 아이 스스로에게 판단력이 생긴다는 장점이 있습니다. 어른들이 아이들의 관심이나 흥미에 맞는 좋은 책을 체계적으로 골라 읽게 하면 좋겠지만, 그러지 못할 경우 다양한 책을 접하는 것을 무조건 나쁘게만 볼 수는 없습니다.

다만 지금 아이가 읽는 책이 어떤 것인지는 살펴봐야겠습니다. 크게 문제되지 않는 책을 읽는다면 그냥 둘 수도 있습니다. 문제가 있다고 생각되는 책이라면 그냥 방치할 경우 가벼운 책에 길들여지거나 편독의 위험성이 있는데, 무조건 읽지 못하게 하는 건 아이의 반발을 살 수 있으니 조심해야겠지요.

나쁜 책은 대개 다음과 같은 조건을 갖고 있습니다.

① 저속한 말, 비속어, 폭력적인 언어, 성적인 용어 등을 사용합니다. 이

런 말이 나오는 책을 읽으면 그 말에 익숙해지지요. 이런 말에 익숙해지면 그런 행동을 하는 것에도 크게 죄의식을 느끼지 않습니다.

② 잘못된 가치관이 담겨 있습니다. 목적을 위해서는 어떤 수단을 써도 상관 없다는 생각 따위를 심어주지요.

③ 성적인 장면을 노골적으로 묘사한 책은 성에 대한 아이들의 판단력을 흐리게 할 수 있습니다. 성을 즐기기 위해서는 책임이 따릅니다. 그러나 아이들은 아직 그 책임을 질 만큼 성숙하지 않았기 때문에 자극을 받고 충동적인 행동을 할 수 있으니 함부로 보는 것은 자제하도록 해야겠지요.

④ 어린이가 읽는 책은 어떤 형태의 폭력도 미화해서는 곤란합니다. 그런 책은 폭력에 무감각해지게 하기 때문입니다. 한때 아이들 사이에서 유행한 귀신이야기 책에는, 사랑하던 남녀가 헤어졌는데 여자가 죽어서 귀신이 되어 복수한다는 끔찍한 내용이 실려 있었습니다. 이처럼 황당한 이야기 때문에 아이들은 밤에 자다가 놀라기도 합니다.

어른들 책도 마찬가지지만 상식에서 벗어나는 내용을 다룬 책은 좋은 책이라고 할 수 없습니다. 그러나 나쁜 점이 확실하게 드러난 책이라면 토론하기에는 오히려 가장 좋은 교재가 될 수도 있습니다.

아이가 나쁜 책을 보지 않게 하려면 고전문학을 읽어두는 것도 좋습니다. 그러니 우선 아이가 읽는 책을 살펴보고 함께 읽어보세요. 그래서 아이가 읽어야 할 책을 놓치고 있지는 않은지, 읽지 말아야 할 책을 읽지는 않는지 살펴보세요. 또 아이가 읽는 책을 놓고 가끔이라도 함께 이야기 나누면서 서로를 이해할 수 있었으면 합니다.

좋은 책을 읽어두면 자연스럽게 좋은 책을 보는 눈이 생겨서 나쁜 책을 스스로 멀리하게 될 것입니다.

6학년 아이에게 권하는 책

강마을에 한번 와 볼라요? 고재은 글, 양상용 그림, 문학동네어린이
처음부터 끝까지 전라도 사투리로 쓴 입말체 이야기. 아이들에게 입말로 이야기를 들려주기 좋아하는 초등학교 선생님 작품이다. '성실 어매'가 등장 인물 한 명, 한 명의 이야기를 재미나게 들려준다.

그림자 개 말라 다얄 엮음, 아잔따 구하타꾸르따 외 그림, 이화경 옮김, 창비
빈곤과 신분의 굴레 속에서도 씩씩한 아이들의 모습과 아이들의 본성과 아픔을 그린 다양한 이야기가 실려 있다. 우리에게 아직은 낯선 인도의 현대동화 열한 편을 읽을 수 있다.

날씨를 바꾸는 요술쟁이 바람 허창희 글, 김은희 그림, 풀빛
날씨의 변화를 일으키는 것이 바람이라는 사실을 재미난 일화를 시작으로 친절하게 설명해 주는 날씨 정보책이다. 고기압과 저기압의 형성으로 생기는 바람 때문에 날씨가 변화한다는 이야기가 쉬운 글과 그림으로 이해를 돕는다.

노랑 가방 리지아 보중가 누니스 글, 에스페란자 발레주 그림, 길우경 옮김, 비룡소
넓디넓은 푸른 숲과 아마존 강이 있는 나라 브라질의 환상 동화. 사춘기를 맞은 여자 아이가 마음의 갈등을 겪게 되는데, 그 갈등을 환상과 현실을 오가면서 해결한다. 자신을 변화시키려는 용기와 사랑을 느낄 수 있다.

돌도끼에서 우리별 3호까지 전상운 글, 이상규 그림, 아이세움
석기시대부터 현대까지 과학 유물을 알기 쉽게 소개하고 있으며, 각 유물에 대한 자세한 설명을 곁들여 풍부한 읽을거리를 보여주는 책이다.

똘배가 보고 온 달나라 권정생 외 글, 강요배 그림, 창비
우리나라 다섯 작가의 대표작 모음으로, 올바르고 가치 있는 삶에 눈뜨게 한다. 문명의 편리함에 길들여지는 현대인의 불행, 약소국을 경제적으로 침략하는 강대국에 대한 비판 등 우리 현실을 배경으로 한 동화 모음이다.

바보 온달 이현주 글, 김호민 그림, 우리교육
작고 여린 목숨들을 사랑하며 착하게 살아가던 바보 온달은 평강공주와 결혼하면서 고구려 최고의 장수가 된다. 그러나 가난했지만 바보처럼 살아가던 옛날의 삶이 올바른 삶이었음을 깨닫는다.

5학년 딸아이는 평소에 책을 많이 읽는 편입니다.
그런데 방학이 되면 노느라 바쁘고 여행하는 일이
잦아지면서 생활 리듬이 깨집니다. 그러다 보면 책읽기에
게으름을 피우게 되는데, 어떻게 하면 평소처럼 책 읽는
리듬을 유지할 수 있을까요?

놀면서도 읽을 수 있는 책이 있어요

방학이니까 조금은 게으름을 피우기도 해야겠지요. 엄마는 아이가 너무 늘어질까 봐 염려하시는 거겠지만, 5학년이면 자기 나름대로 주관도 서 있고 판단력도 있습니다. 놀면서도 머릿속에는 방학에 해야 할 일이 계획되어 있을 겁니다. 또 아이 나름대로 독서 성향도 있을 거예요. 어른이 원한다고 해서 무조건 요구하면 오히려 역효과를 낼 수 있습니다. 그러니 아이와 함께 의논하여 방학 중에 어떻게 평소처럼 책을 읽을지 계획을 세우면 좋겠습니다. 그 계획에 아이가 자율적으로 다양한 책을 읽는다는 조건이 포함되면 좋겠지요.

먼저 지금까지 읽은 책의 목록을 작성하게 해보세요. 우리 창작동화, 다른 나라 동화, 동시, 인물이야기, 역사, 과학 등 책의 분야를 써놓고 그 밑에 그동안 읽은 책을 써내려가게 하세요. 그러면 많이 읽은 책과 그러지 않은 책을 구별할 수 있을 것입니다. 그런 다음 어떤 분야의 무슨 책을 읽을지 정해놓고 도서관에서 빌리거나 서점에서 사서 읽을 계획을 세우게 하세요.

책나무를 만들어 읽은 책의 제목이나 간단한 내용을 쓴 나뭇잎을 붙여나가다 보면 책을 읽어나가는 즐거움을 느끼는 동시에 균형잡힌 책읽기를 하는 데 도움이 됩니다. 또한 책나무를 키우다 보면 자기가 읽은 책이 어떤 것인지, 아직 읽지 않은 책은 어떤 것인지 확인할 수 있습니다.

5학년이면 과학책이나 모험소설을 비롯해 사회·문화·자연 등 여러 분야의 책을 고루 읽는 것이 좋겠습니다. 그 다음에는 평소 바빠서 읽기 힘들었던 장편동화를 권해보세요. 요즘 아이들은 대체로 가벼움에 길들여져서 긴 장편동화를 힘들어하지만, 장편동화의 서사성이나 긴 호흡은 글을 읽는 힘을 키워줍니다.

또 독서여행을 해보는 건 어떨까요? 동화의 무대가 된 곳, 작가가 태어난 곳, 작가 선생님 방문하기 등도 좋겠습니다. 또 곳곳에서 열리는 책과 관련한 문화행사에 참여해보는 것도 좋겠습니다. 마산에는 이원수 선생님 생가와 〈고향의 봄〉의 무대가 된 곳이 있습니다. 이원수 선생님의 노래비, 생전에 낸 책, 관여했던 잡지, 사진자료를 볼 수 있는 '고향의 봄 도서관'도 있습니다. 사북에는 임길택 선생님의 묘소가 있습니다. 서울에는 방정환 선생님이 활동하는 근거가 되었던 수운회관이 있고 망우리에는 묘소가 있습니다. 부산에는 이주홍 문학관과

『엄마 아빠와 함께 떠나는 신 이색 박물관 여행』 편집부 엮음, 두산동아

노래비가 있습니다. 각 지역의 문화원을 활용하면 정보를 얻을 수 있을 것입니다.

우리 문화의 산실인 박물관을 다양하게 견학하는 것도 좋겠습니다. 그럴 때는 『엄마 아빠와 함께 떠나는 신 이색 박물관 여행』이 도움이 될 것입니다. 전국에 있는 여러 박물관의 위치와 가는 길 그리고 박물관 내용을 사진과 함께 친절하게 소개한 책입니다. 아이의 관심 분야에 따라 선택해서 여행을 겸한 박물관 견학을 할 수 있습니다.

여행을 하다 보면 자투리 시간이 날 때가 있습니다. 그럴 때 잠깐씩이라도 책을 보면 좋겠지요. 시집이나 가벼운 잡지, 동화책처럼 짬짬이 읽을 수 있는 책을 준비하게 하세요. 책 읽는 것도 습관이라 계속 읽으면 꾸준히 읽게 되고, 그러지 않으면 멀리하게 됩니다. 필요한 책에 관한 자료를 인터넷이나 신문 등에서 찾아 서점 나들이도 해보세요. 방학 중에는 서점에 사람이 많아서 아무 준비 없이 그냥 갔다가는 책을 제대로 볼 수 없습니다. 필요한 책의 목록을 작성해서 계획적으로 책을 구입해 읽을 수 있도록 해보세요.

방학이 끝나면 처음에 목표했던 것을 이루었는지 살펴봅니다. 목표에 맞게 읽어냈을 때는 책거리를 하여 격려해주세요. 목표에 도달하지 못했어도 이유를 찾아 격려해주세요. 책을 읽는 것도 가정 내의 문화로 정착해 아이들 스스로 책을 읽는 것이 생활 속에서 자연스럽게 이루어지는 것이 중요합니다. 그러자면 평소에 꾸준히 책 읽는 분위기를 만들고, 어른도 아이들과 함께 책을 읽으면서 책에 관한 대화를 자주 한다면 자연스럽게 책 읽는 문화가 형성되겠지요.

책을 읽힌다는 목적을 앞세워 너무 무리한 계획을 세우지는 않았으면 합니다. 방학에는 아이들이 쉬기도 해야 하니까요.

방학 중에 읽어두면 좋은 책

마음 알기, 자기 알기 이남희 글, 실천문학사
자기 자신의 마음을 들여다보고 삶의 의미를 발견함으로써 앞날을 설계하는 데 도움을 주는 책. 글쓰기를 통해 자신의 심리와 욕구를 알아본다. 강의를 듣는 것처럼 매 장을 따라가다 보면 어느새 자신의 내면으로 들어가는 길을 발견하게 된다.

선돌내는 아직도 흐르네 김우경 글, 이승민 그림, 문학과지성사
강제 징용으로 일본 탄광에 갔다 온 할아버지와 위안부로 끌려간 할머니들의 삶을 들여다보는 이야기. 자칫 무거울 수 있는 주제이지만 순수한 문장으로 잘 풀어냈다.

어딸멋져 티나 슈와거 외 글, 언니경제연구회 옮김, 이유책
어머니와 딸이 함께 읽는 멋진 여자 이야기. 즐겁게 꿈꾸고 땀 흘려 일하는 기쁨과, 그 속에서 창조된 일상을 사랑하는 멋진 여성들의 다양한 직업 세계로 안내하는 책. 현장에서 그 일에 몰두하는 여성들이 왜 그 일을 선택했고 그 일을 사랑하는지, 자신의 이야기를 들려준다.

클라리스 빈의 우승컵 구출작전 로렌 차일드 글, 김난령 옮김, 국민서관
탐정 소설 읽기를 즐기는 클라리스 빈은 독서 경연대회가 열린다는 소식을 듣고 우승컵을 차지하기 위해 필사적으로 노력한다. 어른들의 말에 무조건 반대하고 싶은 삐딱한 어린이들에게 꼭 권해주고 싶은 책.

클로디아의 비밀 E. L 코닉스버그 글·그림, 햇살과나무꾼 옮김, 비룡소
자기가 모범생인 것도 지겹고, 동생과 싸우는 것도 지겹고, 딸이라고 차별받는 것도 지겨워 새로운 세계를 찾기 위해 가출한 평범한 아이 클로디아의 이야기.

파브르 식물기 J. H. 파브르 글, 정석형 옮김, 두레
파브르가 '곤충기'를 썼다는 것은 널리 알려져 있지만 '식물기'를 썼다는 것을 아는 사람은 그리 많지 않다. 살아 있는 자연을 살아 있는 이야기로 써야 한다는 생각을 가지고, 많은 이들이 아주 재미있고도 쉽게 식물세계를 이해할 수 있도록 쓴 책이다.

34개월 된 우리 큰아이, 가끔 우리 집에 맡겨지는 두 살 위의 아랫집 누나, 그리고 한두 명을 더 모아서 책을 읽어주려고 합니다. 그런데 아이들 나이가 각기 달라서인지 다음과 같은 문제에 부딪치고 있습니다.

① 책을 읽는 도중에 빠져나가는 아이가 있어서 나머지 아이들까지 산만해집니다.

② 책을 읽다가 질문을 받아주면 다른 아이에게 방해가 되지 않을까요?

③ 책은 제가 먼저 몇 권 추린 다음 그 중에서 고르게 하는 게 나을까요, 아니면 전체에서 고르게 하는 게 나을까요?

④ 아이들이 경쟁하듯 새 책을 골라오는데, 한 번에 몇 권 정도 읽어주는 것이 적당할까요?

⑤ 책에 관심이 없는 여섯 살 아이는 낮은 수준에서 시작하는 게 나을까요?

 ## 어른이 즐거워야 아이도 즐거워요

여러 아이의 수준을 맞추면서 마음을 일일이 헤아려주어야 하니 교사 역할이 참 중요하다는 생각도 들고, 한편으로는 참 쉽지 않은 일을 시작하셨구나 하는 생각도 듭니다. 그러나 아이들에게서 받는 기쁨, 아이들이 주는 기쁨도 적지 않을 거예요. 아이들이 책을 매개로 하여 엄마가, 이웃집 아줌마가 들려주는 이야기 세계에 푹 빠질 수 있었으면 하는 마음입니다.

첫째, 책을 읽는 도중에 아이가 빠져나가는 것은 이야기를 듣는 시간이 지루하거나(아이들이 이야기에 집중하는 시간은 5분 정도입니다) 재미를 느끼지 못해서일 수 있습니다. 집에 있는 아이에게 읽어주듯 하되 10분을 넘기지 않았으면 합니다. 아이들이 아쉬워해도 적절한 때에 멈추세요. 그래야 다음 시간을 기대할 테니까요. 두 권쯤 읽어주고 잠깐 쉬게 하세요. 놀기도 하고 간식도 먹고 이야기도 나누고 그 다음에 또 읽어주세요.

읽어주는 엄마도 힘들면 쉬고 아이들 이야기를 듣거나 하면서 마음껏 즐기면서 하세요. 그래야 어른도 지루하지 않습니다. 어른이 지루하면 아이들을 대하는 눈빛도 몸짓도 달라지게 마련입니다. 아이들은 그런 걸 아주 금방 알아차리거든요.

둘째, 이야기 도중에 아이들이 물어볼 때는 받아주세요. 그림책은 그 속에 있는 내용도 중요하지만 그걸 통해서 호기심이나 궁금증을 푸는 것도 중요하니까요. 그리고 무엇보다 아이와 어른이 그림책을 통해 서로 소통하는 것이 중요합니다.

셋째, 아이들에게 읽어줄 책을 고를 때는 먼저 전체적인 계획을 세우면 좋겠어요. 종류·내용·월·계절·주제별 등 다양한 기준을 토대로 그림책을 고른 다음 그 중에서 아이들이 고르게 하세요. 예를 들면 다섯 권쯤 골라놓고 그 중에서 아이들이 공통으로 선택하는 두 권을 고르게 하는 거지요. 이 때 아이들끼리 의견이 다를 때는 서로 조율하는 방법도 배우게 될 거예요.

넷째, 책을 한꺼번에 너무 많이 읽어주면 그림책의 맛을 제대로 알 수가 없어요. 그림책의 내용은 물론 인물들의 표정과 움직임, 색깔, 책의 곳곳에 숨어 있는 볼거리를 충분히 보고 즐기게 하세요. 그리고 아이들이 많이 이야기하게 하세요. 한 번에 두 권, 많아도 세 권을 넘기지 않았으면 좋겠습니다. 조건이 된다면 슬라이드를 찍어서 배경음악과 함께 천천히 이야기하면서 보여주면 아주 좋아하지요.

다섯째, 책에 관심이 없는 여섯 살 아이에게는 책의 수준이 문제가 아니라 아이의 마음이 어디에 가 있는지 먼저 헤아려보는 게 좋을 것 같습니다. 그리고 그 아이만을 위한 그림책을 골라서 읽어줘보세요. 책에 관심이

없다가도 선생님이 나에게 관심이 있다는 사실만으로도 책을 좋아하게 될
수 있거든요.

아무튼 가장 중요한 건 아이들이 즐거운 것처럼 어른도 즐거워야 한다
는 것입니다. 너무 무리한 계획을 세우지 않았으면 좋겠습니다.

4학년 남자아이인데 혼자 책 읽는 것을 힘들어합니다.
어려서부터 좀 산만하고 집중력이 떨어졌는데, 얼마 전
소아정신과에서 '주의력 결핍 장애' 진단을 받았습니다.
지금은 상담과 투약으로 조금씩 나아지는 것 같은데요.
독서 습관을 들이기 위해 '스티커 붙이기'를 상으로
정하려고 합니다. 상을 받는 즐거움과 책 읽는 즐거움을
함께 느낄 수 있도록 하려면 어떻게 하면 좋을까요?

먼저 주의력 결핍 장애를 치료해야지요

이 아이는 상을 걸고 책읽기를 하게 하는 것보다 먼저 주의력 결핍 장애 치료에 집중할 필요가 있다고 생각합니다. 어떤 일에 주의가 집중되지 않아 치료를 받는 중인데, 거기에 엄마의 뜻에 따라 책을 읽어야 한다면 마음의 짐을 또 하나 얹어주는 게 아닐까요?

'주의력 결핍'도 알게 모르게 아이를 힘들게 하는 요소일 텐데 엄마가 책을 읽어야 한다고 요구하면 이중의 스트레스를 받을 거예요. 상이라는 것도 그렇습니다. 상을 받는다는 건 물론 기쁜 일이기는 하지만, 상을 받기까지 아이가 마음에 짐을 져야 할 일이 더 염려스럽습니다. 보통 아이들도 상이나 어떤 결과를 염두에 두면 책을 읽을 때 오는 즐거움이 반감될 수 있습니다. 상이라는 장치는 어떤 경우건 폐해가 더 크다고 봅니다.

책읽기가 아이의 마음에 즐거움을 주고 세상을 살아가는 지혜와 지식을 주는 것은 분명하지만, 그것이 아이 마음에 짐이 되면 곤란합니다. 우선은 아이의 주의력 결핍을 치료하는 데 집중하시고, 가볍게 읽을 수 있는 책을

권해주시기 바랍니다.

　혼자 읽기 싫어한다는 것은 혼자 읽는 일이 아이에게 버겁다는 뜻입니다. 그러니 4학년이 읽는 책보다 좀더 쉽고 재미있는 책을 읽게 하면서 자신감을 키워주었으면 합니다. 책을 권할 때는 분량이 많은 책보다는 가볍게 읽을 수 있는 책을 선택하는 것이 아이로 하여금 뭔가 해냈다는 자신감을 주는 데 효과적입니다.

아이가 즐겨 읽을 만한 책

그림 도둑 준모　오승희 글, 최정인 그림, 낮은산
무엇 하나 잘하는 것이 없는 준모는 친구랑 이름이 바뀌는 바람에 상을 받는다. 어쩔줄 몰라하는 준모의 마음이 섬세하게 잘 묘사되고, 준모의 엄마 역시 현실감 있게 그려지고 있다.

나보다 작은 형　임정진 글, 이웅기 그림, 푸른숲
난치병을 앓는 형에 대한 사랑이 담긴 「나보다 작은 형」, 마음의 짐을 별에 대한 관심으로 풀어낸 「빙빙 돌아라, 별 풍차」 등 긍정적이고 따뜻한 동화 5편이 실려 있다.

나와 조금 다를 뿐이야　이금이 글, 원유미 그림, 푸른책들
정서 장애가 있는 아이가 가족들과 부딪치는 일상을 그렸다. 다르기 때문에 편견의 대상이 되는 아이와 그렇지 않은 아이들이 서로를 인정하고 수용하기까지의 과정을 담았다.

보리타작 하는 날　윤기현 글, 김병하 그림, 사계절
석이와 현이의 시골 이야기가 여섯 마당으로 나누어 실려 있다. 일 년 동안 시골 아이들의 일과 놀이가 서사적으로 그려졌다. 농촌의 삶을 그리는 작가 정신이 건강하다.

아기도깨비와 오토 제국　이현주 글, 소윤경 그림, 웅진닷컴
조그만 아기도깨비가 오토 제국이라는 나쁜 무리와 싸워 이기는 과정이 전개된다.

아주 기분 좋은 날　한국글쓰기교육연구회 엮음, 보리
3·4학년 아이들이 쓴 글을 모은 책. 일상생활에서 겪은 다양한 경험을 솔직하게 쓴 글들에서 아이들의 삶이 생생하게 드러난다. 매끄러운 글보다 진실이 드러나는 글이 마음을 크게 움직인다.

초등학교 2학년 남자아이인데, 생일이 일러서 일 년 앞서
학교에 들어갔습니다. 그런데 말하기나 글 읽기가
다른 아이보다 많이 떨어집니다. 발음이 정확하지 않으니까
말하는 것도 싫어합니다. 엄마와 함께 책 읽는 연습을
일 년 육 개월 정도 했는데도 책을 보면 거부반응을 보이며
읽기를 싫어합니다. 어떻게 하면 아이가 책에 재미를
붙이게 될까요?

 ## 먼저 자신감을 심어 주세요

　개인적으로는 생일이 이르더라도 제 나이에 학교에 가는 것이 좋다고
생각합니다. 왜냐하면 그 일 년 동안 아이는 좀더 많은 경험을 쌓을 수 있
고, 그것이 학습을 따라가는 데도 도움이 될 테니까요. 그러나 이제는 어
쩔 수 없는 일이고 아이가 자신감을 가져야 하는데, 주변에서 자꾸 걱정하
면 더 많이 위축되기 쉽습니다.

　아이의 능력을 다른 아이와 비교하지 마시기 바랍니다. 아이들의 능력
은 환경이나 개인적인 관심사에 따라서 다릅니다. 아이를 한 달 전이나 6
개월 전 모습과 비교할 수는 있겠지만, 다른 아이와 비교하는 것은 아이에
게 아주 큰 스트레스가 됩니다. 또한 말하는 능력이 떨어진다, 글 읽는 능
력이 떨어진다, 정확한 발음이 안 된다, 이런 사실만으로도 아이는 크게
위축되어 책읽기가 심리적인 부담으로 느껴질 것입니다. 자기가 다른 사
람과 다르다거나 다른 사람에 비해 제대로 하지 못하고 있다는 사실을 알
게 되면 마음이 더 움츠러들겠지요. 따라서 지금은 책읽기보다 아이가 마

278

음을 편히 먹고 자신감을 갖게 하는 것이 더 중요하다고 생각합니다.

아이의 발음이 좀더 교정되고, 그래서 어느 정도 읽기에 자신감을 보이면 그 때 책읽기를 시도하는 게 좋겠습니다. 억지로 읽게 하면 아이의 거부반응은 점점 더 심해질 것입니다. 발음 교정을 한 만큼, 책 읽는 연습을 한 만큼 아이가 책을 잘 읽어야 한다고 기대하는 것은 아이에게 더욱 상처를 입히는 일입니다.

그래도 아이에게 책을 읽히고 싶으면 아이가 자신 있게 읽을 수 있는 책을 보도록 해주세요. 글 없는 그림책을 보면서 엄마와 이야기도 하고 자기 스스로 그림에 맞는 이야기를 할 수도 있을 겁니다. 엄마가 책을 읽어주거나 들려주는 것도 효과적입니다. 지금 상태에서는 아이가 자신감을 갖는 것이 책을 읽는 것보다 훨씬 중요합니다. 단순히 발음이 안 된다는 문제에서 벗어나, 아이가 말하는 것을 싫어하는 것으로 보아 전문가와 상담할 필요도 있다고 생각됩니다.

글자 없는 그림책과 글과 그림이 함께 있는 그림책은
어떤 점이 다른가요? 각각을 읽힐 때 주의할 점이나
중심에 두어야 할 점을 알고 싶습니다.

아이가 책을 충분히 즐기면 됩니다

아이들은 글 없는 그림책이나 글이 있는 그림책 모두 글자를 읽는 것이
아니라 그림을 읽습니다. 그림책의 글은 어른들이 아이들에게 읽어주는
데 필요할 뿐입니다. 물론 그림책의 글은 언어를 배우게 하고 운율이 주는
재미를 느끼게도 하지만 그림책에서는 그림이 주인입니다. 따라서 글 없
는 그림책, 글 있는 그림책을 굳이 구별할 필요가 없다고 생각합니다.

글 없는 그림책은 그림을 보고 이야기를 만들어가면서 읽으면 됩니다.
어떤 점에서 보면 그림책에서 글은 방해 요인이 될 수도 있습니다. 그림을
보면서 줄거리를 이해하고 등장인물과 대화하고, 등장하는 사물과 이야기
를 주고받고, 상상하면서 읽어나가면 됩니다. 사실 아이들은 글자를 깨치
기 전부터 그림책을 봅니다.

글 없는 그림책을 읽어줄 때는 아이가 이야기를 읽어가게 하는 것도 좋
습니다. 아이들은 그림만 보면서도 얼마든지 줄거리를 만들어나가거든요.
글이 있는 그림책도 마찬가지입니다. 글이 있는 그림책을 글자를 익히기

280

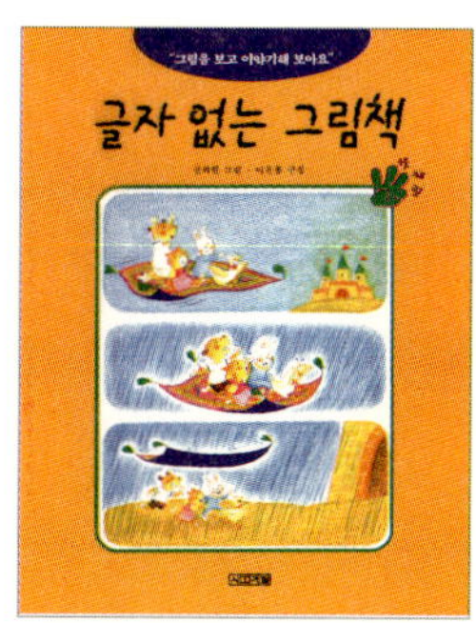

『글자 없는 그림책』(전3권)
이은홍 구성, 신혜원 그림, 사계절

위한 수단으로 삼는 경우가 많은데, 아이들은 그림책을 통해서 글자를 배우는 것보다는 그림에 담긴 이야기를 즐기고 싶어합니다. 그것을 즐기도록 옆에서 지켜봐주면 되지요.

아이들은 글 없는 그림책이나 글 있는 그림책을 보면서 어른들이 생각지 못할 만큼 엉뚱한 이야기를 만들어내기도 합니다. 그것도 아이들의 상상력의 소산이니 굳이 문제삼을 필요는 없다고 봅니다.

글 없는 그림책

구름 공항 데이비드 위즈너 그림, 중앙
단체 여행길에서 우연히 구름과 친구가 된 사내아이. 사내아이는 구름을 타고 하늘을 날아, 구름 공항에 도착한다. 구름을 만들어 세상에 내보내는 곳이 바로 구름 공항. 사내아이는 구름들을 갖가지 물고기 모양으로 스케치한다.

글자 없는 그림책(전3권) 이은홍 구성, 신혜원 그림, 사계절
아이들이 흔히 겪는 일, 친근한 사물, 동물을 소재로 한 짤막한 이야기 20여 편을 오밀조밀한 그림들로 표현했다. 제목은 있지만 글이 없어서 아이들은 저마다의 상상력을 동원해 이야기를 끌어내는 재미를 느낄 수 있다.

여행 그림책 안노 미쯔마사 그림, 한림
얼추 오십여 가지가 되는 숨은 이야기가 시침떼고 한 자리씩을 차지하고 있다. 고흐나 밀레의 명작에서 장화신은 고양이, 피노키오, 잠자는 숲속의 공주 등의 동화와 작가 자신의 깜찍한 장난 등 아기자기하고 기발한 상상력으로 꾸며져 읽을 때마다 새로운 테마들을 만날 수 있다.

4학년 남자아이입니다. 일주일에 이틀 정도는 2시간씩 컴퓨터를 할 만큼 게임을 좋아합니다. 그래서 매일 자기 전에 20분씩 책을 읽으면 컴퓨터 게임 하는 시간을 10분씩 연장해주겠다고 했습니다. 아이는 게임하는 시간을 벌기 위해 책 읽는 20분을 어떻게든 채우기만 하려고 합니다. 이렇게 억지를 부리니 저는 저대로 힘들고 아이는 여전히 책을 즐기는 것 같지 않습니다. 어떻게 하면 아이가 책에 푹 빠지게 할 수 있을까요?

게임 일기를 써 보게 하세요

아이 마음은 온통 게임에 가 있는데 책을 읽으라고 하니 책이 눈에 들어올 리가 있겠습니까? 아이에게 '무조건'은 통하지 않습니다. 엄마가 먼저 '게임은 나쁘다'는 선입견에서 벗어나는 것이 좋겠습니다. 게임 자체가 무조건 나쁜 것은 아닙니다. 잘 찾아보면 교육적인 효과가 있는 게임도 꽤 됩니다. 다만 만화 중에 불량만화가 많은 것처럼 게임 중에도 불량이 많고, 좋은 게임을 쉽게 만날 수 없다는 것이 문제입니다.

이럴 때는 게임의 긍정적인 요소와 부정적인 요소를 냉정하게 생각해봐야 합니다. 긍정적인 요소로는 게임을 하면서 스트레스를 풀 수 있다는 점을 들 수 있습니다. 요즘은 아이들도 이런저런 일로 스트레스를 많이 받기 때문에 게임을 하면서 억눌린 감정을 해소할 수 있는 거지요. 또 게임을 하다 보면 게임의 법칙을 따라야 하기 때문에 일상 속의 규칙을 지키는 습관이 생길 수도 있습니다.

반면에 자극적이고 폭력적이며 선정적인 요소가 많은 게임도 있기 때문에 말초적인 감각을 자극하여 아이들이 폭력에 둔감해지고 생각하는 것을 싫어하는 성격이 될 수 있습니다. 현실과 가상 세계를 혼동할 우려도 있습니다. 또한 게임은 실내에서 하기 때문에 원활한 대인관계를 맺지 못할 수도 있습니다. 부정적인 요소가 많은 게임을 하면서 시간을 낭비하는 문제도 생각해야겠지요.

그러므로 아이가 하는 게임이 어떤 게임인지 함께 해보는 것도 중요합니다. 문제가 있다 하더라도 일단은 같이 게임을 하면서 아이와 마음으로 통하는 길을 만들어보세요. 그리고 그리 나쁜 게임이 아니라면 함께 즐기면서 아이와 공통의 화제로 삼아 이야기를 나누어보세요.

나아가 독서일기를 쓰듯이 게임 일기를 쓰면서 자기가 하고 있는 게임의 장단점을 스스로 점검하는 기회를 갖게 하면 좋겠습니다. 게임 일기에는 표를 그려서 게임 제목, 누구와 어디서 했나, 게임의 내용, 게임을 통해서 알게 된 사실, 게임을 하면서 한 생각, 좋은 내용인가 나쁜 내용인가, 왜 그렇게 생각하는지 등을 적도록 하면 좋겠습니다. 이렇게 하다 보면 차츰 비판적인 안목도 생기고, 해야 할 게임과 하지 않아야 할 게임을 분별하는 힘도 생길 것입니다.

4학년이면 어느 정도 논리적인 생각을 할 수 있는 나이입니다. 따라서 게임은 무조건 안 된다고 막을 것이 아니라 어른들이 기대하는 책읽기와 아이가 원하는 게임을 놓고 합의를 보는 거지요. 단번에 안 되면 지속적으로 대화하면서 합의를 끌어내는 과정을 거치는 것이 좋겠습니다. 게임을 좋아하는 아이가 좋아할 만한 책을 골라서 가족들이 함께 읽는 노력도 필요합니다. 세상일이 다 그렇지만, 아이들 문제도 무조건 야단치고 훈계하기보다는 아이와 인간적으로 만나고자 하는 마음가짐이 문제 해결의 열쇠인 듯합니다.

초등학교 교사입니다. 이번에 학부모님들과 독서 교육을
주제로 이야기를 나누기로 했거든요. 그런데 영 정리가
안 되네요. 가정에서 독서 지도를 할 때 주의할 점이나
잘못 생각하고 있는 것들에 대해서 이야기를 나누고 싶은데,
참고할 만한 자료나 책 좀 알려주세요.

엄마의 역할에 대해서 이야기해 보세요

요즘 엄마들은 자녀 교육에 대단한 열정을 갖고 있고, 정보와 지식도 그
만큼 풍부하게 갖추고 있습니다. 그래서 선생님의 고민이 충분히 이해가
됩니다. 어머니들과 다음 몇 가지를 이야기해보시면 어떨까 싶습니다.

첫째, 아이들에게 책을 읽게 할 때 학습의 연장으로만 생각하면 곤란합
니다. 목적만 앞세워 책읽기를 요구하다 보면 아이들은 책에서 도망치고
싶거든요.

둘째, 어린이책 출판 시장의 확대와 어린이책 관련 정보가 많아지면서
생각이 많이 바뀌기는 했지만, 여전히 명작전집을 선호하는 엄마들이 많
습니다. 전집과 낱권의 차이와 효용성에 대해 이야기하면서 전집을 사야
한다는 고정관념에서 벗어나게 해주세요.

셋째, 아이들에게 책을 읽게 하려면 어른들이 어떻게 해야 하는지 함께
이야기해보세요. 아이들을 위한 최적의 독서환경은 다양한 책으로 가득
찬 집이라고 생각합니다. 어른들이 늘 책을 읽고 공부하는 모습을 보면서

『내 아이 책은 내가 고른다』 1·2
조월례 글, 푸른책들

자라는 아이들은 자연스럽게 그 모습을 닮게 됩니다. 아이들에게 막대한 교육비를 투자하는 어른들은 흔하지만 자신을 위해 교육비를 투자하는 사람은 그리 많지 않습니다. 집 안에 어른들을 위한, 특히 엄마를 위한 서가와 책상을 마련하고 독서를 즐긴다면 책에 대한 얘기가 자연스레 오갈 것입니다. 이보다 좋은 독서환경은 없다고 봅니다. 서점에서 아이들 책을 사면서 어머니나 아버지를 위한 책을 사는 것도 아이들에게 좋은 영향을 미칩니다.

넷째, 각 학년의 특성을 설명하고 학년에 맞는 책을 고르는 방법에 대해서도 이야기하세요. 어머니들은 대개 아이의 학년보다 한 단계 높여서 책을 읽게 하려고 합니다. 그렇게 해야 아이의 수준이 높아진다고 생각하는 것 같아요. 또 초등학교 입학을 전후해서 위인전을 읽혀야 한다는 생각을 많이 합니다. 따라서 아이들의 지적 발달수준과 책읽기의 상관관계, 학년에 따라 읽어야 할 책들도 알려주어야겠지요.

다섯째, 줄임판의 안 좋은 점에 대해서 이야기해주세요. 줄임판을 읽은 아이들은 원전을 읽어야 할 시기가 되어도 예전에 읽은 것을 생각하며 읽으려 하지 않습니다. 문학은 줄거리를 알기 위해서 읽는 것이 아니라 그 향기를 즐기기 위해 읽는 거잖아요.

여섯째, 학교 도서관의 중요성도 이야기해주세

요. 학교 도서관은 제대로 운영되고 있는지, 문제가 있다면 그게 무엇인지, 어떻게 해결할 것인지에 대해서도 이야기해보세요.

올바른 아이들 교육은 가정과 학교와 사회가 유기적으로 움직여야만 가능합니다. 깨어 있는 어머니들이 아이들의 교육환경을 개선하는 가장 큰 힘입니다.

도움이 될 만한 책

내 아이 책은 내가 고른다 1·2 조월례 글, 푸른책들
책에 관한 수많은 정보가 넘쳐나는 가운데 아이들이 꼭 읽어야 할 책을 골라 소개한 책. 중간중간 책과 관련된 정보를 곁들여 실용성이 높다.

독서를 좋아하는 아이로 기르기 위한 50가지 방법 캐시 A. 제일러 글, 최이정 옮김, 문원
아이들이 책을 즐겨 읽는 환경을 마련하려면 어떻게 해야 하는지를 알려주는 책. 부모의 역할, 환경조건을 세세하게 밝히고 있다. 미국인을 위한 책이지만 참고할 점이 많다.

어린이 책을 읽는 어른 이주영 글, 웅진닷컴
각 영역별 책을 보는 잣대, 어린이 독서환경 개선을 위한 제언, 도서관 문화의 활성화를 위한 제언, 어린이 독서지도를 위한 제언 등 저자의 풍부한 현장 경험을 통해서 쌓아올린 책에 대한 알찬 정보가 실려 있다.

우리 아이는 초등학교 1학년인데 엄청나게 책을 읽는 것에 비하면 책을 별로 읽지 않는 아이들과 마찬가지로 맞춤법이 많이 틀립니다. 띄어쓰기도 잘 안 되고, 줄거리를 말로는 잘하는데 쓰라고 하면 몇 번이나 바로잡아주어야 합니다. 느낌을 적는 곳에 가서는 자기 생각을 쓰지 못하고 주로 "느낌이 좋았다", "~하지 말아야겠다" 등 한마디로 끝냅니다. 어떻게 하면 읽은 만큼 소화해내서 글을 잘 쓸 수 있을까요?

아주 작은 부분을 놓고 이야기해 보세요

아이는 아직 1학년인걸요. 맞춤법 틀리는 건 서서히 바로잡아가면 되지요. 지금 진행중이니까 너무 걱정하지 마세요. 어떤 1학년도 맞춤법이나 띄어쓰기를 완벽하게 하지는 못합니다. 그리고 어떤 책을 읽고 단번에 자기 의견을 조리있게 쓰는 1학년 아이는 흔치 않습니다. "좋았다", "~하지 말아야겠다" 식의 독후감을 쓰는 아이들도 아주 흔하지만요.

이렇게 결심성 독후감을 대강 쓰는 까닭은 글씨 쓰는 것을 귀찮아하는 탓도 있습니다. 아이들이 요즘에는 워낙 바쁜 일상을 보내는데다가 주변이 빠르게 움직이다 보니까 생각하는 것 자체를 싫어하기도 하고요. 그러니까 아이들만의 문제라기보다는 우리 생활의 구조적인 문제라고도 생각됩니다.

맞춤법에 맞게 쓰는 것, 문장 형식에 맞게 쓰는 것, 띄어쓰기를 제대로 하는 것은 천천히, 조금씩 교정해주어야지요. 생각하는 것, 생각한 것을 바르게 쓰는 훈련도 필요하고요.

책 한 권을 읽고 나서 "느낌이 어땠어?"라고 물으면 대개 "재미있었어"라고 대답할 수밖에 없을 거예요. 또 어른이 책을 읽지 않은 상태에서는 아이가 자기 감상을 말할 만한 질문을 할 수 없게 마련입니다. 그러니까 어른도 책을 읽고 구체적인 질문을 하는 것이 좋겠습니다. 아주 작은 부분에 대한 느낌을 자세히 말하게 하는 것도 좋겠지요. 그것을 한 문장으로도 표현해보고, 두 문장으로도 표현하게 해보세요. 그리고 조금씩 늘여나가 보세요. 아이들은 자기 생활과 밀접한 연관이 있는 책이면 자기 감상을 훨씬 잘 표현합니다.

책을 읽다 보면 어떤 책은 아이의 마음을 움직여서 할 말이 많을 수도 있지만, 어떤 책은 전혀 아이의 마음을 움직이지 못해 할 말이 없을 수도 있습니다. 그때 그때의 기분이나 몸 상태에 따라 이야기하고 싶지 않을 때도 있을 것입니다. 글은 한 번에 완성되는 것이 아니라 여러 번 고치고 보태고 빼는 과정을 거쳐 완성된다는 것도 염두에 두면 좋습니다.

아이는 지금 배우는 과정에 있습니다. 1퍼센트의 가능성을 찾아서 격려해주는 것이 아이의 능력을 향상시키는 길입니다. 또한 또래 아이들이 쓴 글을 보기로 보여주는 것도 글쓰기에 대한 자신감을 높여주리라 생각합니다.

도움이 될 만한 아이들 글모음 책

개미보다 거인이니까요 이주영 엮음, 우리교육

1학년 아이들의 생활글을 모은 책. 글쓰기를 막 배우기 시작한 아이들에게 자신감을 갖게 할 만큼 소박하고 솔직한 글과 그림이 실려 있다.

나의 첫 그림일기 이부영 엮음, 청솔

초등학교 1학년 아이들의 그림일기 모음이다. 아이들의 다양한 생각이 나타난 그림일기를 통해 아이들의 마음을 알 수 있다. 지도교사의 도움글이 실려 있다.

난 개밥 반장 아니다! 김용택 엮음, 푸른숲

김용택 선생님이 담임을 맡았던 덕치초등학교 2학년 일곱 명의 어린이들이 쓴 일기 모음집. 아이들의 빛깔이 제대로 묻어나는 아이들의 삶을 엿볼 수 있다.

아주 기분 좋은 날 대구 금포초등학교 1학년 2반 글, 김성민 그림, 보리

초등학교 1학년 아이들이 생활 속에서 보고 듣고 느끼고 겪은 일을 생생하게 쓴 일기 모음. 어른들이 의도하지 않으면 아이들이 얼마나 생생한 자기 표현을 할 수 있는지 알 수 있다.

주먹만한 내 똥 한국글쓰기연구회 엮음, 보리

초등학교 어린이들의 글을 직접 담은 책. 어른들 말을 말없이 잘 따르다가도 자신 있게 자기 주장을 펼치는 아이들이 고민과 세상 보는 눈을 여과 없이 바라볼 수 있다.

일곱 살 아이의 엄마입니다. 아이는 책을 읽을 때 조사를
빼고 읽거나 문장의 끝은 미루어 짐작해서 읽어버립니다.
그러면 엉뚱하거나 정반대의 뜻이 되기도 합니다. 그 때마다
글자를 하나하나 또박또박 읽으라고 지도해야 할지 그냥
둬야 할지 모르겠습니다. 또 안 본 지 일 년 이상 된 책을
반복해서 읽히면 듣기는 하는데 별로 관심을 갖지 않습니다.
새 책을 사주어야 할까요?

서서히 조금씩 바로잡아주세요

아이들이 엄마 뜻대로 따라주지 않아서 마음이 많이 쓰이시겠어요. 조
사를 빼고 읽고 그것 때문에 문장의 뜻이 달라진다면 교정을 해주어야 합
니다. 그런 습관이 그대로 굳어질 수 있으니까요. 글자가 너무 많은 책보
다는 글자가 적은 그림책을 선택해서 문장을 끝까지 읽는 습관을 갖도록
지도해주세요.

동요 그림책 『우리 할아버지가 꼭 나만 했을 때』나 『노래 노래 부르며』
를 활용해보세요. 앞의 책은 우리나라 전래동요를 그림책으로 만든 책이
고, 뒤의 책은 이원수 시에 곡을 붙인 동요 그림책입니다. 문장이 짧은데
다 리듬감이 있어서 노래하듯 읽을 수 있는 책입니다. 노래도 부르고 그림
을 보면서 읽기도 하고, 그러다 보면 조금씩 나아질 수 있을 것입니다.

안 본 지 일 년 이상이나 된 책에 흥미를 느끼지 못하는 건 당연하지요.
한두 번밖에 보지 않았다 하더라도, 그리고 그 내용을 다 알지 못하더라도
늘 책장에 꽂혀 있던 책에 흥미를 느끼기는 어렵습니다. 게다가 아이는 그

동안 벌써 많이 자랐잖아요. 전에 보던 책은 그 나이에 맞는 다른 아이에게 주면 좋겠어요. 그리고 일곱 살 나이에 맞는 책을 그때 그때 사주는 게 좋겠습니다.

아이가 반복해서 읽을 만큼 좋아하는 책이 없다고 해서 문제라고 생각할 건 아닙니다. 아이들마다 책을 선택하는 경향이나 읽는 방법은 모두 다르니까요. 다만 너무 많은 책을 사주거나 과도하게 읽기를 강요하지 않았으면 합니다.

도움이 될 만한 동요 그림책

나팔 불어요 길벗어린이
어머니 등에 업혀서 또는 무릎을 베고 누워 한번쯤 들어 보았음직한 우리의 노래들이다. 이 노래들에는 어머니의 숨결이 있고, 어린 시절의 추억이 있다. 맑고 투명한 수채화가 깊이를 한층 더한다.

딱지 따먹기 보리
아이들이 지은 시에 곡을 붙여 만든 노래그림책. 어린이들이 좋아할 만한 노래 20곡이 즐거운 노랫말과 재미있는 그림과 함께 담겨 있다.

백창우 동시에 붙인 노래들 보림
백창우 동시 32편을 노래로 엮었다. 동시 하나 하나의 노랫말이 아이들의 동심을 엿보게 하며, 일상을 얘기하고 있다. 양악기와 국악기를 함께 사용하고 새 소리와 물 소리, 동물 소리 같은 자연 음향을 첨가하여 훨씬 부드럽고 아름다운 소리를 담았다.

이제 초등학교 1학년에 입학한 남자아이의 엄마입니다.
두 돌 무렵부터 책을 꾸준히 읽어주었더니 책을 무척
좋아했습니다. 그런데 동생들이 태어나면서 문제가
생겼습니다. 네 살과 10개월 된 두 아이들은 "엄마가 책
읽어줄게" 하는 말이 떨어지자마자 서로 엄마에게 안기려고
밀고 당기고 난리가 납니다. 큰아이는 처음에 동생들과
몇 번 그렇게 하더니, 나중에는 "난 안 볼 거야" 하면서 뒤로
물러서기 시작했습니다. 큰아이가 다시 책을 좋아하게
하려면 어떻게 해야 할까요?

 ## 눈으로, 마음으로 말해 주세요

아이가 1학년이면 아직 엄마 품이 좋고 엄마 냄새가 좋은, 그러니까 엄마한테 사랑받고 싶은 때입니다. 그런데 예전에는 혼자서 차지하던 엄마를 동생들한테 빼앗기고 보니 마음이 상했겠지요. 엄마가 책을 읽어준다는 것은 아이 처지에서 보면 엄마의 사랑을 확인하는 순간이기도 하거든요. 그런데 이제 사랑을 빼앗겼으니 책을 읽을 마음이 없어져버린 거지요. 엄마가 아이에게 '엄마는 너를 정말로 사랑하고 있단다' 하는 느낌을 갖게 해주어야 할 것 같아요.

동생들이 자는 시간에 동생들이 보는 책과 구별되는, 형만을 위한 책을 골라서 읽어주세요. 그리고 동생들에게 책을 보여줄 때도 눈길로 손길로 큰아이에게 '엄마는 너를 사랑한다'는 걸 느끼게 해주세요. 아이가 "난 안 볼 거야"라고 말하는 것은 "엄마는 동생들만 좋아하고 나는 좋아하지 않

아" 하는 속상한 마음의 표현입니다. 아이에게 지금 엄마가 힘든 상황을 이야기하고 이해를 구하세요. 아이가 납득한다면 동생들을 위해서 책을 읽어줄 수도 있을 거예요.

그리고 즐겨 읽을 만한 책을 골라서 아이 주위에 놓아주세요. 그렇게 하되 엄마가 읽어줄 형편이 안 되면 곁에서 아이가 책 읽는 것을 지켜보고 들어주기라도 하세요. 엄마가 곁에 있으면 무언의 격려도 되고, 물어볼 수도 있고, 자랑할 수도 있으니까요. 먼저 엄마를 빼앗긴 큰아이의 속상한 마음을 풀어주고 아이의 이해를 구해야 할 때입니다.

동생을 본 아이에게 권하는 책

나는 싸기 대장의 형님 조성자 글, 김병하 그림, 시공주니어
엄마의 사랑을 독차지하던 아이가 동생을 보고 나서 생기는 변화에 적응하며 생활하는 이야기.

내 이름은 나답게 김향이 글, 김종도 그림, 사계절
나답게는 다섯 살 때 교통사고로 엄마를 잃었지만 아빠와 할머니, 할아버지, 고모와 함께 살면서 구김살 없이 개구진 모습을 잃지 않는다. 더불어 사는 삶의 미덕을 깨닫게 한다.

내 동생 앤트 베치 바이어스 글, 마르크 시몽 그림, 지혜연 옮김, 보림
동생은 침대 밑에 괴물이 있다고 우기고, 한여름에 산타 할아버지한테 편지를 써달라고 조르고, 형 숙제를 엉망으로 만들어놓고도 당당하고, 책을 읽어달라고 하고는 듣다 가버린다. 때로는 다정하게 때로는 장난스럽게 티격태격하는 형제의 모습을 정겹게 그렸다.

난 형이니까 후쿠다 이와오 글·그림, 김난주 옮김, 아이세움
유이치는 자기 물건을 함부로 만지고 귀찮게 따라다니는 동생이 너무 싫다. 그런데 어느 날 동생 다카시가 행방불명이 되어버린다. 형제끼리 아웅다웅 다투는 아이들의 마음을 잘 그려내어 깊은 공감을 준다.

순이와 어린 동생 쓰쓰이 요리코 글, 하야시 아키코 그림, 이영준 옮김, 한림
엄마가 외출한 동안 동생을 돌보다가 길바닥에 그림을 그리는 사이 동생이 없어진다. 동생을 찾아 급하게 뛰어다니는 순이의 긴장된 표정이 자연스럽다.

3학년 아이인데 독후감을 쓰기 싫어합니다. 억지로
쓰라고 하면 꼭 몇 장을 써야 하느냐고 묻고 꼭 쓰라는
분량만큼만 쓰는데, 그 내용도 몹시 상투적입니다.
어떻게 지도해야 할까요?

독후감 쓰기의 고정관념에서 벗어나야 합니다

아이들이 독후감을 이렇게 몇 장 써야 하는지 묻고 상투적으로 쓰는 데
에는 이유가 있습니다.

첫째, 책을 읽으면 반드시 독후감을 써야 한다는 고정관념 때문입니다.
그런 고정관념에서 벗어나게 해주세요. 어른들 요구 때문에 억지로 쓰는
글에 자기 감정이 드러나겠습니까. 무슨 일이든 하고 싶을 때 해야지요.
그러니까 책을 읽고 마음을 움직이는 힘이 클 때 독후감을 쓸 수 있고, 때
에 따라서는 쓰지 않을 수도 있다는 것을 알게 해주세요.

둘째, 독후감은 형식에 맞춰 써야 한다는 생각 때문입니다.

얼마 전 어느 출판사에서 독서감상문을 심사했을 때의 일입니다. 전국
방방곡곡에서 온 1천여 통 가까운 독서감상문이 마치 한 명의 교사한테 지
도받은 것처럼 똑같다는 걸 느낀 적이 있습니다. 대개 '책을 읽은 동기-내
용 요약-느낌'의 순서에 따라 쓴 글은 자기 느낌을 담기보다 형식 맞추기
에 급급했고, 상투적이고 형식적으로 쓴 글이 많았습니다. 그러다 보니 전

『3·4학년 독후감쓰기』
이부영 엮음, 청솔

국의 아이들 독서감상문이 붕어빵이 된 것입니다.

독서감상문은 말 그대로 책을 읽은 자신만의 감상을 쓴 글입니다. 그러므로 책에 대한 느낌과 감상이 중심이 되어야 합니다. 자기 주변의 신변잡기를 죽 늘어놓다가 마지막 몇 줄을 결심성 글로 마무리하는 상투적인 글은 안 쓰느니만 못합니다.

독서감상문을 쓰기 위해 몇 가지 생각해볼 요소를 정리해봅니다.

독서감상문을 쓸 때 첫머리에는 대개 책을 읽게 된 동기를 쓰는데, 그럴 수도 있지만 반드시 그럴 필요는 없습니다. 책의 내용과 비슷한 자신의 경험을 풀어 써도 되고, 책에 등장하는 인물이 되어 또 다른 인물에게 편지글 형식으로 쓸 수도 있습니다. 또 어떤 한 장면에 대한 자신의 생각을 자세하게 쓸 수도 있고, 자신의 생각과 다른 점이나 비판적인 생각을 쓸 수도 있습니다. 책을 읽으면서 그때 그때 다가오는 느낌, 이 책에서 중요하게 느껴지는 것, 책을 읽으면서 잘 몰랐던 것을 알게 된 것, 생각이 바뀐 것 등등을 쓸 수 있는 것입니다.

책을 건성으로 읽으면 책장을 덮고 나서 핵심을 놓칠 수 있으므로 집중해서 읽도록 합니다. 어떤 내용을 다루고 있는지, 이야기의 배경이 되는 곳은 어디인지, 등장하는 인물들의 성격이나 행동은 어떤지 주의 깊게 살피면서 읽습니다. 육하원칙을 생각하면서 읽는 것도 좋겠지요.

책을 읽으면서 그때 그때의 느낌을 책의 여백이나 공책에 적어둡니다. 그 순간의 느낌은 다음 장면이 전개되면서 잊어버릴 수 있기 때문입니다. 나중에 인용하게 될지도 모르니까 자기가 중요하다고 생각되는 장면이나 문장에는 줄을 긋거나 표시를 해둡니다.

독후감을 쓸 때는 줄거리를 길게 인용하기보다 그 줄거리에서 다가오는 자신만의 느낌과 생각을 솔직하게 정리합니다. 책에서 전개되는 이야기나 등장인물과 자신의 일과 경험, 자기 주변 사람들과의 관계를 생각하면서 쓰면 훨씬 쉽게 쓸 수 있을 것입니다.

책을 읽고 나면 감동을 받거나 새로 알게 된 사실도 있겠지만, 실망하거나 자신과 생각이 다른 점도 있습니다. 그에 대한 자신의 생각도 솔직하게 밝혀서 씁니다. 독서감상문을 잘 쓰려면 늘 우리 주변 사람들의 삶이나 사회의 여러가지 현상을 보고 생각하는 습관을 길러야 합니다. 신문이나 잡지 등에 실린 다른 사람이 쓴 좋은 글도 열심히 읽으면 좋은 글을 쓰는 데 도움이 됩니다.

글을 쓸 때는 자신의 생각을 말하듯이 쓰는 것이 좋습니다. 아이가 쓰기 어려워하면 엄마와 먼저 이야기를 나누고 이야기한 것을 정리하게 해도 되겠지요. 아이의 마음속에서 일어나는 생각들을 자연스럽게 표현하도록 도와주세요. 잘 모르는 것을 물어올 때 대답을 해준다거나, 그것과 연관되는 자료가 있는 곳을 알려준다거나 하는 식으로 말이지요.

독서감상문을 형식에 맞추어 써야 한다거나 몇 장을 채워서 써야 한다는 고정관념에서 벗어나게 해주세요. '형식'은 아이를 경직시켜 상투적인 글을 쓰게 합니다. 독서감상문에서는 자기 감정을 얼마나 솔직하고 조리 있게 표현하느냐가 더 중요하니까요.

일곱 살 된 딸아이가 또래에 비해 조숙한 편입니다.
얼마 전 딸아이보다 한 살 위인 사촌 언니가 『만화로 보는
그리스·로마 신화』라는 책을 자랑하면서 신들이 키스하는
장면을 보여주자 저희들끼리 킥킥대더군요. 그러더니
딸아이가 그 책을 사달라고 엄청 조릅니다. 또 둘이
전화 통화를 하면서 키스하는 장면이 나오는 책이 몇 권,
몇 쪽에 있느냐 꼼꼼히 묻더니 3권은 꼭 사달라는군요. 이런
이유로 책을 사달라고 조를 때는 어떻게 하는 게 좋을까요?

아이가 겉으로 표현하게 도와주세요

아이는 그리스·로마 신화보다도 그 책에 나오는 '키스하는 장면'에 관심이 가는 것이로군요. 킥킥댄다는 것은 성적인 문제에 관심이 있다는 것이고 그것은 건강하다는 증거입니다. 보통 아이들은 거의 대부분 성 문제에 관심이 있는데, 어른들은 여전히 이를 꺼리는 경향이 있기 때문에 관심을 드러내지 못하는 것입니다.

아이들은 아장아장 걷기 시작할 때부터 자기 몸 여기저기를 만지는 행동을 합니다. 이 나이에 성에 관심을 가지고 자위행위를 하는 것은 아이가 자라는 과정에서 아주 정상적인 일입니다. 나이를 먹으면서 더 구체적인 성에 관심을 갖는 것은 당연합니다. 키스하는 장면을 보고 킥킥대는 것도, 이미 여러 매체를 통해 성에 관한 정보를 알고 있는 아이들에게는 자연스러운 일입니다.

아이들이 성에 관심을 갖는 것을 어른들이 이상하게 보거나 꾸중하려고 하면 아이는 성에 대해 부정적인 편견을 가질 수 있습니다. 그러니 아이가

관심을 갖는 것을 긍정적으로 생각하고 자유롭게 관심을 드러내도록 해주세요. 그리고 성에 대해 바른 생각을 할 수 있도록 해주세요. 바른 생각이란 성을 바라보는 올바른 관점을 세우는 것입니다.

일반적으로 여성의 난자와 남성의 정자가 만나 아기가 생기고 태어나는 것을 지식으로 알려주는 책이 많은데, 그런 지식을 포함하여 남성과 여성이 한 인간으로 서로 존중하고 존중받아야 할 존재라는 것을 인식하게 해야 한다는 거지요. 그런데 그리스·로마 신화에는 신들이 결혼하고도 바람을 피우는 등 복잡하고 부도덕한 이야기가 반복해서 전개됩니다. 아이들이 이런 이야기를 읽으면 건강한 이성관을 가지기보다 오히려 부정적인 인식을 가질 위험이 많습니다. 그러므로 그리스·로마 신화는 경우에 따라 읽을 수는 있겠지만 권하고 싶은 마음은 없습니다.

대개 많은 분들은 아이들이 그 어려운 그리스·로마 신화의 줄거리를 얘기하고 어려운 신들의 이름을 기억하는 것을 대견하게 여깁니다. 그러나 그리스·로마 신화를 제대로 이해하고 즐기려면 그렇게 단편적이거나

흥미로운 부분만 읽고 즐기기보다는 책 전체를 이해해야만 생각이 넓어지고 깊어질 수 있습니다.

지금 상업적인 목적으로 마구 쏟아져나오는 신화 책에는 줄임판에다 흥미로운 부분만을 부각시켜서 만든 책들이 많습니다. 신화라는 것은 그렇게 단순한 흥미와 호기심의 대상으로만 삼을 책이 아닌데도 말입니다. 대신 우리나라 신화를 권해주세요. 훨씬 더 재미있고 건강한 이야기가 많이 있거든요. 아이의 올바른 정서를 위해서도 그게 더 좋을 듯합니다.

도움이 될 만한 우리나라 신화

단군신화 이형구 글, 홍성찬 그림, 보림
우리나라 최초의 국가인 고조선 이야기를 글과 그림으로 보여준다. 우리 민족의 정통성에 자부심을 느끼게 하며, 책 뒤에 단군신화를 소개해 우리 겨레가 단일민족임을 이해하게 한다.

마고 할미 정근 지음, 조선경 그림, 보림
우리나라가 어떻게 생겨났는지 궁금해하는 아이들에게 건네주면 좋을 신화 그림책. 제주도를 탄생시킨 거대한 여신 설문대 할망을 웅장하고 신비롭게 묘사했다.

삼신할머니와 아이들 정하섭 글, 조혜란 그림, 창비
아기를 점지해주는 삼신할머니 이야기, 아이들에게 무서운 병을 주는 손님네 이야기, 부모가 누구인지도 모르고 태어났지만 하늘나라 선녀가 된 오늘이 이야기 등을 옛이야기 형식으로 담았다.

새 하늘을 연 영웅들 정하섭 글, 이억배 그림, 창비
우리나라의 부족국가를 세운 영웅들의 이야기를 담고 있다. 단군·해모수·동명왕·유리왕 이야기에 화가 이억배의 그림이 더해져 파란만장한 영웅들의 호방한 기운이 넘쳐난다.

세상이 생겨난 이야기 김장성 글, 노기동 그림, 사계절
우리 겨레의 창조 신화를 새롭게 되살려낸 책이다. 저학년 아이들이 이해하기 쉬운 내용, 민화적 기법의 그림이 풍부한 상상력을 자극한다.

초등학교 2학년과 4학년 형제를 둔 엄마입니다.
아무리 책을 보라고 해도 책보다 텔레비전을 더 좋아해서
걱정입니다. 그렇다고 텔레비전을 아예 없앨 수도 없는
노릇이라 답답하기만 합니다. 어떻게 하면 아이들이
책을 즐기며 읽게 할 수 있을까요?

미디어 읽기 계획을 세워 보세요

텔레비전은 빠르게 지나가는 화면, 자극적인 내용 등으로 아이들의 마음을 빼앗습니다. 아이들은 별 생각 없이 텔레비전을 보고 그 내용을 아무 비판 없이 받아들입니다. 그 때문에 책을 싫어하기도 합니다. 그렇다고 집 안에 텔레비전이 있는 이상 전혀 보지 못하게 막을 수는 없을 것 같습니다. 먼저 자녀와 함께 책읽기 계획과 더불어 미디어 읽기 계획을 세워보세요.

신문에 실린 텔레비전 프로그램을 보고 아이가 봐야 할 것, 부모가 봐야 할 것, 부모와 아이가 함께 볼 것을 고르세요. 이 때 아이들이 보는 프로그램은 한 장르만 보게 하지 말고 다양한 장르를 볼 수 있도록 계획하세요.

아이들이 텔레비전을 볼 때는 부모도 함께 보세요. 아이들이 보는 텔레비전 내용이 어떤 것인지 알아야만 못 보게 할 수도 있고 대화도 할 수 있기 때문입니다.

일주일에 한두 번 정도 텔레비전 시청 일기를 쓰면서 비판적인 사고를 할 수 있게 합니다. 시청 일기에서는 좋았던 점, 비판해야 할 점이나 바라

는 점에 대한 이야기를 나누고 글로 쓰도록 합니다.

만화만 좋아하는 아이들은 다큐멘터리를 함께 볼 수 있도록 계획을 세웁니다. 텔레비전 프로가 마땅치 않을 때는 좋은 만화나 비디오 등을 빌려다 주세요. 물론 이 때도 보고 나면 모니터링을 합니다. 모니터링을 할 때는 다음과 같은 기준을 세워보세요. 아이와 함께 의논하여 미디어 보는 기준을 더 보충할 수도 있습니다.

① 비디오 등을 고를 때는 아이들에게 맞는 영상물인지 살펴봅니다. 등급 표시가 되어 있는 경우가 있지만, 이것이 맞지 않을 때도 있습니다. 부모가 먼저 보고 나서 보게 하세요.

② 폭력적이고 선정적인 내용은 아닌지 살펴보세요. 도덕적·윤리적이며 올바른 세계관 형성에 도움이 되는지 알아봅니다.

③ 아이들의 건강한 호기심을 유발하는 내용인지도 중요합니다.

이렇게 자기 통제를 하면서 보면 미디어에서도 얻을 수 있는 것이 많을 것입니다.

텔레비전 시청에 도움이 되는 사이트

도토리 미디어 사랑방 www.dotori.co.tv
미디어 세상 열린 사람들 www.mediayolsa.or.kr

강원도 삼척에 사는, 5학년 아이를 둔 엄마입니다.
저 나름대로 책에 관심이 많아서 책을 즐겨 보고 있고,
아이에게도 책을 자주 사주고 싶은 마음입니다. 그런데
여기는 책방도 많지 않고 정보도 많이 부족합니다.
책에 대한 갈증을 어떻게 풀면 좋을까요?

어린이책 연구 단체를 활용하세요

우리나라는 어른들을 위한 문화에 비하면 아이들을 위한 문화가 몹시 부족한 편입니다. 그 중에서도 책문화를 접할 수 있는 환경은 절대적으로 부족합니다. 학교에서도 가정에서도 사회에서도 책읽는 문화가 빈약한 형편입니다. 신문이나 텔레비전에서 어린이책을 다루는 것도 너무나 소극적입니다. 넘쳐나는 어른들 문예잡지에 비하면 어린이를 위한 잡지, 어린이책이나 어린이문학을 다루는 잡지는 턱없이 부족합니다.

그러나 뜻있는 어른들이 발품을 팔 요량을 한다면 부족하나마 아이들에게 책문화를 누릴 수 있게 할 여지는 꽤 됩니다. 뜻이 있는 곳에 길이 있다고, 찾고자 하는 이들에게 얼굴을 내미는 것과 같지요.

어린이책 연구 단체의 자료를 이용하여 좋은 책 정보를 구해보세요. 어린이도서연구회는 좋은 책을 소개하는 시민단체입니다. 회원으로 가입하면 회원들이 토론을 거쳐 고른 좋은 책 목록과 책 소개하는 잡지 『동화 읽는 어른』, 연간으로 발행하는 〈학년별 권장도서목록〉도 받을 수 있습니다.

일간신문이나 잡지 따위에서 책에 관한 정보를 모아 스크랩북을 만들다 보면 책에 대한 정보를 얻을 수 있고 정보를 취사선택하는 능력을 기를 수 있습니다. 모인 정보는 책을 고를 때 유용하게 활용할 수 있습니다. 인터넷 서점을 이용하는 것도 한 방법입니다.

어린이책에 대한 정보를 얻을 수 있는 사이트

강백향의 책 읽어주는 선생님 www.mymei.pe.kr

초등학교에서 아이들을 가르치는 운영자가 자신의 아이를 위해 책을 고르고 읽어나가는 과정을 비롯해 다양한 책문화를 전한다. 학교 선생님들과 나누는 정보도 알차게 담겨 있다.

느티나무 어린이 도서관 www.neutinamu.org

경기도 용인시 풍덕천에 있는 아파트 지하에 도서관을 꾸민 이 곳은 알 만한 사람은 벌써 다 알 만큼 유명하다. 책, 비디오는 물론 어린이를 위한 다채로운 자료와 공간이 꿈처럼 펼쳐지는 곳이다. 아이와 어른이 즐겁게 드나들 수 있는 공간이다.

어린이도서연구회 www.childbook.org

좋은 어린이책을 널리 알리고 소개하는 시민단체. 산하에 동화읽는어른 모임이 있다. 홈페이지에 있는 어린이책에 대한 풍부한 자료가 자랑거리다.

어린이신문 굴렁쇠 www.hikid.net

어린이 문화와 관련된 여러가지 정보를 다룬다. 주간 어린이신문.

오른발 왼발 www.childweb.co.kr

월간으로 발간하는 어린이책 정보지.

은행나무 어린이 도서관 eunhaengnamu.org

금천 동화읽는어른 모임이 아이들을 위해 주머니를 털어서 만든 도서관으로, 어린이책뿐 아니라 아이들과 함께할 수 있는 문화 프로그램을 다채롭게 소개한다.

9개월 된 남자아이입니다. 아이와 함께 어린이 동화에
관련된 웹서핑을 많이 하고 있답니다. 서핑을 하다 보면
멀티 동화랜드라는 곳이 많이 개설되어 있더군요.
멀티 동화가 9개월쯤 된 아이들에게 끼치는 장단점은
무엇일까요? 또 언제부터 보여주는 것이 좋을지요?

최소한 유아기는 지나야 합니다

멀티미디어라는 말이 일상용어가 되었습니다. 멀티미디어는 영상, 음
성, 문자 등 여러 종류의 매체가 한데 어우러진 혼합 매체를 이르는 말로,
요즘 아이들의 감각을 사로잡지요. 멀티 동화는 그림이 움직이고 소리가
나서 아이들이 텔레비전 보듯 따라 보기만 하면 되는 반면, 활자도서는 생
각을 요하는 두뇌활동을 하게 만든다는 점에서 다릅니다.

멀티 동화의 장점을 꼽는다면 화려한 색깔과 움직임이 강하기 때문에
움직임에 민감한 아이들의 마음을 끈다는 점을 들 수 있습니다. 단점이라
면 화면이 빠르게 움직이기 때문에 아이들에게 생각할 여지를 빼앗을 수
있다는 것입니다. 다른 한편으로, 움직이는 동화와 종이책의 기능이 어느
것이 더 낫다, 못하다 따지기보다는 각각의 기능이 다르다고 생각할 수 있
겠습니다. 어른들이 책도 보고 영화도 보는 것처럼 움직이는 동화는 그 자
체로서 즐거움을 주는 요소가 있다고도 생각합니다.

그렇지만 9개월이면 아직 엄마 품이 훨씬 좋을 때입니다. 엄마가 안고

그림책을 읽어주는 동안 사람의 체취를 느끼고 엄마의 목소리를 익히는 것이 더 중요하다고 봅니다. 오감을 자극하는 이런 활동을 통해서 아이들은 사물을 이해하는 힘을 키우고, 풍부한 언어감각을 쌓으며, 정서적인 안정감을 느끼기 때문입니다. 이러한 다양한 활동은 두뇌의 활동을 활발하게 하고, 나아가 생각하는 힘을 키워줍니다.

따라서 멀티 동화보다는 그림책을 직접 읽어주는 것이 좋다고 생각합니다. 기계와 만나는 시간보다 사람과 부대끼는 시간을 많이 갖는 것이 훨씬 중요하니까요.

유아기는 엄마와 함께 정서적인 교감을 쌓는 시기입니다. 책은 하나의 수단으로 작용하는 것이지요. 멀티 동화를 보면서 즐기는 것은 한편으로 긍정적인 요소도 있지만, 지금 이 시기의 아이에게는 사람의 온기가 더 필요하다는 사실을 염두에 두시면 좋겠습니다.

초등학교 3학년 아이를 두었습니다. 독서지도사 선생님이
『나의 라임오렌지나무』를 읽어오라고 했다는데,
책이 어렵다면서 괴로워합니다. 어른인 제가 읽어봐도
생소한 단어가 많아서인지 쉽게 읽히지 않았습니다.
아이의 독서능력에 적합한 좋은 책을 골라서 즐겁게 읽히고
싶은데, 선생님은 독서 지도를 전문적으로 공부하신 분이라
정말 어떻게 해야 할지 난감하답니다.

아이를 먼저 배려해 주세요

독서지도사 선생님은 여러 아이들을 가르치는 분입니다. 그 중에는 독서력이 앞선 아이도 있고 뒤진 아이도 있을 것입니다. 같은 학년이어도 이런저런 상황에 따라 책을 이해하는 정도에 차이가 날 수 있습니다. 따라서 하나의 잣대로 모든 아이를 재는 것은 무리입니다.

독서지도사 선생님이 권하는 책이 아무리 좋아도 모든 아이에게 절대적일 수는 없습니다. 그러므로 아이가 책을 어려워한다면, 아니 괴로워한다면 그 책을 읽게 하는 것을 마땅히 중단해야 합니다. 아이가 힘들어하는데도 선생님이 권하는 책이니까 계속 읽혀야 한다는 것은 폭력입니다. 선생님은 나름대로 생각하고 권한 책이겠지만, 아이에 따라서는 맞지 않을 수도 있다는 점을 염두에 두어야 합니다.

말씀하신 『나의 라임오렌지나무』는 좋은 책이지만 모든 아이들에게 억지로 읽혀서는 안 된다고 생각합니다. 더구나 이 책은 대개 고학년부터 중학교 1·2학년 아이들에게 많이 권하는 책입니다. 그러니 초등학교 3학년

아이에게는 어려울 수 있지요.

부모는 아이의 첫 번째 교사입니다. 독서 지도사 선생님이라고 해도 부모만큼 아이를 잘 알 수는 없습니다. 아이가 힘들어하면 독서 지도사 선생님과 상담하세요. 그리고 다른 책을 골라달라고 하세요. 지금 어려운 책은 아이의 지적 능력이 더 자란 4학년이나 5학년이 되어서 읽게 해도 충분하니까요.

3학년 아이에게 권하는 책

아빠는 지금 하인리히 거리에 산다 네레 마어 글, 베레나 발하우스 그림, 아이세움
벤의 부모는 점점 사이가 멀어지더니 결국은 이혼하기로 한다. 벤은 엄마와 아빠의 집이 서로 다르고 함께 살지 않는 것을 이해하기 힘들었지만 차츰 두 집 생활에 적응해간다. 부모의 이혼 앞에 선 아이의 이야기를 아이의 눈으로 담담하게 그려냈다.

전교 모범생 장수경 글, 심은숙 그림, 사계절
공부는 별로지만 친구들과 잘 놀고 웃음을 잃지 않는 해룡이가 어느 날 독사 같은 체육 선생님에게 체벌을 받고 며칠 뒤 전교 모범상을 탄다. 아이들의 내면심리가 돋보이는 작품.

짜장 짬뽕 탕수육 김영주 글, 고경숙 그림, 재미마주
도시로 이사와 낯선 학교 생활을 하는 종민이는 화장실에 갈 때마다 친구들의 놀림에 시달린다. 친구들과의 갈등을 이겨내는 종민이의 씩씩하고 지혜로운 모습에서 통쾌함을 느낄 수 있다.

참말로 참말, 참말로 거짓말 조호상 글, 최승혜 그림, 중앙M&B
입말을 그대로 살려 쓴 동화다. 또한 이야기마다 시작하는 말이 재미있고, 다음 이야기는 어떻게 시작할까 궁금하게 만든다. 우리나라 옛이야기 17편이 실려 있다.

알아두기

알아두면 좋아요

전국 어린이 도서관

●● 서울 ●●

강북 작은나무 (02)982-9436
강북 책이랑놀자 (02)903-6604
광진 날마다자라는나무 (02)455-0605
구로 몽당연필 (02)2615-4146
금천 민들레도서방 (02)8686-858
금천 은행나무 (02)892-7894
노원 감자꽃 (02)972-1005
동대문 꿈틀 (02)2243-2315
마포 우리마을꿈터 (02)326-1805
성동 책읽는엄마책읽는아이 (02)297-5935
양천 씨앗 (02)2693-0525
영등포 두껍아두껍아 (02)2631-2534
용산 푸른어린이도서관 (02)713-5254
은평 사랑도서관 (02)353-3173
종로 사직어린이도서관 (02)722-1379
중구 느티나무 (02)3298-0918
중랑 파랑새어린이도서관 (02)422-5622

●● 경기 ●●

구리 애기똥풀 (031)565-3066
부천 동화기차 (032)326-6923
성남 책이랑 (031)732-7004
수원 슬기마을 (031)298-7925
안양 작은키나무 (031)383-4760
용인 느티나무 (031)262-3494

의정부 꿈이있는어린이도서관
　　　　 (031)872-6555
인천 늘푸른도서관 (032)818-1140
인천 한길도서관 (032)582-6083
일산 강아지똥 (031)975-0182
일산 꿈꾸는동화나라 (031)913-7924
일산 동녘작은도서관 (031)903-2768
일산 동신도서관 (031)916-5025
일산 동화의숲 (031)906-6010
일산 숲속작은도서관 (031)915-3004
일산 웃는책 (031)924-9279
일산 푸른꿈 (031)917-2768
평택 가나안어린이도서관 (031)665-8080

●● 충청 ●●

청주 초롱이네 (043)296-5050

●● 경상 ●●

남해 초롱초롱어린이도서관
　　　 (055)862-9759
부산 들꽃이야기 (051)621-9577
부산 샘터꿈의도서관 (051)628-6009

●● 제주 ●●

제주 설문대어린이도서관 (064)749-0070

●● **서울** ●●

개포 초록공간 (02)554-9973
방학 까치와호랑이 (02)3493-3103
상계 옛동무 (02)3391-7321
송파 동화나라 (02)3432-5978
신촌 초방 (02)392-0277
월계 초록지붕 (02)918-6691
중계 코코북 (02)3392-3122
중랑 상상하는 삐삐 (02)491-0516

●● **경기** ●●

광명 동원어린이책방 (02)2625-9686
교하 꿈꾸는교실 (031)949-1488
의왕 그루터기 (031)462-1529
인천 색종이 (032)816-0065
인천 책사랑방 (032)562-1355
일산 동화나라 (031)919-0518
장호원 초방 (031)641-7544
중동 글서당 (032)651-5465
평촌 동화나라 (031)385-8529
평촌 북뉴스 (031)422-2278
헤이리 동화나라 (031)942-1956

●● **충청** ●●

공주 동화나라 (041)858-1350
대전 북랜드 (042)537-1848
대전 아라야 (042)486-9810
대전 어린이백화점 (042)862-6111
대전 어린이책방 (042)542-8964
대전 정글북 (042)626-9191
대전(관저) 북랜드 (042)544-2540
대전(관저) 어린이책방 (042)542-8964
대전(둔산) 어린이책방 (042)486-8964

천안 동화나라 (041)572-6856
천안 곰곰이 (041)567-1949
청주 동화마을 (043)296-5025
청주 서당 (043)255-4539

●● **전라** ●●

순천 도란도란 (061)749-4071
전주 무지개어린이 (063)271-5799
전주 초방 (063)251-2889

●● **강원** ●●

강릉 초방 (033)652-4559

●● **경상** ●●

김해 상상 (055)321-0015
대구 강아지똥 (053)476-0556
대구 개똥이 (053)326-4587
대구 책벌레 (053)793-3347
대구 호세호치 (053)629-7850
부산 인디고아이들 (051)611-2864
부산 책과 아이들 (051)506-1448
부산 책마을아이들 (051)753-8687
부산(해운대) 곰곰이책방 (051)702-0016
영천 노벨 (054)337-5010
울산 강아지똥 (052)288-6948
진해 책놀이터 (055)551-1933

●● **제주** ●●

제주 곰솔 (064)722-3020

책 찾아보기

●● ㅇ ●●

●● ㅈ ●●

아이 읽기, 책읽기

1판 1쇄 2005년 8월 12일
1판 5쇄 2012년 6월 29일

글쓴이 조월례

편집 김태희 모지은 박찬석
제작 박흥기
마케팅 이병규 이민정 김선영

출력 한국커뮤니케이션
인쇄 코리아피앤피
제책 창림P&B

펴낸이 강맑실
펴낸곳 (주)사계절출판사
등록 제406-2003-034호
주소 (우)413-756 경기도 파주시 문발동 파주출판도시 513-3
전화 031)955-8588, 8558
전송 마케팅부 031)955-8595 | **편집부** 031)955-8596
홈페이지 www.sakyejul.co.kr | **전자우편** skj@sakyejul.co.kr
독자카페 사계절 책 향기가 나는 집 http://cafe.naver.com/sakyejul
페이스북 http://www.facebook.com/sakyejul | **트위터** http://www.twitter.com/sakyejul

ⓒ조월례 2005

ISBN 978-89-5828-091-0 03370